RIDEAU GRIS
ET HABIT VERT

ANDRÉ ROUSSIN
de l'Académie française

RIDEAU GRIS ET HABIT VERT

ALBIN MICHEL

22, rue Huyghens, 75014 Paris

ISBN 2-226-01784-4

Avant-guerre

Les éditeurs sont gens têtus. Le mien n'eut pas à se plaindre d'avoir publié voilà quelques années mes souvenirs d'enfance sous le titre *La Boîte à couleurs.* Depuis, il me réclame la suite de mes souvenirs, c'est-à-dire ceux de ma « carrière » théâtrale, du Rideau gris de Marseille à l'Académie française, d'où le titre de ce second volume.

Le mot carrière m'effraie. Je hais le travail d'amateur et cependant je ne me sens précisément qu'amateur, je veux dire incapable de séparer une activité quelconque du plaisir qu'elle doit me procurer. Si le théâtre m'avait donné moins de joie que le baccara, je serais devenu, je pense, un habitué des casinos. J'ai écrit mes premières pièces en préparant des examens auxquels j'échouais : cela m'amusait d'écrire et mes échecs universitaires ennuyaient mon entourage plus que moi-même. Certes, j'ai passionnément tendu au succès. Je crois cependant ne l'avoir tant voulu que pour preuve de ce que je pouvais faire, je devrais dire : de mon existence.

La chose théâtrale n'est point pour le secret ni pour la confidence. Acteurs et auteurs n'existent que salués et applaudis. Je cherche celui qui, songeant à la scène, ne rêverait qu'obscurité. Art oratoire, le théâtre implique les foules. Pas de fausse modestie sur ce point. Imagine-t-on l'orateur dont le secret espoir serait de voir s'enfuir le public, sitôt qu'il prendrait la parole ? Souhaiter la réussite, c'est vouloir la confirmation que l'on ne s'est pas trompé sur soi-même.

La notion de carrière m'échappe cependant. Peut-on dire d'un poète qu'il fait « carrière » et le voit-on chaque matin s'asseoir devant un poème comme un notaire devant le dossier d'une succession ? Ainsi de nous, auteurs de drames ou de comédies. Ces jours existent où nous nous asseyons aussi avec effort devant un acte en cours, où nous peinons sur une scène, envoyant le théâtre au diable, rêvant du beau destin des rempailleurs. Ces heures pénibles sont celles de tous les métiers. Écrire en est un. Pourtant l'idée de la pièce à composer est née d'une phrase entendue, d'un fait divers lu par hasard. Trois jours plus tôt rien ne nous laissait prévoir le plaisir de cette idée. Nos pièces naissent comme les poèmes, d'une insomnie ou d'un amour. Nous vivons dans la curiosité, amateurs de traits humains dans le marché aux puces de nos relations et de nos rencontres. Nous sommes des piétons de Paris ou d'ailleurs, en quête de choses bonnes à dire, écoutant beaucoup, parlant plus ou moins, nous mettant à écrire parce que cela nous plaît... — Non, je n'arrive pas à m'assimiler à un homme « de carrière ». C'est en ayant l'air de dormir que je travaille, c'est en ayant l'air de travailler que j'éclate de rire et que je m'amuse. — Curieuse carrière ! C'est pourtant d'elle qu'il me faut parler.

Je n'oublierai jamais ce soir heureux de 1950 où je fêtais chez « Maxim's », la 1 000e de *La Petite Hutte,* la 500e de *Nina* et la 300e des *Œufs de l'autruche,* toutes trois à l'affiche en même temps. Cette réflexion me fut lancée à voix perchée par une « admiratrice » : « Vous au moins, on peut dire que vous êtes allé vite ! Il a suffi que vous arriviez et hop ! tous les triomphes. » Les pages que j'entreprends d'écrire diront à quel point mes étapes furent longues et difficiles et qu'aucune caille ne tomba toute rôtie dans mon assiette.

Ceux qui ont lu *La Boîte à couleurs* savent que je ne suis pas né dans un cirque. Mon père n'était pas danseur de corde. A trois ans et demi, je n'ai manifesté aucune disposition pour le théâtre, je ne me suis jamais roulé à terre en criant que j'embrasserais cette carrière ou que je mourrais. Tout au plus quelques années plus tard ai-je pris plaisir à éblouir ma grosse nourrice italienne restée dans la maison à titre de cuisinière. Deux chaises soutenaient un drap tendu sur un balai horizontal ; cela constituait une sorte de guignol. Derrière ce drap, je faisais apparaître mes marionnettes (pommes de terre serrées dans des serviettes de table) et j'offrais des séances à ma seule spectatrice. Devant le succès qu'elle me faisait, je montais sur une table et m'étant recouvert les épaules de quelque tissu léger, je jouais le curé de notre église à l'heure de son sermon dominical. Pour mon Italienne fort dévote, cette évocation ne prenait pas un caractère sacrilège mais prophétique : un jour viendrait où je serais pape. — Bonne cuisinière, ma chère ex-nourrice, mais pythonisse contestable.

Je devais avoir quinze ou seize ans, lorsque j'écrivis un drame héroïque en vers. En fait, j'écrivais ma première pièce, mais ne connaissant à cette époque que *Cyrano* et *L'Aiglon* je me fiais à ces modèles. Dans cette pièce, on trouvait tout Rostand : un duel agrémenté de couplets bien sonnants, une scène au clair de lune, une mort admirable du héros.

Mystérieusement, en cachette, je couvrais des pages de vers claironnants ou fondants d'exquise tendresse. Le jour où j'eus terminé mon chef-d'œuvre, je constatai que j'avais accouché de huit ou neuf cents vers (la pièce était un long acte) : je tombai à genoux et dans une prière fervente je remerciai Dieu le plus sérieusement du monde de m'avoir fait « poète ». Ai-je besoin de dire que, dans le secret de mon cœur, je me sentais une certaine supériorité sur mon entourage ? On me priait de préparer et autant que possible de passer mon bachot, « misérable et ridicule épreuve à la portée de n'importe qui », mais on ignorait que huit cents vers ne me faisaient pas peur. Je ne réussirais peut-être pas à ce sacré bachot, mais parmi les « reçus » j'eusse voulu connaître celui qui pouvait écrire une pièce en vers !

A mon premier échec, je sentis autour de moi plus d'abattement et de tristesse que de colère. Mon père s'inquiétait. Discrètement, je sortis un jour mon manuscrit. Lecture faite, il me fut répondu pour la forme que la réussite à mon examen eût été préférable et que j'aurais eu le temps pendant les vacances d'écrire ma pièce. Je répliquai que l'inspiration ne se commande pas. Mon argument ne fut pas contredit. Mon père ne me rendit pas immédiatement mon manuscrit. Je vis là un bon signe ; à mon insu, il allait faire lire ma pièce, donc il y attachait une certaine importance. En effet, d'oncle en cousin, mon cahier circula secrètement. Je le sentis à la façon dont on me parla : mon échec avait presque une excuse. Le vers alexandrin a, sur les familles où ne fleurissent guère de poètes, une vertu magique. Fût-ce pour saluer deux jeunes mariés, l'oncle (en général avocat et « fin lettré ») capable de trousser un sonnet ou une ballade, bénéficie d'une considération particulière. Mes huit cents vers venaient de produire leur petit effet. Lorsqu'en octobre j'eus réussi à passer mon baccalauréat les langues se délièrent. Chacun m'avoua qu'il avait lu ma pièce. C'était l'époque où *Topaze* de Marcel Pagnol triomphait à Paris. Avec l'ironie délicate de ceux qui ne veulent pas se moquer mais encore moins laisser croire qu'ils vous prennent au sérieux on m'appelait « Pagnolet ». Je feignais de trouver cela drôle.

Passé mon bachot de philosophie, mon père me posa la question embarrassante que j'attendais : « Que veux-tu faire ? Tu écriras peut-être des pièces plus tard ; mais, à dix-huit ans, il faut envisager autre chose. »

Pour l'instant, il fallait trouver une situation qui me laissât « des loisirs ». Mon idée secrète était de jouer la comédie. Ce métier qu'il fallait trouver à tout prix pour me permettre d'attendre le jour où, selon la formule paternelle, je gagnerais « les millions de Pagnol », c'était celui-là, et le seul qui me tentât. Mais je n'osais m'en ouvrir qu'à demi. Je sentais qu'il fallait du temps. On acceptait fort bien de me voir écrire des pièces ; « monter sur les planches » était une autre affaire. Cela n'était pas sérieux. Le Droit l'était davantage, et je m'inscrivis à la Faculté libre de Marseille.

⁂

Ces fameux loisirs dont on reconnaissait volontiers qu'ils m'étaient indispensables pour « écrire », rien ne pouvait m'en accorder davantage que la vie d'étudiant. Après les années de collège où j'étais en classe de huit heures du matin à sept heures du soir, je me trouvais brusquement libre tous les jours à dix heures, après deux heures de cours. Un bouquiniste se trouvait sur le chemin que je prenais chaque matin et chaque matin sa vitrine offrait aux passants un assemblage nouveau du supplément théâtral de *L'Illustration.* Ces affiches bleues, rouges ou vertes des théâtres parisiens, reproduites sur la couverture de la *Petite Illustration,* les photos que contenait cette publication furent pour moi un aimant irrésistible. Tous les matins j'achetais trois ou quatre pièces et je passais ma journée à les lire dans ma chambre. Ma vie d'étudiant était exemplaire ; je ne quittais la faculté que pour rentrer « travailler ». Il semblait que je mordais sérieusement au Droit ; on s'inquiétait même de me voir si peu tenté par quelque sport ou distraction. Dans un tiroir grandissait la pile des *Petite Illustration* qui faisaient de moi ce garçon studieux que l'on ne pouvait arracher à sa chambre. Je crois bien que tout le théâtre des années 1905 à 1928 y passa. Je dévorais ces pièces de tout genre, je connaissais leurs distributions, les critiques qui les avaient accueillies, je savais par cœur les protestations d'Henri Bataille après *Le Phalène,* celles de Porto-Riche après *Le Vieil Homme ;* je savais comment avaient été reçues *Le Veilleur de nuit, La Prise de Berg op Zoom, Mon père avait raison,* je vivais dans l'intimité des auteurs et des comédiens ; la vie théâtrale parisienne n'avait pas de spectateur plus attentif que moi, étudiant en Droit vivant à Marseille et n'étant de sa vie allé à Paris.

A l'âge où la jeunesse découvre Dostoïevski, Barrès ou Gide, je ne lisais que des comédies et je découvrais Jules Renard, Courteline, Becque. La littérature ne m'effleurait pas. Ayant grandi dans une maison sans livres, je n'étais curieux que de ma propre découverte : le théâtre à Paris.

Après une année aussi studieuse que la mienne, mon échec à l'examen causa autour de moi un grand étonnement. Encore une fois, j'abattis mes cartes. Plongé comme je l'avais été dans la comédie parisienne, j'avais abandonné Rostand et le théâtre en vers ; à la suite de Caillavet ou de Flers, je venais d'écrire une comédie intitulée *La Coqueluche.* Cette fois, c'étaient trois actes copieux et, me semblait-il, parfaitement jouables. Le héros en était un jeune homme fou de théâtre qui ne reculait devant aucun obstacle pour parvenir dans l'appartement d'une actrice célèbre en tournée à Nice (la coqueluche de Paris) et qui, ayant forcé les consignes et la porte de la vedette, séduisait celle-ci en un tournemain, bouleversait sa vie et ne la retrouvait à Paris que pour mesurer mélancoliquement ce qui le séparait d'elle. Un grand nombre de péripéties et de personnages comiques étoffaient l'histoire ; je savais maintenant que je n'étais pas poète mais que Pagnol, Guitry, Caillavet et de Flers avaient un jeune confrère encore inconnu certes, mais pas pour longtemps !

J'avouai donc à mon père non pas mon année entièrement consacrée à la lecture du théâtre contemporain, mais la naissance d'une nouvelle pièce. Mon cher père souligna ironiquement la régularité avec laquelle je choisissais le moment des examens pour ce genre de travail et me pria de lui dire franchement mes intentions. Si le Droit ne devait être qu'un prétexte, autant valait y renoncer. Préférais-je faire une licence ès lettres ? Je n'avais qu'à le dire, il était disposé à ne rien m'imposer qui fût contraire à mes goûts. Je n'osais toujours pas affirmer que seul le théâtre m'intéressait et que mon rêve était de partir pour Paris. Je savais quelles difficultés matérielles cela représentait ; je sentais d'autre part chez mon père le désir de tout faire pour m'être agréable et me diriger dans la voie qui pourrait être la mienne. J'avais consulté les programmes de la faculté des lettres d'Aix ; le certificat de littérature comprenait le roman au XIXe et le théâtre au XVIIIe ; je reculais donc l'aveu de mes vraies intentions, fort tenté par ce « théâtre au XVIIIe » dont je m'apercevais que je n'en connaissais rien. Les programmes du baccalauréat m'en avaient laissé tout ignorer. J'avais sauté à pieds joints des classiques du XVIIe au théâtre contemporain.

Pendant les vacances, dans le salon de campagne où une dizaine de membres de ma famille paternelle se trouvaient réunis, j'annonçai une lecture de ma comédie. Ce groupe était fort gai et ne demandait qu'à s'amuser. Les soirées campagnardes entre Aix et Marseille manquaient parfois d'animation : la nouvelle fut accueillie avec chaleur. Je perçus quelques clins d'yeux qui me laissèrent entendre dans quel esprit on allait m'écouter : on se promettait de bien rire devant la nouvelle production de « Pagnolet ». Mais c'était de moi que l'on comptait rire et non pas tellement de ma comédie. Je lus donc avec la fougue et la sincérité que l'on imagine, pour arracher à mon auditoire ironique des rires qui ne fussent pas à mes dépens. Le résultat passa mon espérance ; je sentis que l'on s'amusait, mais je compris plus tard que l'impudeur avec laquelle je m'idéalisais dans mon héros y était pour beaucoup. On connaissait mes rêves de théâtre. Chaque réplique était une allusion que l'on percevait et le comportement de mon personnage masculin vis-à-vis de « la coqueluche » faisait chacun glousser de joie. La façon dont je jouais en le lisant le rôle de l'héroïne n'y entrait pas pour une mince part. On me fit un triomphe naturellement. En fin de soirée, j'entendis entre deux portes un de mes oncles chuchoter à l'oreille de mon père : « Avec celui-là, tu n'as pas fini de rigoler ! » Mais je sentis le lendemain que tout en me moquant légèrement on ne me regardait plus du même œil. Il semblait à chacun qu'il valait peut-être mieux me faire la patte de velours, car si je me mettais à prendre la famille pour modèle dans une prochaine comédie, le respect ne me retiendrait guère.

L'occasion ne se fit pas attendre. Je passais mes journées avec *Le Misanthrope ;* j'étais pénétré du rythme de ses tirades ; la jactance du personnage convenait à mon tempérament et à mon âge ; je retrouvais brusquement cette facilité à me couler dans une cadence et dans un ton qui m'avaient deux ans plus tôt fait pasticher Rostand avec tant d'aisance. Un matin, je commençai à réécrire la scène entre Alceste et Philinte qui ouvre *Le Misanthrope,* en scène de revue. Le thème était celui-ci : Philinte avait écrit une revue dans laquelle il écorchait cruellement ses meilleurs amis (usages du monde), Alceste prenait feu et devant le rideau, avant le spectacle, reprochait violemment à Philinte ce procédé ; ce faisant, il répétait en les aggravant les méchancetés de Philinte, sur le mode :

Hé quoi, vous iriez dire à la vieille Émilie
Qu'à son âge il sied mal de faire la jolie ?

La vieille Émilie était remplacée par un membre de ma famille et le vers suivant lui assenait violemment une vérité désagréable à entendre. Et tout mon entourage y passait, chacun attrapant son paquet. Pendant trois jours, je jubilai avec mon jeu de massacre familial et quand ma scène fut terminée, troussée dans la plus vigoureuse langue moliéresque, je réquisitionnai un de mes cousins, je lui distribuai le rôle de Philinte et nous nous mîmes à répéter hardiment tout le jour au bout d'une longue allée. Le surlendemain, nous étions fin prêts. Il fallait l'être, c'était un samedi, soir où la maison serait au complet, augmentée ce samedi-là d'amis du voisinage annoncés pour le dîner. Le secret avait été gardé. En sortant de table, j'annonçai que nous allions mon cousin et moi jouer un impromptu de ma composition. Ce fut une ruée des quelque vingt personnes qui se trouvaient là, le hall de la maison aussitôt transformé en théâtre, face au large escalier où chacun prit place. Les rires fusèrent vite, puis de plus en plus fort, entrecoupés parfois de « Oh ! » inquiets ou effarés de ma mère selon ce qu'Alceste venait de lancer à la tête d'un beau-frère ou d'une belle-sœur à elle. Je n'étais pas allé assez loin pour fâcher entre eux tous ces gens destinés à passer leurs vacances ensemble dans la même maison ; nul ne put le prendre vraiment mal, il fallut donc le prendre bien et chacun ayant eu son couplet rit volontiers de celui du voisin. A la fin, chacun bondit pour me faire répéter ce qui visait l'oncle ou le cousin un tel ; le lendemain tous voulaient une copie de la scène. Ce soir-là, mon père était des plus joyeux. J'avais exprimé ce qu'il pensait de tous sans exagérer trop les choses cependant ; le langage moliéresque l'avait impressionné (toujours le prestige de l'alexandrin) ; je sentis que dans le fond, il se félicitait de ne plus me forcer à préparer ma licence en droit et pensait que peut-être, je ferais quelque chose dans une autre voie. Les *Fureurs d'Alceste,* nées dans un joyeux matin d'irrévérence à l'égard de la ruche familiale, m'avaient ouvert la grille lourde de la confiance.

*
**

Cette confiance, je la perdais moi-même sitôt qu'on me l'accordait. De là ces retraits, ces craintes de prendre trop nettement position sitôt que j'y étais invité. La certitude que je tenais par instants d'être fait pour écrire et pour jouer des pièces de théâtre fondait soudain dès que l'on allait se reposer là-dessus et me dire : « Eh bien, va. Et montre-nous tes talents ! » avec ce ton particulier qui sous-entend : « Quand tu joueras le troisième garde à droite et que tu te sentiras un raté, tu ne viendras pas te plaindre ! » J'appartenais à un milieu, à un genre de famille où il n'y a pas de « ratés » car il s'y trouve peu d'ambition à sortir des traditions familiales, celles-ci représentées en général par de solides affaires commerciales ou industrielles où l'on trouve de beaux revenus même si l'on n'est pas un aigle. Un fils de famille, quand il entre dans l'affaire paternelle, n'est pas un raté si sa nullité éclate. On dit qu'il n'a pas la valeur de son père ou de son frère mais après tout il est « chez lui » et l'affaire est importante ; il reste quelqu'un. Le raté est celui qui a fait fi de la maison héréditaire et qui dans une autre branche n'a pas réussi. Celui-là est le banni des familles bourgeoises, celui dont on parle en baissant la voix avec un mouvement des yeux vers le ciel. C'est ce fils prodigue dont tout père redoute de déceler les traits chez un de ses enfants, car il apporte déshonneur et inquiétude ; on sait qu'il ne se manifeste une fois parti que pour demander de l'argent. Mon père n'avait pas eu la jeunesse dorée de son entourage. Orphelin très tôt, dernier né d'une famille de cinq enfants, ses jeunes années avaient été celles d'un interne, dures et sans affection maternelle. Sitôt libéré de son service militaire, seul et sans appui véritable, il s'était mis aux affaires dans les assurances et par vingt-cinq ans d'un travail opiniâtre avait acquis aisance et considération, fondateur en fin de compte d'un des bureaux les plus importants de Marseille dans cette branche ; par son mariage avec ma mère, il était entré dans une autre vieille famille de la ville, plus nombreuse encore que la sienne, soumise à l'autorité dictatoriale de Jupiter lui-même : mon grand-père maternel.

Il était dans la grande tradition : il n'avait rien fait par lui-même. Il avait succédé à son père, remarquable chef d'industrie et créateur autour des années 1860 d'une importante affaire de produits chimiques. Né dans la solide grande industrie, ayant tôt senti qu'il n'était pas parmi les déshérités de ce monde, mon grand-père, jeune, avait été une sorte de prince de Galles volontiers dandy, sûr de sa place sur la terre. Il avait succédé à son père comme un dauphin ceint la couronne ; il fut roi pendant cinquante ans. Il appartint à cette génération qui ne connut pas d'obligations militaires et qui traversa deux guerres sans en faire aucune, trop jeune en 1870, trop âgé en 1914. On sentait à le voir que la vie ne l'attaquerait jamais en rien. Son « affaire » sous le bras, sa famille sous l'autre (six filles, dix-sept petits-enfants), il valait mieux qu'elle ne l'effleurât pas, il lui eût dit deux mots. Elle n'eut garde de s'y frotter. Il mourut à quatre-vingt-sept ans ayant d'ailleurs cru la connaître, « fort d'une longue expérience ».

Quand je revois son personnage, j'admire que certains êtres puissent vivre quatre-vingts ans dans une sécurité totale, écartant par leur seule présence les vicissitudes, les drames qui s'abattent normalement sur d'autres. De haute taille, portant la barbe de Rodin, il traversa son siècle la tête sereine, regardant tout de loin, n'approchant rien — hormis le beau sexe — qu'à la distance de sa canne. « Les statues ne se font pas mal aux pieds », disait de lui mon père, que sa superbe autorité agaçait. Mon grand-père était la statue du chef de famille et, pour mieux dire, de tribu. Rien ne lui fit sans doute jamais mal. Seul pouvait l'atteindre ce qui troublait l'ordre et les traditions — son ordre et sa conception patriarcale de la famille. Placé par Dieu dans le fauteuil de son père et patriarche par tempérament, il n'entendait qu'être obéi en toutes choses puisqu'il était aux postes de commande. Nul n'osant jamais d'incartade, sa barbe et son autorité ne faisaient qu'un.

L'habitude de parler en maître et d'être traité comme tel lui fournit parfois de jolies attitudes. En 1942, quand les Allemands eurent passé la ligne de démarcation et commencèrent à opérer dans le Midi, il fut, comme président d'une société de produits chimiques, convoqué par un général de l'armée d'occupation. Il se rendit à cette « invitation », remit sa carte au *feldgrau* et s'assit. Quelques minutes plus tard le bureau du général ne s'était pas ouvert. Le planton vit soudain dressé devant lui une sorte de maréchal Hindenburg à barbe qui laissa tomber du haut de son socle : « Vous direz à votre général que je n'attends pas. » Et la statue d'Hindenburg sortit.

Il fallait à ce personnage, qui toute sa vie avait été Louis XIV, une fin moliéresque. Le « clystère vengeur » pourrait être le titre du sketch tragi-comique où il se donna pour ainsi dire lui-même la mort dans un dernier sursaut d'autoritarisme. Veuf depuis deux ans, quatre infirmières s'étaient déjà succédé chez lui, qui n'avaient pas les mêmes raisons que ma grand-mère de supporter l'humeur de ce vieillard vigoureux. La cinquième arriva pour quelques soins à la suite d'une légère congestion. Un jour, le médecin traitant prescrivit un lavage d'intestins à l'eau salée. L'ordonnance portait « 50 grammes de gros sel ». L'infirmière fit la préparation commandée. Mon grand-père voulut savoir de quoi il s'agissait.

— 50 grammes de gros sel.

— 50 grammes ? Vous êtes folle ! C'est ridicule !

— C'est ce qu'a prescrit le médecin.

— Ne dites pas de bêtises, ma pauvre fille. Montrez-moi son ordonnance !

J'entends ce dialogue. L'ordonnance donna raison à l'infirmière. Jupiter conclut que le médecin s'était trompé ou qu'il était un âne comme tous ses confrères. C'était *500* grammes de gros sel et non *50* qu'il fallait employer. Effarement de l'infirmière qui finalement victime d'un ton qui n'admettait pas la réplique exécuta « les ordres ». S'ensuivit l'irritation intestinale qu'on imagine, laquelle dégénéra très vite en mal infectieux. Huit jours plus tard, mon illustre grand-père, propre victime de son autorité, perdait à jamais le commandement des choses. Cette mort devait survenir vingt-cinq ans après les jours que j'évoque ici. C'était en 1944. Je l'appris pendant les représentations d'une petite pièce intitulée *Le Tombeau d'Achille* dans laquelle j'avais fait du cher homme un portrait assez caricatural. Je jouais son personnage et la ressemblance de nos visages était saisissante. Ce soir-là, je décollai ma barbe dès ma sortie de scène ; je venais de me sentir gêné...

⁂

J'ai insisté sur la figure de mon grand-père maternel car elle n'est pas sans relief; on comprendra mieux ainsi ma prudence et quels problèmes se posaient pour moi. Vis-à-vis de mon père je ne prenais pas position de façon catégorique car je savais bien qu'en fin de compte l'adhésion à emporter était ailleurs. Lui-même avait dans une certaine mesure à répondre des décisions prises à mon égard ; je redoutais de le mettre dans une situation où il se fût senti blâmé et dont il eût souffert, pris entre son désir de m'être agréable et la crainte de choquer l'autorité supérieure. Je savais combien ces deux hommes étaient différents ; mon père exprimait parfois avec violence ses sentiments à l'égard de « Louis XIV » et jurait ses grands dieux que lui seul était maître chez lui, mais, sous le calme et parfois écrasant regard du monarque, il rentrait comme chacun dans sa coquille. Je sentais aussi que leurs positions à l'un et à l'autre en face de ce que j'envisageais n'étaient pas identiques. Les réticences de mon père répondaient au souci normal d'un homme qui s'inquiète de l'avenir de son fils et redoute de le voir partir dans l'inconnu. Il savait ce qu'il en coûte de commencer à zéro et de ne rien devoir qu'à soi-même. L'éducation aisée que nous avions reçue mon frère et moi, notre habitude de bien vivre à l'intérieur d'un cercle familial qu'il jugeait trop étroit et d'une vie facile qui ne renforce guère les âmes — tout cela lui donnait à penser que je risquais fort de n'être pas de taille à affronter la vie difficile d'un jeune homme perdu dans Paris à la conquête de la gloire théâtrale.

« Vous avez été élevé dans du coton, nous disait-il

souvent à mon frère et à moi, vous ne savez pas ce que c'est de souffrir. Il vous a manqué huit ans de collège. » S'il avait senti en moi un casse-cou retombant toujours sur ses pattes, il m'eût dit sans crainte — et enchanté — : « Fais tout ce que tu voudras. Tâche seulement de ne pas passer en correctionnelle tous les huit jours. »

La pensée de mon grand-père n'était pas du même ordre. « Dans nos milieux, on ne fait pas de théâtre. » Cela sans dureté ni mépris à l'adresse de ceux qui pratiquaient cette profession, mais avec l'étonnement sincère que la chose pût seulement s'envisager. Cela pour lui n'était pas stupide ou blessant mais simplement saugrenu. Il était lui-même grand amateur de théâtre et parlait de Réjane ou de Lucien Guitry avec considération mais comme quelqu'un qui laissait entre eux et lui la frontière de la rampe. (Toujours la distance de sa canne !) S'il se fût appelé lui, Lucien Guitry ou Mounet-Sully et que moi, son petit-fils, j'eusse été brusquement passionné par la fabrication des produits chimiques, il eût trouvé cela aussi absurde, et en eût été choqué de la même manière. La famille, le « milieu » constituaient pour lui un ensemble de règles de vie, de préceptes moraux qui ne pouvaient que s'effondrer sitôt que l'on sortait de leurs cercles. Or, il était chef d'une famille que, lui vivant, rien ne saurait effriter.

La perche que me tendit mon père en m'invitant à préparer une licence ès lettres était bonne à prendre. La littérature, c'était sans doute un domaine « dangereux » mais acceptable. Être agrégé de lettres appartient déjà, pour un fabricant de produits chimiques, au domaine de la fantaisie ; mais mon grand-père avait eu dix frères et sœurs et l'un d'eux, philosophe et prénommé Joseph, avait créé à Paris une chaire de philosophie thomiste pour damer le pion à Auguste Comte et au positivisme. Littérature... philosophie... Après tout, j'avais peut-être hérité de ce grand-oncle le goût d'une vie « intellectuelle »... Cela n'était donc pas si extravagant ; quelqu'un dans la tribu m'avait précédé dans cette voie. Je devais « tenir » de la branche Joseph.

— Alors tu lâches le Droit ? Tu vas être agrégé de lettres ? me fut-il lancé avec bonne humeur le jour où je revis mon grand-père mis au courant des nouvelles décisions.

— Agrégé ? Pourquoi ?

— Comment pourquoi ? Tu prépares une licence, m'a dit ta mère, c'est bien pour faire ensuite ton doctorat et passer l'agrégation, je suppose ? Tu optes pour la littérature ? Tu veux professer dans une faculté ?

Ma réponse évasive parut curieuse mais pour l'instant je ne représentais pas un souci : je préparais une licence ès lettres, cela se pouvait faire — et se pouvait *dire* — sans déchoir.

Cette année fut pour moi importante. Je m'aperçus que j'étais ignare, n'avais rien lu et qu'avoir réussi à mes deux bachots me laissait au niveau d'un élève moyen de troisième. Mon goût se forma ; la rencontre à la faculté d'Aix d'un garçon de mon âge qui avait sur moi une grande avance et avec qui je sympathisai très vite me mit en appétit. J'avais dix-neuf ans, âge vorace ; je dévorais tout ce que je trouvais et en vrac ; poètes, romanciers, essayistes satisfaisaient ma fringale. La poésie et la littérature représentaient des forêts immenses où je me perdais, écrasé et minuscule sous tant d'ombres gigantesques. Une grande dépression s'ensuivit. Le théâtre à Paris, les comédies d'X ou Y, tout ce qui m'avait paru jusqu'ici le royaume lointain et merveilleux où je devrais aborder un jour, me parut misérable. Jouer la comédie même ne me tentait plus. Plongé comme je l'étais dans le domaine des créateurs, submergé par mes découvertes, je me rapprochais des jugements portés autour de moi sur ce métier-là et volontiers je le tenais pour inférieur. Mon tempérament hépatique me ménageait de périodiques « brouillards » (chutes de vitalité, flottement général) qui aggravaient encore cet état quasi léthargique où m'avait jeté une absorption trop brutale de ferments littéraires. Parfois je sentais tous les symptômes physiques d'une intoxication — migraines, impossibilité de lier clairement deux idées, relâchement complet des muscles et de la volonté ; mesurant de toute façon ma nullité quoi que je fisse, comparant sans cesse mes pauvres aspirations aux œuvres dont je me nourrissais, je détestais mes ridicules essais, me méprisais d'avoir osé écrire et rougissais à l'idée des sottises que j'avais produites. Sans raison, un matin je me réveillais le corps prompt et l'esprit net ; sorti de mon brouillard je me sentais fils du Soleil et un sang bouillant me battait aux tempes : rien ne pouvait me résister. Au diable tous les dieux des bibliothèques, la vie n'était pas là mais au théâtre — et seulement — sur le plateau nu et ensoleillé de Molière et des Italiens où Scapin pirouette et s'égosille. J'avais soudain un surplus de vie, une force dont je ne pouvais envisager qu'elle ne se répandît pas sur la terre, et « sur la terre », c'était au théâtre. Je payais ces matins triomphants par de longs abattements sitôt que repris dans les filets de mes géants, je mesurais à nouveau les valeurs ; et la force aux mille bras de la veille me fuyait sous d'affreux sarcasmes. Ces alternances d'états si opposés m'épuisaient. Je les ai toujours connus et les connais encore mais je n'ai plus dix-neuf ans ; leurs résultats sont moins désastreux — et je m'y suis fait. A cette époque-là tout était remis chaque fois en question et moi-même je voyais se dresser au loin sur ma route le spectre du fameux raté si redouté des familles. — Comment lutter contre la mienne et la convaincre, quand le premier, je doutais de moi ? « Le troisième garde à droite » dont on m'avait souvent parlé m'apparaissait dans mes demi-sommeils ou au coin des rues et me regardait misérablement, ridicule et pitoyable symbole d'une vie gâchée sous les oripeaux d'une fausse gloire.

*
**

L'échec à mon écrit de licence brusqua les choses. Il fallait 10, j'obtins 9. Ayant pu voir mon examinateur je lui demandai si ce point fatal était rédhibitoire.

— Non, me dit-il, je pourrais vous mettre un 10. Mais dans ce cas, vous seriez reçu et ce ne serait pas bon.

— Pourquoi ?

— Parce que vous n'êtes pas au niveau de la licence. La licence se prépare en deux ans et vous n'êtes là que depuis cette année. Vous serez reçu l'an prochain.

Ce raisonnement me surprit mais, tout compte fait, il me servait. Il excusait un peu mon échec aux yeux de mon père ; moi, il me permettait de tout planter là et cette fois de casser les vitres. Je me moquais au fond d'être ou non licencié ès lettres ; l'important avait été la préparation du programme de l'année et ce qu'il m'avait amené à connaître. Si j'avais été reçu à ce certificat j'eusse dû normalement poursuivre, or à quoi bon ? Je n'avais nullement l'intention de professer.

Dans un an, je devrais faire mon service militaire — j'avais donc une année devant moi pour « tenter ma chance à Paris ». Cette fois, pas d'histoires. Mon père comprit qu'il fallait m'aider. Il comprit aussi que finalement mon désir était de jouer la comédie et que « mes pièces » restaient problématiques. Si je devais en écrire, ce ne serait que plus tard. Mieux valait ne pas compter là-dessus pour le moment. A une ou deux reprises j'avais participé à des spectacles d'amateurs, comme il s'en produit dans toutes les villes pour une organisation quelconque de charité. J'avais remporté les succès faciles de ce genre de galas « artistiques » ; il fallait me faire franchir le pas et partir vivre à Paris. Ce n'était pas sans problèmes. Le jeune provincial qui prépare à Paris une école ou les examens d'une faculté peut vivre à la cité universitaire et cela présente pour sa famille des facilités et des garanties. Non pas s'il est au conservatoire. Par ailleurs, je sentais bien dans les réflexions de mon père l'inquiétude de prendre officiellement le parti d'un troisième changement de direction en trois ans. Une année de Droit, une année de Lettres et chacune suivie d'un échec ; il n'y avait pas de quoi être très fier de moi et les parents préfèrent qu'on les flatte par des succès. Annoncer que cette fois il m'envoyait à Paris pour entrer au conservatoire lui donnait un peu l'air d'un père qui n'obéissait qu'aux caprices de son fils et cette fois ce caprice n'était vraiment pas sérieux. Je suis bien sûr que dix fois par jour il se voyait, gendre de Louis XIV, avouer à son beau-père ce qu'il m'autorisait à faire, — et qu'il ne se sentait pas à l'aise. Et si — avec moi il commençait à se méfier ! — si là-dessus je me faisais encore refuser au conservatoire ! Il me dit donc qu'il allait étudier la question et je puis imaginer, en étant sûr de la reproduire à peu près textuellement, la lettre qu'il se décida à écrire un jour au directeur d'une des compagnies d'assurances qu'il représentait lui-même à Marseille.

Monsieur Henri CHASSAING
Directeur de la Cie La Flandre
45, rue Laffitte
PARIS

« Mon cher ami,

« Ma lettre va sans doute vous surprendre. Vous allez voir ce que je vous demande, envisager la chose et vous me répondrez très franchement oui ou non. Votre refus, si cela n'est pas possible, ne me blessera en rien car je sais que vos raisons seront vraies.

« Voici : vous connaissez bien mes deux fils. Avec Jacques tout va bien : il a terminé son droit et je l'ai pris au bureau où il commence à se débrouiller. Pour lui pas de souci : il prendra ma place plus tard. C'est mon poète-auteur dramatique-acteur qui commence à me donner du fil à retordre. Ce n'est pas un mauvais garçon mais il a une façon bien à lui de se faire coller à toutes les facultés : il y a un an à celle de droit, aujourd'hui aux lettres. En fait, j'ai bien l'impression qu'il n'a fait ces deux ans de soi-disant " études " que pour m'être agréable et qu'il n'a qu'une idée en tête : le théâtre.

« Oui, mon cher, voilà le charmant caprice du sort : la famille de Louis XIV contient au 2e degré un futur histrion. Mounet-Sully ou Galipaux, on ne peut encore savoir, mais le fait est qu'il veut respirer la " poussière sacrée ". Connaissant mon beau-père vous voyez d'ici comment la chose va être prise. Ce n'est pas à moi qu'on fera des reproches, c'est à ma femme qui adoptera naturellement l'avis de son père et j'aurai les oreilles rebattues pendant un an des discussions de la tribu sur ce fils " cabotin ".

« Vous connaissez aussi mes sentiments pour mon beau-père. Avec un grand effort de politesse, je dirai que je l'em... Et je veux essayer d'aider ce petit. En tout cas qu'il ne puisse jamais me reprocher de lui avoir fermé une porte au nez. Je me méfie un peu cependant de ses " passions ". Je ne suis pas sûr qu'il n'en soit pas du théâtre comme du violon. Il m'a cassé les oreilles pendant dix ans avec cet instrument et aujourd'hui on n'en parle plus. Je trouve inutile de provoquer les remous prévus par l'annonce de sa nouvelle " vocation " si ladite vocation est encore une sorte de rêve. L'ennui c'est qu'il est têtu comme une bourrique tant qu'il n'a pas ce qu'il veut. Ces enfants ont été gâtés, je l'ai toujours dit à leur mère. Enfin, mon plan est celui-ci : laisser André tâter du théâtre comme il le voudra, lui payer des leçons s'il le désire, et voir ce qu'il en sortira. Pour lui qui n'a jamais quitté Marseille, le théâtre à Paris est une sorte de pays enchanté et inaccessible ; il faut qu'il y mette les pieds au plus vite car la réalité risque fort de modérer ses enthousiasmes. Quand il aura vu ce qu'est en vérité la vie dont il rêve (et qui ne doit pas être toute rose), il fera son service militaire (autre réalité qui le ramènera sur le plancher des vaches) et en sortant de là il sera à même de prendre ses responsabilités.

« Voici donc maintenant où je veux en venir et pourquoi je vous ai raconté tout cela qui n'a pas beaucoup de raisons de vous passionner.

« Je viens vous demander si vous auriez un poste de stagiaire dans vos bureaux où vous me prendriez André cette année. Officiellement, il serait donc à La

Flandre (où je lui ferais comprendre qu'il n'est pas reçu pour déclamer *L'Aiglon* devant les dactylos, mais pour apprendre un métier qui est le mien et qu'il sera peut-être heureux de connaître un jour " si jamais "...) ; hors du bureau il pourra travailler, aller au théâtre, faire les connaissances qu'il voudra, mais je ne veux pas l'envoyer à Paris avec tout son temps libre. Il habitera chez une de mes sœurs avec qui je me suis entendu si vous-même vous envisagez comme faisable ce que je vous demande.

« Voilà, cher ami, la question qui motive cette longue lettre. Pardonnez-moi de vous la poser si franchement, en vous expliquant exactement mes intentions. André est consciencieux. Je crois qu'il comprendra l'effort que je fais pour ne pas m'opposer à ce qui est pour l'instant son objectif et que par conséquent — si vous l'acceptez pour stagiaire — il fera sérieusement dans vos bureaux ce que vous lui demanderez. Procureur Halers de l'assurance, vous le verrez peut-être un soir figurer à l'Odéon sous la cuirasse du troisième garde à droite. Comme au fond, il se voit ni plus ni moins en Sacha Guitry, je crois que les " gardes à droite " (ou à gauche) lui rabattront vite son caquet.

« Bien fidèlement à vous, cher ami, en attendant votre réponse. »

***

Le 2 janvier 1931, dans un brouillard peu avenant pour quelqu'un qui arrive de Marseille, je jouais les Rastignac et faisais une entrée fort discrète dans Paris.

Huit jours plus tôt à Marseille, profitant des fêtes de Noël, une association de bienfaisance dite Art et Charité avait donné dans les salons de l'hôtel Splendid une soirée de gala avec une revue écrite par deux spécialistes de la ville, « hommes du monde... et d'esprit » ainsi qu'on le chuchotait en riant. La revue s'appelait *Ta Girl !...* et tout ce que Marseille comptait de jeunes gens talentueux et de « girls » de la « Société » participait à la revue. Je jouais le rôle d'un bébé emmailloté dans ses langes. Dialoguant avec une fille-bébé dans la même tenue, j'ouvrais ce spectacle au bénéfice d'une pouponnière. Deux pianos accompagnaient les chansons et les deux pianistes faisaient eux-mêmes au cours de la soirée un merveilleux sketch de jazz dans le style Wiener et Doucet : l'un appartenait à la colonie grecque de Marseille, l'autre s'appelait Louis Ducreux ou plutôt Loulou. Chaque ville a ses « Bébé », « Dodo », « Kiki », « Jeannot », « Lili ». Ce soir-là, Marseille produisait tous les siens.

Ducreux, je ne savais pas grand-chose de lui sinon qu'il était Picon, comme d'autres Raffineries de soufre, Noilly-Prat, Messageries maritimes ou Compagnie Paquet. Je le connaissais pour le croiser souvent car nous habitions le même quartier à cinq cents mètres l'un de l'autre. Mais nous n'avions pas fait nos études dans le même établissement, rien ne nous avait jamais réunis que cette revue dans laquelle il faisait office non d'acteur mais de pianiste. Nous nous vîmes pendant les répétitions mais sans plus. Rien ne me laissa soupçonner qu'il avait le moindre goût pour le théâtre.

Un ou deux jours après la revue, Paul Géraldy fit une conférence aux Amis des lettres. Il habitait chez des amis marseillais dont l'un était précisément la vedette masculine de la revue. Un cocktail en l'honneur de Géraldy réunit une cinquantaine de personnes dont je fus. Géraldy pour moi, c'était moins *Toi et Moi* que *Robert et Marianne, Aimer,* et cette *Christine,* dont il venait de lire une scène au cours de sa conférence et qui allait être jouée à la Comédie-Française ; c'était un homme de théâtre qui connaissait les plus grands acteurs puisqu'il avait été joué par Féraudy, Fresnay, Luguet, M.-T. Pierrat, Boucher, etc. Je fus donc le jeune homme de toutes les villes qui se précipite sur le malheureux auteur dramatique — conférencier pour lui confier qu'il brûle de faire du théâtre, et lui demander son appui dans la mesure du possible. Géraldy me dit gentiment de venir le voir sitôt que je serais à Paris. Je répondis que je quittais Marseille le soir du 1er janvier qui était tout proche ; lui-même terminant sa tournée ne rentrerait que le 10. Le 11, je serais donc chez lui, nous aurions le temps de bavarder ; il verrait à quelle porte je devais frapper le plus utilement.

En franchissant celle de la compagnie d'assurances où j'allais passer huit mois, j'avais donc le cœur fort léger : le dieu des débutants venait de me faire un signe en mettant sur ma route un auteur célèbre qui me témoignait quelque bienveillance. Néanmoins, cette légèreté dura peu. A peine arrivé, je fus appelé à la direction. J'y trouvais l'ami de mon père, qui est longtemps resté le mien. Tous les ans il passait à Marseille et il était rare qu'il ne vînt pas prendre un repas chez nous. Je le connaissais donc bien et sous son jour le plus détendu, amusant et volontiers blagueur, racontant toujours des histoires pittoresques et drôles qui nous amusaient fort. Ici je le retrouvais cordial, mais lunettes sur le nez derrière son bureau, assez directorial. Mon père avait dû le prier de me laisser entendre de son côté que chez lui je n'étais pas dans les coulisses d'un théâtre. Cela me fut dit en d'autres termes et sans sécheresse, mais nettement. Il comptait sur un travail effectif de ma part et non sur une figuration. En redescendant, une panique s'empara de moi ; si dans huit jours mon père recevait de lui une lettre l'avisant que j'étais très docile mais incapable de faire une division ! S'il n'allait pas *pouvoir* me garder !

En effet les facultés de Droit et de Lettres ne m'avaient guère donné l'occasion de faire des calculs et ici il fallait sûrement jongler avec les chiffres, ce qui n'était pas mon fort. Ma première journée me confirma dans mes appréhensions. Le soir dans mon lit, je ne récitais pas les stances du *Cid*, je réapprenais la table de multiplication.

***

Je sortais de ma compagnie à 6 heures. Le 11 janvier à 6 h 15 je sonnais chez Géraldy. Je lui exposais mieux qu'à Marseille mes goûts et mes espoirs. — Avec qui pouvais-je utilement travailler ? — Quel acteur pouvait en tout cas m'être du meilleur conseil ? Géraldy n'hésita pas. « Votre homme c'est Fresnay. » Et je partis avec un mot d'introduction. A l'heure où les débutants et les journalistes viennent ennuyer les acteurs dans leur loge, j'étais dans celle de Fresnay qui jouait *Nono* à la Madeleine. Et je connus celui qui devait être dix-sept ans plus tard le miraculeux interprète des *Oeufs de l'autruche.* Il m'accueillit avec bonne grâce, écouta mon petit laïus sur la prudence de mon père et ma compagnie d'assurances et me dit : « Votre père a raison. Le théâtre est le plus beau métier du monde si on réussit, le pire si on végète. Vous quitterez votre bureau quand vous sentirez que ça marche. Jusque-là, restez-y. » Avant que « ça marche » il fallait travailler. Fresnay m'adressa à Fernand Ledoux, alors pensionnaire au Théâtre-Français. Il fut convenu avec celui-ci que je viendrais deux fois par semaine dans sa loge en sortant de mon bureau. Ledoux me trouva l'œil noir et le teint vert : il me fit travailler Alceste. Fresnay m'avait très gentiment proposé de venir le voir de temps en temps et aussi promis de m'entendre. après quelques semaines de travail, quand Alceste me parut fin prêt, je vins un soir avant le spectacle. Tandis que Fresnay se maquillait en m'écoutant je vitupérais à pleine gueule et j'aperçus soudain dans la glace un œil étonné. Je continuai de plus belle la tirade dans laquelle j'étais lancé sans m'interrompre. En une seconde, je venais de me rendre compte de ce qui s'était passé. Troublé par cette audition, je m'y étais jeté tête basse et ne contrôlant plus grand-chose en moi-même. Des fragments du pastiche que j'avais écrit deux ans plus tôt — les fameuses *Fureurs d'Alceste* de mes vacances en famille — venaient de s'intercaler çà et là dans le vrai texte. Quand je me fus arrêté, Fresnay me regarda vraiment comme une bête curieuse : « Mais, c'est extraordinaire, me dit-il, certains des vers que vous dites sont parfaitement justes et leur sens est bien celui que je connais. Mais les mots ne sont pas ceux de Molière. Je n'ai jamais vu ça ! Qu'est-ce que c'est que ce texte-là ? Vous avez votre édition ? » Je la montrai. « Eh bien oui, c'est ça ! Mais pas le texte que vous m'avez dit ! » Je répondis seulement que j'étais un peu troublé. « Alors vous êtes un phénomène, reprit-il, de plus en plus surpris, vous improvisez dans la langue de Molière — et en vers ! — quand vous perdez vos moyens ? »

Il me parla ensuite de l'impression que je lui avais faite, me donna des conseils et la sonnette d'entrée en scène retentit. Fresnay ajouta : « Je serais curieux d'entendre ce que vous dites quand vous vous troublez en jouant Racine. Pour Molière, je dois reconnaître que c'était très bien ! Mais faites attention, au Conservatoire, si vous vous présentez. On y connaît bien *Le Misanthrope*, mais on n'en connaît qu'un ! » Je n'avouai pas la vraie raison de ma pseudo-virtuosité à «improviser en vers ». Je me dis qu'après tout je venais de me faire remarquer par Fresnay. D'une façon ou d'une autre, cela ne pouvait pas être mauvais : *il ne m'oublierait pas* ! Pendant les répétitions des *Oeufs de l'autruche*, je lui rappelai un jour cette histoire, il s'en amusa beaucoup, mais naturellement *aucun souvenir* ne lui en restait.

⁂

Les Alceste, Fantasio, Octave, Clitandre du répertoire furent mon travail de la saison. J'allais tous les soirs ou presque au théâtre et tous les matins à 8 h 30 je me retrouvais dans le petit bureau où je travaillais, devant un lot de polices d'assurances. Cette pièce était dès le matin éclairée à la lumière électrique, il m'arrivait vers les 10 heures et plus souvent après le déjeuner de ressentir l'effet de mes nuits assez brèves et de m'endormir lourdement, soudain réveillé en sursaut par l'entrée d'un assuré venant réclamer ceci ou cela. Un jour un personnage extraordinaire, hirsute et extrêmement volubile, fit ainsi irruption. Il fonça sur le chef de bureau, lui déclara qu'il était coiffeur (on aurait pu s'en douter à sa curieuse chevelure) et qu'il voulait s'assurer contre les effets des produits nocifs employés pour certaines teintures ou permanentes. Il avouait très simplement que l'absorption de ces produits par le cuir chevelu de ses clientes pouvait être très grave et qu'on avait déjà enregistré des cas de folie due à l'application de ces liquides. Aussi voulait-il être « garanti ». Cet hurluberlu, sachant parfaitement qu'il risquait d'empoisonner ses clientes en leur faisant un shampooing et qui venait réclamer une assurance contre ce danger plutôt que de changer les produits dont il se servait (qui évidemment « donnaient de meilleurs résultats dans l'immédiat » !) fit une scène molièresque à lui tout seul. C'était « le coiffeur en folie ». Sitôt que j'eus commencé à comprendre à qui on avait affaire je retournai les polices vierges et j'écrivis la scène que j'entendais. Je l'ai toujours. Depuis cinquante ans elle attend sa place dans une pièce.

En dehors des apparitions pittoresques de ce genre que je notais chaque fois pour m'amuser, je n'ai plus jamais pensé à écrire pendant cette période. Au bureau de 8 h 30 du matin à 6 heures du soir, au travail de 6 à 8 sur mes textes à apprendre, au théâtre le soir, je n'avais guère l'esprit qu'à ce que je faisais. Prenant mes leçons avec Ledoux, seul dans sa loge et non dans un cours, je n'avais l'occasion de rencontrer personne et en fait, je ne me fis aucune relation, aucun camarade, ne sachant trop où les prendre. Je travaillais sans doute, mais je ne me sentais nullement « dans le théâtre » sous prétexte que je connaissais Fresnay et Ledoux, tous deux fort aimables mais pour qui je n'étais forcément qu'un des innombrables apprentis comédiens. Je me sentais effroyablement isolé entre la maison où j'habitais, — chez une sœur de mon père —, le bureau où je travaillais sans intérêt véritable —, et le théâtre enfin, auquel je restais tout de même étranger. Vers le milieu de l'hiver déjà, si mon père avait pu lire dans le fond de mon cœur, il eût constaté avec un certain plaisir que ses prévisions n'étaient pas stupides : le feu sacré faiblissait sérieusement.

Au début mars, je reçus de Marseille un dépliant

annonçant la création d'une compagnie théâtrale qui allait apporter à la ville un théâtre « d'avant-garde » pour sortir des sentiers battus et des seuls grands succès de Paris amenés par les tournées au Gymnase. Cette compagnie s'appellerait « Le Rideau gris », donnerait un spectacle tous les mois avec des œuvres jamais encore jouées à Marseille. Pour sa première manifestation, elle annonçait *Au grand large* de Sutton Vane. Le directeur artistique du Rideau gris était... Louis Ducreux.

Je restai bouche bée à la lecture du manifeste. D'abord je découvrais que Ducreux n'était pas seulement pianiste, mais qu'il voulait faire du théâtre, ensuite je me demandai si le ciel se payait ma tête. « Comment ! pensais-je, pendant deux ans je louvoie pour venir faire du théâtre à Paris, — *j'y arrive* ! pour être finalement huit heures par jour dans une compagnie d'assurances sans jouer la comédie — sans amis — avec comme perspective d'entrer peut-être à l'Odéon — et voilà qu'à Marseille des garçons de mon âge et que je connais, créent un théâtre où l'on va jouer tous les mois des œuvres originales et d' “ avant-garde ” ! Si j'avais été à Marseille, j'aurais joué dans le premier spectacle ! » J'étais furieux. Ce « théâtre à Paris » qui me fascinait depuis des années perdait tout intérêt à mes yeux et maintenant que j'étais là, le « théâtre à Marseille » me paraissait idéal. Le mot « avant-garde » impressionnait mes vingt ans. J'appris le mois suivant le triomphe remporté par le premier spectacle du Rideau gris. Jouvet en tournée à Marseille avec *Amphytrion 38* était venu voir l'ultime répétition à la veille de la représentation et jusqu'à 5 heures du matin il était resté avec la jeune troupe, faisant reprendre telle scène, conseillant ceci et cela, heureux de donner le départ à un groupe neuf où il découvrait du talent. Groupe d'amateurs, certes, mais que sont les jeunes gens de vingt ans qui depuis Molière se réunissent un jour et fondent une troupe, sinon des amateurs ? C'est en jouant que l'on devient professionnel. C'est ce qu'avait fait Ducreux et que Jouvet avait remarqué. Pendant ce temps je travaillais *Fantasio*. Mais seul dans une loge en face de son maître, on ne sent rien comme sur une scène ! Les quelques expériences faites dans des spectacles de charité m'avaient bien convaincu que j'étais fait pour jouer la comédie et je me sentais alors porté par un je-ne-sais-quoi propre à la scène. Là, face à mon juge et critique, sortant de huit heures de bureau et passant brusquement à Alceste ou à Fantasio, je ne me sentais nullement « porté » mais plutôt vidé du meilleur de moi-même. Le meilleur, je le savais bien, était une sorte de vitalité méditerranéenne portant en soi une drôlerie et cela Ledoux ne pouvait même pas le soupçonner. Je ne lui offrais guère qu'une sorte de personnage mélancolique et rêveur, qui par timidité n'osait pas être lui-même. Je sentais mon professeur flotter sur mon compte et cela redoublait chez moi la dissimulation de mon vrai tempérament ; je me renfermais au lieu de me détendre dans la confiance, condition indispensable pour le théâtre.

Le mois suivant le programme du Rideau gris m'apprit que mon frère faisait partie de la distribution. — Cette fois c'était plus fort que tout ! C'était moi *l'acteur*, qui ne jouais pas et mon frère (que le théâtre n'avait jamais intéressé de sa vie) qui montait sur une scène ! Moi qui rêvais de théâtre depuis dix ans, j'étais amateur dans une compagnie d'assurances à Paris et lui l'assureur professionnel devenait comédien dans la troupe de Ducreux ! Le monde ne tournait plus rond ; il allait se passer quelque chose ; cela ne pouvait plus durer.

Il ne se passa rien. Quatre mois où ma situation ne changea nullement. La fin de la saison arrivait et l'Odéon passait des auditions pour les engagements de la saison suivante. Ledoux me conseilla de m'y présenter dans *Fantasio.* « Comme ce soleil couchant est manqué... Je faisais des tableaux comme celui-là quand j'avais douze ans sur la couverture de mes livres de classe... » Je dis peut-être une phrase de plus et j'entendis la clochette qui signalait au candidat qu'on l'avait assez vu. J'étais resté si peu de temps sur le plateau que je n'attendis pas de savoir les résultats, j'avais compris. Quelques jours plus tard, d'accord avec mon père, je profitais de la voiture d'un cousin qui gagnait la Côte d'Azur via Marseille et je quittais Paris, les assurances et le théâtre en même temps. Du théâtre, je n'en avais pas fait et déjà il me semblait que j'en étais un rebut. Ça ne collait pas. Si j'avais appartenu à un cours comme il en existe aujourd'hui, je crois que la camaraderie, l'émulation auraient tout changé mais dans ma solitude, au long de ces six mois, le monde du théâtre m'était resté étranger, je n'en avais ouvert aucune porte. Le service militaire m'attendait maintenant. Mieux valait m'en débarrasser vite. A sa sortie, je serais toujours à temps de me relancer dans cette aventure. Mais en avais-je encore vraiment envie ?

***

J'étais en caserne depuis cinq mois quand mon père atteint d'une crise subite d'angine de poitrine mourut en quelques jours. Il avait cinquante-quatre ans. J'en avais vingt et un depuis quelques semaines et devant sa tombe je me sentis un pauvre gosse. Je perdais mon meilleur ami, celui qui au fond m'avait aidé en tout, se disant que peut-être « je ne ferais pas comme les autres ». Son rêve, je le sentais, eût été de triompher devant mon grand-père et de s'écrier : « Je vous l'avais bien dit ! » Rien, hélas, de mes piteuses performances ne lui permit ce petit succès. Enfant, je sanglotais en lisant *Le Petit Chose* d'Alphonse Daudet, quand le frère du héros répète au moment de mourir la phrase qu'on lui a toujours dite : « Jacques, tu es un âne » ; je sanglotai aussi sur la mort de mon père, tremblant que son dernier regard posé sur moi n'ait signifié : « Mon pauvre petit ! Pourvu que tu ne sois pas un raté ! »

***

La fin de mon service militaire me ramena donc naturellement chez ma mère. Mon frère avait succédé à mon père dans ses affaires et malgré son jeune âge et une expérience encore neuve il se montrait parfaitement à la hauteur de son rôle. Mon grand-père plus qu'autrefois avait maintenant son mot à dire sur les décisions que j'allais prendre. D'ailleurs je n'avais pas le choix. Je n'étais plus le fils que son père envoie à Paris en assumant tous ses frais et en lui offrant des leçons particulières. J'avais vingt et un ans, mon père n'était plus là et je ne voulais pas être à la charge de ma mère ou de mon frère. Il fallait donc travailler et mon expérience de Paris n'était pas faite pour m'inciter à repartir les mains vides vers une problématique réussite théâtrale. Pendant mon service j'avais écrit une pièce et plusieurs nouvelles. Je ne croyais plus beaucoup à ma carrière d'acteur ; je pensais qu'il me fallait trouver à Marseille même une situation « quelque peu littéraire » (édition, journalisme) me permettant un jour de retourner à Paris, dans une situation analogue. J'optai pour le journalisme. Ayant déjà pratiqué ce métier à Marseille, rien ne s'opposerait un jour à mon passage dans un journal de Paris.

Pour mon grand-père, toujours égal à lui-même, le journalisme était un métier « bien taré » où je ne rencontrerais guère que « compromissions et vilaines affaires ». Il fit la grimace mais j'insistai et je le priai même de m'appuyer personnellement auprès du directeur du *Petit Marseillais*, Gustave Bourrageas, lequel était de ses relations. Il fallut attendre une vacance mais elle arriva : j'entrai comme rédacteur au *Petit Marseillais*.

Le journalisme n'a rien à voir avec la littérature, j'en fus vite averti par Léon Bancal, rédacteur en chef du journal, lui-même excellent journaliste, et je m'en rendis compte sans retard. Ce fut une époque dont je me souviens avec joie. D'abord la salle de rédaction d'un journal, à Marseille, n'engendre pas la mélancolie. La plupart de mes nouveaux camarades étaient de joyeux garçons du cru et la « galéjade » ne s'arrêtait pour ainsi dire ni jour ni nuit, puisque le journal tombe à 2 h 30 du matin. Je sortais d'une caserne de Nice, je retrouvais un identique feu roulant de plaisanteries et de commentaires tels que seul le Midi peut en fournir. Ici Pagnol était la sauce quotidienne dont chacun assaisonnait son plat favori. Cela n'empêchant en rien le journal d'être fort bien fait et tous ses collaborateurs d'être à leur affaire très efficacement. Mais l'efficacité à Marseille ne s'obtient pas dans la tristesse ou même le sérieux. Un côté « débraillé » lui convient davantage. La salle de rédaction était une ruche bourdonnante de joyeuses exclamations ; parmi elles les sons filés du rédacteur qui se croyait ténor s'y faisaient entendre, salués par des sifflets vengeurs. Les plumes, ciseaux et pots de colle n'en remplissaient pas moins leur office.

Une assemblée de grands étudiants dans l'impossibilité absolue de se prendre au sérieux, telle était ma compagnie. Je m'y fondais mal certains jours car je ne pouvais m'empêcher d'en être l'observateur. Très souvent cependant je me roulais avec joie dans tant de bonne humeur. Arriva un jour, peu après moi, le poète Léon-Gabriel Gros, un des principaux artisans des *Cahiers du Sud*, la première peut-être des revues littéraires françaises. Très vite nous fûmes des amis. Nous échangions nos poèmes, nous avions d'interminables conversations en sortant du journal, la nuit.

Grâce à lui je pénétrais dans le monde d'André Gaillard et des poètes surréalistes que je ne connaissais pas. Traducteur de Keats et de John Donne, il me les faisait découvrir ainsi que l'admirable William Blake, le Lautréamont anglais. C'était l'époque où Eluard venait de publier *Capitale de la douleur* et *L'Amour, la poésie*. Je vivais avec ces livres miraculeux. La poésie m'avait repris tout entier dans mes relations quotidiennes avec Gros. Le théâtre était loin et je m'en sentais étonnamment détaché. Mes propres poèmes témoignaient du courant nouveau où je me laissais emporter. *Les Champs magnétiques* d'André Breton, *Le Revolver à cheveux blancs* de Tzara, m'arrachaient à la réalité ; je ne touchais plus le sol qu'au journal en corrigeant les copies adressées par les correspondants de Vaison-la-Romaine, ou Bormes-les-Mimosas. Encore y trouvais-je des perles que Breton n'eût pas rejetées et dont je tenais registre. Mon travail m'occupait de 8 heures du soir à 3 heures du matin. Le rédacteur en chef m'avertit un jour que je changeais de service. Je passais au reportage de jour. Horaire : 11 heures du matin, 8 heures du soir. Ce fut ce jour même que, sur un aiguillage de la ligne de tramway Chartreux-Saint-Giniez, ma vie changea de direction. Ce tramway se trouvait stoppé à l'angle de la place de la Bourse et de la Canebière par quelque embouteillage de la circulation. L'arrêt commençait à être long, quelques voyageurs se levèrent essayant de voir si cela devait durer et s'il valait mieux descendre. J'aperçus alors une dame d'une cinquantaine d'années que je connaissais bien et qui jouait au Rideau gris, Mme Jean, femme d'un hautboïste fameux pour sa petite taille et son grand souffle. Je lui demandai des nouvelles du Rideau gris auquel je ne m'étais plus spécialement intéressé.

— Ça va mal, me répondit-elle, nous jouons dans deux jours une très jolie pièce élisabéthaine adaptée par Fluchère mais Laspeyres est malade pour au moins dix jours. Ducreux cherche quelqu'un.

— Dites-lui qu'à partir d'aujourd'hui je suis libre le soir. Je peux donc jouer si ça l'arrange.

Deux heures plus tard, j'avais un appel de Ducreux. Le soir j'entrai dans l'atelier que Jacques Thévenet habitait sur le Vieux-Port et je faisais la connaissance du Rideau gris. Je fus reçu à bras ouverts par ceux que je connaissais déjà et aussi par les autres. Le hasard faisait de moi celui qui — se trouvant là — sauve un spectacle imminent.

La répétition eut lieu ; le rôle à reprendre n'était pas trop long : tout irait bien pour le surlendemain. La soirée fut plus qu'agréable. Je découvris un groupe jeune où régnait une complicité — presque un vocabulaire —, en tout cas une ferveur combative imposée par Ducreux pour faire accepter par le public un théâtre qui sortait de l'ordinaire. Tout de suite je me sentis pris par ce groupe et repris par le théâtre. Le soir même ayant longuement bavardé avec Ducreux, il me dit avant de nous séparer : « J'ai l'impression que nous travaillerons longtemps ensemble. » Notre amitié date de ce soir-là. Cinquante ans ne l'ont pas entamée. Je bénis aujourd'hui la panne de tramway qui m'amena au Rideau gris. J'y arrivais pour sauver une représentation — c'était elle qui allait me sauver en me ramenant au théâtre.

⁂

Ce fut en effet une résurrection que le Rideau gris opéra en moi. La passion pour le théâtre que j'avais nourrie pendant des années et que je croyais morte revécut en un soir. Je compris que le journalisme avait été un pis-aller choisi comme moyen de gagner ma vie tout en n'entrant pas dans « les affaires » mais qu'une fois de plus, j'étais là en amateur, attendant d'en sortir, exactement comme j'avais été stagiaire amateur à la compagnie La Flandre.

Le Rideau gris fut un peu à Marseille ce qu'avait été à Paris le premier Vieux-Colombier de Copeau. Né d'une même exigence, d'un besoin de réaction contre le « boulevard » (les tournées ne promenaient que ces pièces-là en province), animé par un jeune intellectuel raffiné et indépendant, lequel mettait en scène et jouait dans ses spectacles, cette compagnie apportait un style personnel et inconnu et faisait sur un plateau de cinq mètres carrés entrer cette fée si rare au théâtre : la poésie.

De maître, Ducreux n'en avait pas eu. Il avait vu trois spectacles du Cartel lors d'un voyage rapide à

Paris et s'était senti proche de Jouvet par le goût d'une précision d'horloger. Mais italien par sa mère et poète par la grâce de Dieu, il souhaitait plus de rêve qu'à la Comédie des Champs-Elysées. Quelque chose chantait en lui, une musique légère et grave qu'il n'écrivait pas à cette époque mais qu'il cherchait à exprimer sur la scène. Son ancien professeur d'anglais au lycée, Henri Fluchère, était président du Rideau gris, son conseiller et le traducteur des œuvres représentées. Par lui, Ducreux connut le fourmillement du théâtre élisabéthain où autour de Shakespeare tant de pièces chantent et racontent de fantastiques rêves. Lui qui plus tard écrirait tant de mélodies ravissantes, de comédies à couplets comme *Musique légère* et *Le Square du Pérou* et dirigerait une émission radiophonique intitulée « La Comédie qui chante », il trouvait ici tout ce qu'il cherchait sans savoir qu'il l'avait en lui.

Les spectateurs du Rideau gris quittaient les salons Massilia étonnés et ravis, ne sachant pas toujours très bien ce qui les gênait. — C'était la poésie. Ils n'y étaient pas faits. Qu'il s'agît de *Contes de bonne femme* de Georges Peele, de l'*Orphée* de Cocteau ou de *La Belle au bois* de Supervielle, la grâce les touchait et cela leur laissait un goût d'incongru. A Paris, Georges Pitoëff, lui aussi messager de la poésie, produisait un effet semblable. Comme Pitoëff le Rideau gris avait ses fervents ; d'autres n'auraient pas cédé leurs places pour beaucoup mais venaient pour se pousser les coudes et rire au nez de l'« avant-garde ». Volontiers parmi les milieux notables de la ville, le Rideau gris passait pour un groupe de « petits sauteurs » qui sous prétexte d'« art » se f... du monde. Il faut dire qu'à deux reprises le facétieux Henri Fluchère leur avait asséné des pièces surréalistes de sa composition où, sous un pseudonyme qui préservait sa dignité de professeur au lycée, il ne reculait devant aucune audace de langage. Les oreilles marseillaises n'avaient jamais entendu ça. L'insolite ne l'arrêtait pas davantage. Au milieu de *La Mort aux dents,* pièce « de nos jours et en veston », un Romain entrait pendant une scène, un bougeoir à la main, et déclamait une tirade de Crébillon fils ;

« Probus où sommes-nous ?... »

A la fin de la tirade, il sortait aussi simplement qu'il était entré et les deux personnages de l'action continuaient leur scène interrompue un instant, comme si rien ne s'était passé. Le lendemain les commentaires allaient bon train. Quelque journaliste écrivait, méprisant : « Allons, petits jeunes gens, retournez à vos versions latines et n'insultez pas à un art qui n'a que faire de vous. » Tout cela était jeune et vivant avec le goût d'une petite meute pour la provocation et la grande joie des insultes ensuite, accueillies avec délices.

Le Rideau n'était pas une affaire commerciale mais un club. Chaque spectacle était répété un mois durant, tous les soirs, et la pièce ne se donnait qu'une seule fois. Tout était donc permis. La vie du théâtre ne dépendait pas de son succès. Quand une pièce avait un peu trop bousculé les gens, une autre plus rassurante les calmait le mois suivant. On imagine ma joie dans ce groupe dont Ducreux, Madeleine Cheminat, Marc Devictor, le décorateur Henri Rey, la danseuse Marguerite Caspari, Billy Rodrigue, Patt Salel, Guy Stora, Jacques Thévenet et moi-même nous étions avec Henri Fluchère, les principaux éléments. Je ne regrettais guère Paris. Où aurais-je connu une vie théâtrale placée sur ce seul plan de poésie et de fantaisie ? Les à-côtés pénibles du théâtre (course au rôle, souci du cachet, durée fastidieuse des pièces, marasme des périodes mortes), tout cela nous était étranger. Assurés chacun par le métier que nous faisions (Ducreux par ses moyens personnels) d'une vie matérielle suffisante, nous ne vivions que pour les répétitions du soir et *la* représentation de chaque mois, celle-ci donnant au théâtre sa signification originelle de fête rare. Comme on voit affiché dans les villages le triomphal et prometteur écriteau CE SOIR, THÉÂTRE, un jour chaque mois, tout un public se délectait à l'avance : CE SOIR, LE RIDEAU GRIS.

Pour nous cette séance de chaque mois était une petite bataille à gagner car notre crédit moral constituait le vrai capital de la compagnie : il fallait que d'accord ou non sur la pièce, la qualité des spectacles ne fût pas discutable. Ainsi la troupe constituée comme chez Dullin ou chez Pitoëff à leurs débuts, par des jeunes gens épris de théâtre (le photographe Michel Simon engagé chez Pitoëff à Genève) se perfectionnait de spectacle en spectacle et s'efforçait à atteindre le niveau professionnel. Que chacun exerçât un métier d'autre part, nous rangeait officiellement parmi les amateurs. Mais c'était là, la condition même de l'existence de notre compagnie. C'étaient nos spectacles qui devaient marquer la différence entre amateurs et professionnels ! Toutes ces étiquettes ne veulent rien dire et nous nous refusions à les prendre en considération. En quoi deux ans de conservatoire et un prix vous font plus « professionnel » qu'un autre qui a joué vingt pièces « dans un groupe » où l'on a l'esprit professionnel ? Pour moi qui avais toujours été « l'amateur » partout où j'avais passé, c'était dans une troupe dite d'amateurs que pour la première fois je me sentais professionnel !

En fait, en fondant le Rideau gris Ducreux, à vingt

ans, sans aucun appui, créait en France la première de ces compagnies de décentralisation telles que les Centres d'art dramatique nés après la Libération et officiellement subventionnés par le ministère de la Culture. De 1931 à 1943, ayant joué cinquante-deux spectacles (parmi lesquels des œuvres comme *L'Opéra du gueux*, *La Tempête* ou *Macbeth*, pièces lourdes à monter et *qui n'avaient jamais pu être représentées en province*), le Rideau gris toucha quinze cents francs votés par le conseil municipal, une certaine année de générosité. Le reste était payé par les abonnements et de temps en temps par un apport de Ducreux qui vendait une montre ou une bague et bouchait les trous. Une grande amie à nous, Jeanne Bassouls, entra aussi plus tard dans la compagnie et permit souvent à celle-ci de boucler son budget.

Cette création de la première troupe de décentralisation, à l'âge de vingt ans par Ducreux, ne fut pas concertée ; je veux dire que Ducreux ne se proposa pas ce but honorable et ne se posa pas en pionnier alors qu'il en était un sans le savoir. Ce fut une rencontre. En créant Le Rideau gris il obéissait à deux sentiments : son goût du confort et le besoin de faire ce qu'il aimait. Il comprit avant moi qu'à vingt ans, à Paris, on est un débutant qui doit se plier à tout tandis qu'en restant à Marseille si l'on est marseillais, et en y ouvrant un théâtre on y fait ce que l'on veut parce qu'on est chez soi. Avant d'être chez soi à Paris, il faut du temps et ce temps-là n'est souvent pas drôle. On y apprend son métier mais à quel prix parfois ! Mieux valait l'apprendre dans des conditions plus agréables. Après la guerre à Toulouse, le Grenier second Rideau gris fit le même raisonnement. On peut aussi oser beaucoup plus en province qu'à Paris. Un jour Ducreux décida de monter *L'Opéra du gueux* de John Gay dans sa version originale avec la musique de Purcell (on sait que Pabst avait fait *L'Opéra de quat'sous* avec une musique de Kurt Weill). Le lieu de nos représentations était une salle de noces et banquets, en longueur, munie d'une petite scène : le Rideau gris avait un proscenium spécial relié à cette petite scène, et un cadre fixant le tout agrandissait sensiblement l'espace du jeu. Mais *L'Opéra* obligeait à neuf changements de décors, irréalisables sur un plateau de cette dimension, sans cintres, ni coulisses. Ducreux eut une merveilleuse idée. Il fit construire une seconde scène au fond de la salle — face à la première — et relia une scène à l'autre par une passerelle longeant un mur de la salle. Le public — sur chaises volantes — se trouvait en contrebas de la passerelle maintenue au niveau des deux scènes. Quand le premier tableau finissait, un coup de sifflet se faisait entendre et dans une joie générale le public, averti à l'avance de ce qu'il aurait à faire au coup de sifflet, retournait les chaises vers l'autre scène dans un grand vacarme pendant que l'orchestre attaquait l'ouverture du deuxième tableau dont le rideau se levait sur la scène nº 2. Pendant que se jouait ce tableau-là, on changeait le décor sur la scène 1 dans le dos des spectateurs qui au coup de sifflet suivant recommençaient la manœuvre pour assister au tableau 3 sur la scène nº 1.

Faute de scène tournante Ducreux avait osé et inventé le « public tournant ». Ce fut un élément de joie supplémentaire dans cette soirée mémorable où *L'Opéra du gueux* apparut dans sa fraîcheur première. Darius et Madeleine Milhaud étaient venus d'Aix où ils séjournaient et ils criaient leur enthousiasme. Pour cette œuvre à nombreux acteurs, il avait fallu faire appel à des éléments extérieurs à la troupe et certains malhabiles ; mais, dans leurs rôles de mendiants ou de filles, leur maladresse n'était parfois pas déplaisante et ajoutait au côté « Quat'sous » de *L'Opéra.* Ce qui avait été entendu pour la première fois c'était cette pièce cruelle et bouffonne, truffée de chansons ravissantes ; ce qui avait été vu, c'était une troupe d'une vingtaine d'acteurs dans un spectacle en neuf tableaux où, une fois de plus, la poésie gagnait la partie. Le succès fut considérable. Pour la première fois on annonça une seconde représentation. La salle fut encore pleine et *L'Opéra du gueux*, né pour deux soirs, disparut à jamais. Nul ne le reverra à Marseille.

Enhardi par ce succès, Ducreux décida de supprimer un spectacle à nos abonnés et de jouer deux mois plus tard pour la fin de la saison notre premier Shakespeare : *La Tempête.* Cette fois on annonçait au départ une séance d'abonnés et une séance publique. Après certains spectacles qui nous amusaient mais qui choquaient ou ennuyaient, nous avions parfois été boudés. Quelques abonnés n'avaient pas renouvelé leurs cartes ; mais le Club était une formule. On ne refusait jamais de vendre une place à l'entrée. Très souvent il y en avait à vendre mais nul acheteur ne s'était présenté. Je n'oublierai jamais le premier soir de *La Tempête.* Une forte publicité bénévole était venue grossir le succès remporté par le précédent spectacle. Nous allions lever le rideau sur le tableau-prologue de la tempête proprement dite ; la plaque de tôle était là pour le tonnerre, le projecteur à interrupteur pour les éclairs, chacun à son poste dans l'obscurité pour jouer sur le simple proscenium nu la scène du naufrage. On frappait les trois coups quand l'administrateur de la troupe arriva affolé :

— Ne levez pas ! Ne levez pas !

— Pourquoi ?

— Il y a cent personnes à la porte !

On attendit dans une fièvre extraordinaire que le public fût placé tant bien que mal, entassé serait plus juste. Cette fois ce n'était plus les abonnés, c'était le public ! Il se pressait pour voir notre spectacle ! Le lendemain tout Marseille parlait de *La Tempête*, la deuxième séance fut comble elle aussi. Jamais Shakespeare n'avait été joué à Marseille. Quel tourneur irait promener une pièce aussi lourde ? Le groupe des « petits sauteurs » qu'on renvoyait deux ans plus tôt à leurs versions latines commençait à susciter l'intérêt.

Supervielle, Poulenc, Milhaud, Giono, avaient vu des spectacles du Rideau gris et reconnaissaient que cette compagnie pouvait se présenter sur les meilleures scènes et rivaliser avec les bons spectacles de Paris.

En 1936, le décorateur de la troupe Henri Rey avait en séjour chez lui un jeune Russe naturalisé qui se trouvait sans carte de travail et qui était, lui aussi, décorateur. Il nous l'amena. C'était Georges Wakhévitch, qui devint notre collaborateur attitré, succédant à Henri Rey et au jeune Belge Denis Martin qui avait lui aussi décoré plusieurs de nos spectacles. Quand les pièces de Ducreux et les miennes furent jouées à Paris, Wakhévitch en décora dix. Pendant trente ans il fut le décorateur le plus coté du théâtre et du cinéma. Il volait de Londres à Milan, à Rome, à New York ; des studios de chaque pays il passait à la Scala, au Metropolitan, à Covent Garden ; à Paris, on vit des décors de lui de l'Œuvre à l'Opéra, du plus petit au plus grand théâtre, et cette carrière prestigieuse se poursuit aujourd'hui, lui ayant ouvert, l'an dernier, les portes de l'Institut. Nous ne nous retrouvons jamais lui, Ducreux et moi, sans évoquer notre cher Rideau qui devint finalement notre théâtre à tous les trois, ayant monté ensemble une vingtaine de spectacles avant que Paris nous accueillît. Très pris par le cinéma, sitôt sa carte de travail obtenue, Wakhévitch faisait des allers et retours Paris-Marseille quand il travaillait pour nous. Avec ce lyrique russe nous redoutions toujours un peu Ducreux et moi que « Waké » aux prises avec quelque quartier de Paris à construire en studio n'ait oublié notre spectacle. Le jour où nous devions jouer *L'Inconnue d'Arras* de Salacrou, Waké descendit de son train à 8 heures du matin en gare Saint-Charles, une petite valise à la main.

Ducreux l'y attendait.

— Mais il n'y a pas de wagon de marchandises à ton train ! Et le décor ?

— Quel décor ?

— Comment quel décor ? Celui de *L'Inconnue.* Nous jouons ce soir ! Tu m'as dit qu'on ferait le décor au studio et que tu arrivais avec !

— Eh bien, je l'ai.

— Mais où ?

— Dans ma valise. Pourquoi tu t'énerrrrves comme ça, Loulou ?

Et le sourire irrésistible de Georges, sûr de lui, ramena un peu de calme chez Ducreux.

— Tu n'es pas en train de déconner, Georges ? Nous débutons ce soir !

— Mais puisque je te dis qu'il est LÀ, le décorrr ! Tu as les praticables que j'ai commandés ? Et la fenêtre ?

— Oui.

— Alors, tu auras ton décor ce soir. Sois pas nerrrveux, Loulou !

Waké avait effectivement deux mètres carrés de toile

dans sa valise et douze colonnes de balustrade découpées en contreplaqué, serrées les unes contre les autres. C'était le décor. Il suffisait de mettre où il fallait sur les praticables la balustrade et la toile peinte. Un des plus beaux décors de Wakhévitch. Pourtant l'après-midi, à la dernière répétition — qui était la première dans le décor — on s'aperçut que l'on ne pouvait pas jouer la pièce. Amoureux des différences de plans, Wakhévitch avait placé des marches d'escalier à chacun de ses praticables. Si l'on s'en tenait à la mise en scène établie, il fallait tout le temps monter et descendre deux marches qui coupaient la scène. Il y eut une explication-dispute d'une heure entre nous et Waké ; celui-ci finalement prit une hache et « massacrrra son décorrr ma-gni-fique », c'est-à-dire qu'il enleva deux praticables inutiles et nuisibles au jeu et que son décor resta aussi beau.

Quand on monta *Macbeth*, Wakhévitch fit réaliser, je ne sais plus où à Marseille, un de ces décors construits dont il a le secret. La maquette était très belle avec deux arches énormes qui constituaient le fond permanent du décor.

— Vous allez voir mes arches, nous dit-il la veille du jour où le décor devait être amené au théâtre, vous allez voir s'ils me les ont bien construites ! On n'a jamais vu ça sur une scène !

On faillit ne pas l'y voir davantage le surlendemain. En arrivant au théâtre on s'aperçut qu'aucune issue ne permettait d'y faire entrer les dites arches. Il fallut — dans la rue — couper le décor en deux et le reconstruire sur la scène.

Je n'en finirais pas de rapporter des souvenirs de ces années de Rideau gris mais les anecdotes de théâtre sont la joie des acteurs en voyage. Il vaut mieux les raconter que les écrire. Ce qui m'importe est moins ici de narrer des drôleries que d'évoquer ce temps merveilleux de notre jeunesse et d'un apprentissage dans la vraie tradition, celle de la troupe. Jamais n'eurent à y paraître les bassesses, les jalousies, les rancœurs, les mesquineries, ces champignons du théâtre. Le travail seul comptait pourvu qu'il fût fait dans la joie. Avec le sentiment que sa qualité y gagnait. On travaillait certes et fort sérieusement, mais sans oser jamais se prendre au sérieux. Nous vivions pour notre théâtre, pour le plaisir et pour l'amour, en cercle à peu près fermé, n'attendant rien des autres, nous suffisant largement à nous-mêmes.

Pour ma part, cette période dura cinq ans, de 1933 à la fin 1937 où se fit entre nous une première scission. J'ai dit que je menais une vie partagée entre *Le Petit Marseillais* et le Rideau gris, l'un m'occupant le jour, l'autre la nuit. Cela ne dura qu'un temps néanmoins. Après le succès de nos séances publiques, nous décidâmes de donner nos spectacles au théâtre du Gymnase et d'abandonner les salons Massilia. Puis le succès s'affirmant, on reçut des propositions pour jouer à Lyon, à Grenoble, à Nice et à Cannes. Le stade strictement marseillais était fini, la compagnie devenait professionnelle au vrai sens du mot. Il fallut renouveler la troupe, recruter des comédiens susceptibles de se déplacer, renoncer aux amis de la première heure qui n'envisageaient pas de faire une carrière théâtrale et qui ne pouvaient abandonner leur métier. Moi-même, je me sentis pris dans le dilemme : perdre mes douze cents francs mensuels du journal ou le Rideau gris. Je donnai ma démission du *Petit Marseillais* au grand ahurissement de mon superbe grand-père que je n'avais pas consulté. Je l'avais prié de m'appuyer pour entrer dans ce journal. Négliger de lui demander conseil pour en sortir lui parut osé.

— Et que vas-tu faire maintenant ? me demanda-t-il une fois au courant.

— Du théâtre exclusivement.

Ce ne fut pas la réaction d'autrefois, car les bourgeois sont sensibles à la flatterie et le bruit de nos succès l'avait atteint. Il se contenta d'aspirer l'air avec force, marquant par une moue qu'après tout j'étais majeur et libre de faire le singe si j'avais cette vocation-là. Il appartenait à cette catégorie d'autoritaires qui n'est guère habituée au fait accompli et que celui-ci désarme absolument.

Cependant le Rideau gris nouvelle formule posait des problèmes. Ducreux m'avait demandé de diriger officiellement la compagnie avec lui. Nous nous trouvions dans une impasse. Cette compagnie théâtrale jouissait d'un crédit moral excellent mais sans bailleur de fonds et sans soutien financier, nous ne pouvions lui maintenir son standing qu'en montant des œuvres importantes et originales. Tout s'écroulait si nous nous laissions aller aux pièces « parisiennes » amenées par les tourneurs. Or, pour présenter ces spectacles rares et coûteux, nous n'avions pas d'argent. Depuis les séances publiques, la source des abonnements s'était tarie, les gens préférant venir à leur gré puisque la location était ouverte. Une période difficile s'ensuivit où notre seule ressource pour monter une pièce était de la faire acheter par plusieurs organisations de spectacles. Naturellement l'exploitation de la pièce ne laissait ensuite aucun bénéfice, l'argent reçu ayant été utilisé à l'avance. Alors que le Rideau gris présentait au début six spectacles par saison — et à frais réduits puisque les acteurs n'étaient pas payés — la réussite de l'entreprise sur le plan artistique l'amenait à étouffer sur le plan financier une fois atteint le palier professionnel. Chaque spectacle monté devant « s'exploiter » le plus possible, sortant de Marseille, faisant de nous des itinérants qui, en fin de compte, couvraient les frais, mais ne gagnaient rien. *Macbeth* (avec les fameuses arches de Wakhévitch peintes cette fois sur une toile et non plus en volume) fut ainsi la pièce que nous avons le plus promenée. Mais sortis de Marseille et hormis Lyon ou Grenoble qui achetaient nos spectacles pour des associations, le grand public ne se dérangeait guère, aucun nom de vedette sur l'affiche n'attirant son attention. Nous rentrions de Toulon, Cannes ou Nice, découragés, ayant joué devant des quarts de salle et le Rideau commençant à s'endetter.

A l'époque détendue des premiers succès, dans la vie joyeuse et insouciante que j'ai évoquée, faite de plaisanteries en tous genres, à l'intérieur d'une sorte de code qui était celui du groupe, j'avais je ne sais pourquoi ni comment recommencé à écrire. J'en avais fini avec mes poèmes néo-surréalistes, j'étais plongé dans le théâtre et je revenais à mes premières amours : j'avais écrit une comédie d'abord intitulée *La Vie pour rire* et que finalement j'appelai *Am-Stram-Gram.* Je la lus naturellement à Ducreux qu'elle amusa beaucoup mais qui me dit : « C'est de la comédie. Nous ne pouvons pas la jouer au Rideau. » En effet comme tous les bons jeunes gens qui font du « théâtre d'art », rien de comique ne saurait entrer dans leur programme. J'étais un peu déçu néanmoins et Ducreux me demanda d'attendre un mois pour relire ma pièce. A ce moment-là nous répétions *Macbeth,* mieux valait en finir avec ce spectacle et revoir les choses à tête reposée. Je n'en pipai plus mot. Deux mois plus tard, pendant que dans une loge commune au Grand Théâtre de Toulon, nous décollions nos barbes après une représentation de *Macbeth* devant un public très clairsemé, Ducreux me dit brusquement, mais avec une perceptible gêne :

— J'ai relu *Am-Stram-Gram...*

— Oui ? Alors ?

Et lui clownifiant :

— Bé !... On ne peut pas dire que... Mais on ne peut pas dire non plus que... Vous comprenez n'est-ce pas ?

On n'en parla plus. C'était en 1934. L'année suivante une association de bienfaisance me demanda si je pouvais « faire quelque chose » pour un gala.

Mais quoi ? Je me souvins de mes *Fureurs d'Alceste.* En une nuit la scène qui avait eu tant de succès en massacrant ma famille fut changée en massacre des personnalités importantes de la société marseillaise, laquelle serait tout entière dans la salle. Cette scène, je l'ai dit, était le prologue d'une revue ; une fois ce prologue écrit je fus engagé presque malgré moi à écrire la revue elle-même. Je le fis en quelques jours fiévreux, écrivant les scènes, les couplets, ajustant tout et mettant en scène ce spectacle où je jouais un rôle dans chaque sketch. Pour attirer un plus vaste public, j'avais demandé à mes amis du Rideau gris de jouer aussi dans ce spectacle particulier et la troupe des « petits sauteurs » vint se mêler à celle des « gens du monde ». La revue fut un triomphe de recette. On dut, à bureau fermé, la rejouer le lendemain. Ce succès extra Rideau gris m'avait fait du bien car j'avais dû écrire cette revue entière à une telle vitesse que je restais étonné du résultat. Je reprenais goût à écrire. Je venais surtout pour la première fois de me jouer moi-même devant un vrai public et je n'étais pas insensible au grand succès obtenu par certaines scènes. Le résultat financier des deux soirées avait été considérable, aussi l'année suivante le comité de l'œuvre me demanda de récidiver. Je sautai sur l'occasion d'essayer mon *Am-Stram-Gram* qui dormait depuis deux ans.

— Pourquoi pas ! me dit Ducreux. Ce qui n'est pas possible chez nous ira toujours pour les « Petits lits de-ta-sœur ».

Il préféra être dans la salle et ne pas participer à ce genre de spectacle. Je répétai donc la pièce avec la charmante Madeleine Cheminat qui jouait son propre personnage à la ville et notre ami Étienne Frois, professeur au lycée, qui avait, lui aussi, tenu parfois des rôles au Rideau gris. Les rires fusèrent dès le lever du rideau, comme ils devaient le faire dix ans plus tard à Paris. Le succès fut éclatant. A la fin du 1 j'avais déjà vu bondir Ducreux dans ma loge : « Je suis le roi des c... ! C'est irrésistible ! A Paris ce serait un triomphe ! »

Lorsqu'en 1938 la pièce m'était refusée à Paris précisément, par neuf directeurs, acteurs ou metteurs en scène et que désespéré je l'écrivais à Ducreux, il me répondit gentiment : « Ça ne m'étonne pas qu'ils soient tous aussi bêtes. N'oublie pas que j'ai été le premier idiot à ne pas y croire et à te la refuser moi aussi. Tu pourras le rappeler à soixante-dix ans quand tu écriras tes souvenirs. » Je le fais donc, à l'âge dit et peut-être le fait-il en même temps car je crois savoir qu'il rédige aussi ses souvenirs sur notre Rideau gris.

Mais nous sommes en 1936 et dans l'impasse. La saison fut si inquiétante que je dus faire appel aux miens. Le Rideau ne pouvait nous servir de moyen d'existence qu'en allant nous présenter à Paris avec un bon spectacle et tenter la conquête de quelque théâtre. Combien de fois, remontant, Ducreux et moi, la rue

Paradis vers deux heures du matin, avons-nous tour à tour envisagé les moyens de cette conquête ! et renoncé à jamais à y parvenir. Parfois l'idée d'une dissolution de la compagnie nous effleurait, et la tentation de risquer notre chance séparément, lui comme metteur en scène, moi comme comédien. Je me sentais évidemment plus solide qu'à l'époque de ma première tentative. J'avais joué de grands et de petits rôles et beaucoup joué. Je m'étais aussi fait des amis de certains auteurs qui m'avaient vu interpréter leurs pièces. J'étais à même de montrer des critiques flatteuses et surtout je croyais à ce que je pouvais faire. Mais c'est bien là le pire : les directeurs, eux, n'en savent rien en vous voyant entrer dans leur bureau et un comédien ne se fait pas valoir en expliquant ses prouesses — au contraire ! Paris découvre quelqu'un en un soir *à Paris* mais dix ans de théâtre à Bordeaux ou à Marseille ne signifient rien pour lui. Je connais à Bruxelles un remarquable acteur à qui tout le monde dit sitôt qu'on l'a vu jouer : « Pourquoi ne venez-vous pas à Paris ? » Sa réponse est navrante : « J'ai essayé dix fois. On me fait passer des auditions comme à un débutant. Et je ne vaux rien en audition, je le sais. » Et Paris se prive d'un type d'acteur et d'un emploi physique que l'on cherche tout le temps.

Moi, j'avais en somme au Rideau gris la place de Louis Salou chez Pitoëff : je jouais les rôles de composition. S'il y avait lieu, je jouais les jeunes gens de mon âge, mais il n'y eut que très rarement lieu ; Ducreux me confiait le plus souvent un rôle plus lourd, me préférant dans les compositions. On trouvait facilement un jeune homme ensuite. Parfois je choisissais un rôle que jamais personne ne m'eût distribué à Paris. C'est ainsi que dans *La Belle au bois* de Supervielle, je ne jouais ni

Barbe-Bleue ni le vicomte mais la cuisinière. Dans *Macbeth* je jouais Banquo et le portier ivre, clown shakespearien qui entre en scène peu après le meurtre de Duncan. Puis je redevenais le spectre de Banquo à l'acte suivant. Où fait-on de ces gymnastiques, hors d'une compagnie ?

Non, l'idée d'abandonner le Rideau, tout ce que nous avions fait ensemble pour « passer des auditions » à Paris et remporter de haute lutte peut-être un rôle plus ou moins intéressant me permettant de vivoter — non : je renonçais à cette éventualité. On irait à Paris ensemble et en présentant un spectacle du Rideau gris. Jusque-là on s'arrangerait... C'est ainsi que pendant une année entière je me mis à vendre des peintures et vernis pour le compte de la Maison Soudée. Après avoir été assureur et journaliste, je devenais représentant !

Mais dans Marseille où j'étais connu comme « faisant du théâtre » cela n'était guère sérieux d'arriver avec une serviette sous le bras pleine d'échantillons. Ceux qui pouvaient me faire « faire des affaires » étaient mes anciens amis ou camarades de classe, certains haut placés déjà dans les compagnies de navigation ou les huileries familiales. Ils me recevaient cordialement mais avec la nuance de gentillesse supplémentaire que l'on met à venir en aide « à ce pauvre vieux qui faisait l'artiste et qui maintenant trotte toute la journée pour vendre de la peinture ». — Cher théâtre et cher Rideau gris ! Faut-il que je vous aie aimés, pour cette année d'humiliantes démarches dans cette ville où, habitué aux grandes portes, je commençais à passer par les petites ! « Je vais te mettre en rapport avec notre chef d'atelier mon vieux et je suis sûr que tu t'arrangeras avec lui. Et ce Rideau gris alors ? Quand te revoit-on ? Sacré phénomène, va ! » Je souriais jaune et je devais encore remercier pour le coup de fil donné devant moi au « chef d'atelier ». Celui-là me jaugeait d'un coup d'œil : « Un ami dont le patron se débarrasse sur moi. » L'accueil était presque plat, mais « l'affaire » régulièrement « bien difficile ». « Peut-être l'année prochaine ! Pour le moment nos marchés sont passés. » Je n'étais pas brillant d'ailleurs pour « faire l'article ». Naturellement enclin à la discrétion, j'étais le premier à dire, au lieu d'insister : « Mais oui, je comprends très bien ! C'est impossible, je m'en rends compte », enchanté de mettre fin à mon supplice.

En un an, je ne vendis pas cent kilos de peinture et vernis. J'avais vingt-six ans. Depuis six ans — avec le sentiment de l'avoir pourtant trouvé ! — je cherchais le théâtre — et à vivre de lui.

***

1937 nous sauva. Le ministre de l'Éducation nationale était Jean Zay. Il s'intéressait au théâtre. Marcel Abraham, son chef de cabinet, ami de Fluchère, connaissait l'effort du Rideau gris. Sur la demande de Jacques Chabannes nommé directeur du Théâtre d'Essai notre compagnie fut désignée pour présenter deux spectacles à la Comédie des Champs-Élysées. Fluchère traduisit et adapta une pièce d'un contemporain de Shakespeare, *La Duchesse d'Amalfi* de Webster, pièce célèbre dans le répertoire anglais et jamais encore représentée en France. Denis Martin, notre ami de Bruxelles, exécuta costumes et décors de cette Renaissance italienne. Il fut entendu que nou jouerions à Paris *La Duchesse* et aussi *L'Inconnue d'Arras* de

Salacrou, jamais reprise depuis sa création, et qui était une des réussites du Rideau.

Dans *La Duchesse d'Amalfi* se trouvaient trois importants rôles d'hommes. Ducreux jouerait le duc Ferdinand, frère incestueux qui finit dans la folie et la lycanthropie, je jouerais le jeune premier et nous cherchions l'interprète à engager pour le rôle le plus important, Bosola, l'ancien galérien soudoyé par le duc, sorte de Scapin tragique à la fois sympathique et redoutable. Plusieurs acteurs pressentis ne purent finalement accepter. Un soir, Ducreux me dit qu'il n'y avait pas deux moyens : je jouerais Bosola, on trouverait plus facilement un jeune premier, et d'ailleurs le rôle de Bosola était bien plus intéressant.

Obéissant à l'instinct extraordinaire des acteurs de composition qui veulent à tout prix jouer les jeunes premiers, je fus catastrophé. J'avais l'impression qu'allant nous produire à Paris, Ducreux tuait ma carrière par ce changement de rôle. Je donnai mon accord néanmoins car il n'y avait personne pour jouer Bosola. Ce personnage fut je crois avec le Klapotermann de *La Part du feu*, le plus beau rôle que j'aie joué, et à Paris le lendemain de la générale je lus avec ravissement des critiques d'Antoine, Léon Treich, Yvon Novy et autres qui faisaient de ma petite personne le triomphateur de la soirée. Le succès, je le devais d'ailleurs à Ducreux. Il avait prié Fluchère de remanier la fin de la pièce et de centrer celle-ci sur Bosola. La pièce, injouable dans sa version originale, y gagnait fortement en intensité dramatique ; mon rôle, lui, y gagnait encore plus et comme toujours dans ces cas-là, je bénéficiais de son importance. Le spectacle reçut un accueil vibrant et la presse salua *La Duchesse D'Amalfi* et le Rideau gris avec la chaleur que Paris peut avoir quand Paris « découvre ».

L'Exposition battait son plein ; on était en juin ; les marronniers de l'avenue Montaigne arboraient leurs jeunes feuilles ; la ville était en fête permanente ; nous, nous avions l'impression d'avoir atteint le but de tous nos efforts et que cette fois « on tenait le bon bout ». On le tenait en effet, car engagés pour huit jours au Théâtre d'Essai nous y restâmes un mois avec nos deux spectacles, le second ne recevant pas un moins chaleureux accueil. Il fallait exploiter ce succès, s'accrocher à Paris coûte que coûte. On chercha quel théâtre nous recevrait une fois fini notre temps à la Comédie, où Sylvain Itkine devait nous succéder avec *Ubu enchaîné* et *L'Objet aimé* de Jarry. Nous avions déjà joué trois semaines de plus que le temps prévu au départ : nous devions nous retirer. Aucun théâtre ne put nous recevoir, chacun en ce temps d'exposition avait son spectacle. Seul Jouvet, qui allait s'absenter deux mois, offrit l'Athénée, mais avec l'obligation d'assurer les frais courants du théâtre. Les moyens du Rideau et de Ducreux ne le permirent pas. Il fallut quitter Paris après ce succès évident mais sans suite possible. Et les nuits de juillet nous revirent Ducreux et moi à Marseille remonter comme toujours la rue Paradis, faisant le point pour la millième fois — et des projets. Le seul valable était d'envisager une tournée dès la rentrée, avec nos deux spectacles. Les représentations de Paris n'avaient pas été sans bénéfice : une subvention de vingt mille francs par an avait été allouée au Rideau gris,qui permettait de mettre sur pied cette tournée.

L'été passa à la préparer et en octobre redevenant « les itinérants », nous faisions halte à Lyon et partions pour le Nord avec détour à Bruxelles, Mons,

Verviers. Un après-midi de pluie à Lunéville, nous attendions dans un triste café l'heure de la représentation. Ducreux écrivit sur un coin de table une chanson mélancolique où avec une drôlerie teintée d'amertume il faisait encore le point, constatant que ses cheveux commençaient à tomber et que les couronnes de la gloire n'y étaient pour rien. La tournée allait s'achever. Le grand succès du Rideau à l'Exposition était un coup d'épée dans l'eau. Le ciel ne souriait plus. Novembre était là, plus sinistre dans Lunéville que partout au monde. Le retour à Marseille était inévitable, sans argent et cette fois sans possible projet. Il fut convenu que j'allais tenter d'exploiter le succès personnel d'acteur que j'avais remporté quelques mois plus tôt et que — j'en étais sûr — « on n'aurait pas oublié dans les milieux du théâtre ». Le dernier soir de la tournée, en gare de Lille, un train m'emmena vers Paris, un autre emportait tous mes amis à Marseille.

Après cinq années où tant de joies et d'espoirs avaient été partagés, c'était notre première séparation. Elle prenait un sens plus émouvant que celui d'une simple bifurcation ; il nous semblait à tous que notre Rideau mourait horriblement ce soir-là, déchiré entre ces deux trains qui prenaient des directions différentes.

⁂

Comme j'étais descendu en gare de Lyon sept ans plus tôt pour conquérir Paris, je mis le pied en gare du Nord avec les mêmes intentions.

Lors des représentations heureuses à la Comédie des Champs-Élysées, plusieurs acteurs que je ne connaissais pas alors étaient venus me féliciter chaudement.

J'avais augmenté dans l'atmosphère du succès le nombre des relations que je comptais dans le théâtre. Le premier jour je me précipitais sur un téléphone et je joignais tous ceux que je pouvais. L'accueil était très cordial.

— Ah ! bonjour ! Vous êtes à Paris ?

— J'arrive.

— Pour quelques jours ?

— Non. Pour toujours.

— Ah ! ah ! c'est très bien... et... qu'est-ce que je peux faire pour vous ?

— Le plus possible si vous le voulez bien.

— Bien sûr... Venez déjeuner, on bavardera.

Quatre déjeuners et autant de « bavardages » me laissèrent entendre que Paris n'était pas anxieux de mon retour. Je trouvai une chambre à quatre cents francs par mois, rue de Berne, dans l'affreux quartier de l'Europe, au-dessus de la gare Saint-Lazare et je poursuivis mes pérégrinations. Un matin Claude-André Puget m'appela. « Ça y est ! Un rôle ! » C'était pour me demander si je ne connaissais pas une jeune comédienne de petite taille pouvant tenir le rôle féminin du *Grand Poucet* qu'Alice Cocéa se préparait à monter et dans lequel celle-ci jouerait en travesti le rôle de Poucet. Je pensai aussitôt à Madeleine Cheminat qui venait d'être fort remarquée dans *La Duchesse d'Amalfi* et qui avait été une incomparable *Belle au bois.* Je n'ai fait jusqu'ici que citer son nom. Le moment me paraît venu de parler d'elle.

Nous avons ensemble joué vingt pièces. Je ne l'ai jamais vue qu'égale à elle-même, incapable de répéter convenablement et séduisant régulièrement le public sitôt en sa présence. Son physique aigu la desservait au départ mais la qualité de sa voix, la grâce des gestes et des intonations, la drôlerie de ses regards pétillants d'intelligence faisaient d'elle une comédienne que l'on n'oubliait pas. Sa fragilité lui donnait dans les rôles dramatiques cet atout supplémentaire que Ludmilla Pitoëff utilisait si bien. Chez cette comédienne née, une curieuse particularité : l'horreur que provoquait chez elle la perspective d'un rôle à jouer. A chaque pièce, c'était la même histoire dont Ducreux et moi nous nous amusions. On savait qu'il fallait huit jours de discussions pour lui faire jouer un personnage que l'on ne voyait plus ensuite qu'à travers elle.

Puget fut d'accord pour la faire venir et je téléphonai aussitôt à Marseille :

— Arrive, je t'ai peut-être trouvé un rôle.

— Moi ? Où ? Pourquoi ? Tu es fou ! Mais je ne veux pas !

Je la priai de ne pas faire fondre mes pauvres ressources en communication interurbaine. Le lendemain elle arrivait, et — comme prévu — la mort dans l'âme. J'avais un texte de Puget. L'après-midi elle passerait une audition devant Cocéa et je lui donnerais la réplique.

— Une audition, disait Madeleine en préparant sa lecture, tu me connais ! Et avec un texte au bout des doigts encore ! Tu penses comme on a besoin à Paris d'une conne comme moi ! Et comment veux-tu que je lise ça ? Je ne sais pas lire ! Je n'ai jamais su lire un texte ! Téléphone à Puget. Dis-lui que je suis repartie pour Marseille. J'ai un fils à élever moi, je ne vais pas perdre mon temps avec mon nez pointu devant Cocéa qui se paiera ma tête et qui aura raison !...

Je réussis à l'amener aux Ambassadeurs pour cette lecture-audition qui — on le voit — lui faisait grand plaisir. Sur la scène, je me plaçais dos à la rampe, laissant la candidate face à ses auditeurs. On nous remercia à la fin et Puget me dit qu'il me téléphonerait. « Trois p'tits tours et puis s'en vont ! » me souffla Madeleine pendant que modestement nous nous retirions. « Voilà une bonne chose de faite. Je peux prendre le train de ce soir. Dommage qu'on ne rembourse pas le voyage ! »

Deux heures plus tard, Puget m'appelait : « Ça ne colle pas pour Cheminat. Mais vous, mon cher, vous avez tapé dans l'œil de Cocéa. Elle m'a parlé de vous pendant une demi-heure après l'audition. Elle veut vous voir demain ; elle a un rôle pour vous. » Je tombais des nues. L'audition était pour Madeleine, moi je m'étais tenu dos à la salle en lisant mes répliques tout simplement, et c'était moi qu'on voulait engager ! Je savais Cocéa une personne capricieuse ; je dis à Madeleine : « Tu vois ! Pour être engagé dans une audition, je viens de découvrir le truc : tu tournes le dos et tu lis à mi-voix, sans un geste. — C'est ça le talent ! »

Le lendemain j'étais aux Ambassadeurs. Alice Cocéa très aimable me remit un texte et me pria de lire une scène où elle me donna la réplique. A la fin :

— Qu'est-ce que vous faites en ce moment ?

— Je cherche un rôle.

— Eh bien, c'est merveilleux : vous l'avez !

Et le charmant roucoulis de son rire me dit justement que ce n'était pas une blague. Il s'agissait de reprendre dans *Rêves sans provisions* le rôle du jeune premier créé par Pierre Brasseur au printemps précédent. Alice Cocéa donnait en spectacle régulier, le soir, une pièce de Lenormand *Pacifique,* et le samedi en matinée, une seule fois par semaine, par conséquent pour des publics populaires, la pièce où j'allais jouer. J'étais arrivé dix jours plus tôt et j'avais décroché un engagement. Si peu que je fusse le partenaire de Cocéa, je l'étais une fois par semaine, cela ne pouvait qu'être bon à dire pour la suite.

Ce qui était drôle et nouveau pour moi, c'était d'être distribué dans un rôle de jeune premier, ce qui ne m'était pour ainsi dire jamais arrivé. Mais j'avais vingt-sept ans et en paraissais encore moins, il était normal que l'on ne m'engageât pas pour jouer un vieux loup de mer, ce que j'eusse immanquablement joué au Rideau gris.

Cette habitude que j'avais des compositions me joua dès la première matinée un curieux tour. Il faut savoir que je n'étais pas engagé *en vue* d'une reprise de *Rêves sans provisions* mais que les représentations du samedi après-midi avaient déjà cours. Le comédien André Fouché jouait le rôle créé par Brasseur et Alice Cocéa devait le remplacer avant deux semaines pour je ne sais quelle raison. De là mon engagement précipité ! De là cette attention subite portée à ce jeune comédien qui lisait le dos tourné plutôt qu'à celle qui passait son audition ! Pour celle-là on pouvait attendre — pour moi non. Si jamais je pouvais convenir, il fallait faire vite pour que j'aie le temps de répéter mon rôle et que je puisse jouer le samedi suivant. Mais je n'obtins pas de répétitions. Mon texte su, je venais dans la loge d'Alice Cocéa le soir, pendant les entractes de *Pacifique,* et en se changeant de coiffure ou de paréo, elle me donnait la réplique. « C'est très bien. Ça va très bien », me disait-elle avec une grande douceur et cette façon bien personnelle de paraître penser à tout autre chose en me rassurant. « Alors demain, c'est vous qui jouez, n'est-ce pas ? »

Le lendemain j'arrivai au théâtre et je me maquillai sans que personne ne fît spécialement attention à moi.

Je compris que j'entrais dans un petit train-train qui ne tirait pas à conséquence : le samedi en matinée on jouait *Rêves sans provisions...* On ne s'en faisait guère pour ça. Je jouais pour la première fois un rôle important dans la pièce mais il me parut clair que l'on ne s'en faisait toujours pas là-dessus. Je savais que Lucien Coëdel et Henri Guisol faisaient partie de la distribution. Je fis leur connaissance derrière le décor, entre deux entrées :

— Roussin.

— Coëdel.

— Guisol.

— Roussin.

— Enchanté. C'est à vous !

— Oh ! pardon. Merci !

Je jouais le rôle d'un ouvrier déprimé par le chômage et qui n'engendrait pas la gaieté au premier acte dans la scène qu'il avait avec sa petite amie blanchisseuse. J'ai dit que j'avais l'air jeune et jusqu'ici j'avais toujours mangé à ma faim. L'idée de me mettre un simple fond de teint sur le visage me parut absurde ; d'abord j'aurais l'air d'un gosse, rajeuni encore par le fard, ensuite je jouais un chômeur *déprimé* qui, lui, ne devait pas manger à sa faim. Je m'étais donc savamment maquillé, me creusant les joues et le dessous des yeux avec du bleu gras. Ma « dépression » impliquait sans doute que je fusse par-dessus le marché mal rasé.

Lorsque Alice Cocéa me vit entrer en scène, son regard se figea ; dès la première réplique je la sentis glacée. La scène qu'elle répétait la veille dans sa loge avec un sourire charmant fut brusquement réfrigérante. J'avais l'impression que ma partenaire tenait un couteau serré entre ses dents. Je ne me troublai pas trop cependant, bien qu'à cet instant je n'eusse encore nullement compris ce qui motivait ce changement brusque de température. Quand le rideau redescendit sur le premier acte, pendant que nous saluions le public en nous tenant par la main, le couteau tomba et j'entendis articuler : « Vous n'êtes pas fou de vous être fait cette tête ? Allez vous laver la figure tout de suite. » Au troisième tableau, nous avions une longue scène d'amour (un dimanche dans les rochers), j'y fus rose et poli comme un bonbon avec des joues bien rondes. Le public dut penser qu'entre jeudi et dimanche mon chômeur avait mangé quelques biftecks. Je compris que lorsqu'on joue les jeunes premiers et que l'on a l'honneur d'avoir pour partenaire une jolie femme (qui est votre fiancée dans la pièce), on ne se fait en aucun cas une gueule d'affamé.

⁂

Une des premières personnalités du théâtre que j'avais pu toucher lors de cette troisième arrivée à Paris était Marcel Achard. Par téléphone, il m'avait donné rendez-vous chez lui un matin à 11 h 30. Je le trouvai en pyjama, dictant à sa secrétaire un article enthousiaste sur *The Night Must Fall,* la pièce d'Emmlyn Williams que l'on venait de porter à l'écran. Il me reçut très cordialement et me dit avec sa voix de grenouille oppressée : « J'attends Marc Allégret qui va faire le film sur le Conservatoire avec Jeanson. Je vais vous présenter. Il aura sûrement quelque chose pour vous. » Marc Allégret et Nadine Vogel firent une entrée dans les rires et la grâce. Cette fois je me sentis vite à l'aise, je retrouvais le ton qui était celui de notre groupe à Marseille. Comme je ne connaissais pas Achard un quart d'heure plus tôt, je lui avais exposé, avec photos de nos spectacles à l'appui, tout ce que nous avions fait au Rideau, tâchant de lui faire comprendre que, si j'arrivais en « débutant » à Paris, je n'étais pas un novice. Je dus appuyer un peu trop sur mes mérites, car Achard me présenta en ces termes à Marc Allégret : « Je te présente le jeune Roussin qui ne brille pas par la modestie, mais qui est très gentil. » Je compris qu'un acteur inconnu, à qui on demande ce qu'il a fait, doit à la fois le dire et ne pas parler de lui, ce qui est très difficile (je n'y parviens pas en écrivant ces pages).

Allégret me pria de rester en contact avec lui ; on était en décembre, il ne commencerait pas son film avant février ; il aurait un rôle à me confier car *Entrée des artistes* demanderait un grand recrutement de jeunes acteurs qui constitueraient la classe de Jouvet au Conservatoire.

Avec mes deux jeunes premiers et mon gendarme aux Ambassadeurs, puis la perspective de tourner dans un film d'Allégret deux mois plus tard, j'estimais que ça ne partait pas trop mal. En février hélas, le film fut retardé et *Rêves sans provisions* arrêté. Je restais engagé pour doubler Asso et Henri Crémieux au même prix, mais mon rôle ne consistait plus qu'à venir chaque soir au théâtre pour m'assurer que ni l'un ni l'autre n'était absent. Je passais mes journées à me présenter, dans toutes les maisons de productions des Champs-Élysées. Mon but était le cinéma avant tout, car le cinéma c'était une vie matérielle moins précaire. Mais chaque fois qu'un personnage pouvait correspondre à mon physique, on me répondait que mon nom n'était pas connu. A quoi je répondais que si pendant dix ans je me trouvais victime de ce raisonnement mon nom dans dix ans serait toujours aussi inconnu. La réponse ne laissait pas indifférent sur le plan cartésien mais ne convainquait personne sur le plan production.

***

Le succès des *Jours heureux* de Claude-André Puget, comédie dont la jeunesse était l'héroïne, me rappela que j'avais écrit *Am-Stram-Gram,* d'un ton différent mais imprégnée aussi du charme de cet âge turbulent. Sans emploi comme comédien, une apparition comme auteur — dont j'avais toute raison de penser qu'elle serait brillante étant donné le succès déjà remporté à Marseille — me parut une heureuse solution. Ils furent neuf à lire *Am-Stram-Gram* et neuf à répondre que : « Oui... bien sûr... mais pourtant... » et à trouver en général la pièce trop loufoque. J'eus beau affirmer que j'en connaissais l'effet sur le public pour l'avoir jouée moi-même deux fois, proposant, si l'on voulait, de marquer au crayon rouge sur le texte tous les moments où la salle éclaterait de rire, je ne convainquis personne. Cependant le film d'Allégret était encore repoussé ; il ne commencerait qu'en juin. Nous étions en avril, et ma chambre... à huit cents francs ! Une méprise de néophyte en ce qui concernait les usages du cinéma me valut une nouvelle désillusion, mais trop comique pour m'atteindre. Tout compte fait, l'histoire me servit pourtant et me renfloua.

Une production semblait envisager de me confier le rôle masculin de *Chaleur du sein,* comédie d'André Birabeau, adaptée à l'écran. La présence d'Arletty et de Gabrielle Dorziat en tête de distribution pouvait autoriser l'engagement d'un inconnu pour le rôle du jeune homme créé à la scène par Jean Paqui. On me dit bien que si l'affaire pouvait se conclure avec celui-ci, il ne serait naturellement plus question de moi, mais pour diverses raisons il y avait peu de chances. Donc, j'en avais beaucoup. Et cela après trois rendez-vous, grand étalage de photos, conversations prolongées. Un soir je trouvai chez moi un pneu me priant d'être le lendemain matin à 9 heures en habit au studio de la rue Francœur (production *Chaleur du sein*).

Je passai une nuit séraphique. Ça y était ! Le film commençait et Paqui n'ayant pu être libre j'avais le rôle. On m'attendait pour signer mon contrat le lendemain au studio. Je pensais seulement qu'on aurait pu m'adresser le scénario pour que j'aie au moins une idée de mon rôle. « Mais dans le cinéma ! Tout est si bizarre ! Le premier jour je dois avoir une scène muette ; on me donnera le script demain. » A 9 heures j'arrivais en habit (loué), pimpant et pommadé. J'aperçus bien une dizaine de personnes dans la même tenue que moi à l'entrée du studio, mais je n'y prêtai guère attention. « Une scène avec figuration, sans doute... » Je demandai le directeur de production.

— Pourquoi ? me répondit un sous-fifre.

— Eh bien, pour signer mon contrat. J'ai reçu une convocation pour le rôle.

— Quel rôle ? Quel contrat ? Montrez-moi votre convocation... Eh bien oui : pas besoin de contrat pour la figuration ! Troisième étage à droite. Faites-vous maquiller.

Mes yeux s'agrandirent légèrement. « Ça alors ! » Je n'en revenais pas. J'hésitai un moment au pied de l'escalier. « Je ne vais tout de même pas faire de la figuration dans un film où j'aurais dû jouer un rôle important ! » Une colère montherlanienne sourdait en moi.

— Qu'est-ce que vous faites là ? Vous ne montez pas ? me dit mon type.

— Je réfléchis.
— A quoi ?
— Quelle date sommes-nous ?
— Le 26.
— Combien gagne-t-on par jour dans la figuration ?
— Six cents francs.
— On passe plusieurs jours dans ce décor ?
— Trois jours.

J'avais tourné le dos et je gravissais l'escalier : ma chambre était payée ! Je boirais mon calice jusqu'à la lie. Pendant trois jours je virevoltais sur la piste en génial méconnu. Silencieux et distant je regardais Paqui jouer « mon rôle » !

⁂

Annie Carriel appartenait à la distribution de *Rêves sans provisions* et à celle de *Noces de sang* la première pièce de Lorca que l'on allait connaître en France par les soins de Marcel Herrand. Celui-ci cherchait, pour le rôle du fiancé, un jeune acteur brun au type le plus espagnol possible. Carriel parla de moi à Herrand et sur mes cheveux noirs et mon teint olivâtre j'eus le rôle. Le Rideau de Paris faisait dans la capitale ce que nous avions fait parallèlement en province : il présentait des œuvres rares et toujours intéressantes. Pendant les répétitions, avec Herrand, Marie Kalf, Germaine Montero, Annie Carriel, Lupovici, je retrouvais l'atmosphère de troupe que j'affectionnais et l'amour pour un théâtre de haut ton. *Noces de sang* est une admirable pièce que Jean Prévost et Marcelle Auclair avaient traduite en poètes. Le soir chez Ruc, nous nous retrouvions, Marcel Herrand, Germaine Montero, les Prévost, les Darius Milhaud et moi. Je revivais les bons moments du Rideau gris. *Noces de sang* et Germaine Montero — qui y était admirable — remportèrent un énorme succès de presse ; le théâtre de l'Atelier fut plein d'un public hurlant chaque soir son enthousiasme pour Lorca, sa principale interprète et la mise en scène, sobre et vigoureuse de Marcel Herrand. Hélas, comme nous à la Comédie, le Rideau de Paris n'avait obtenu de Dullin que quelques représentations. On joua la pièce six fois. Après un mois de répétitions et ces représentations triomphales, il fallut s'arrêter et se séparer, Herrand ne trouvant aucun autre théâtre pour le recevoir. Tristesse générale mais satisfaction car le travail était beau et on l'avait reconnu. Une reprise se ferait. Elle eut lieu pendant la guerre, je n'étais plus là.

Le film d'Allégret commença enfin. Au studio de Courbevoie, le hall, l'escalier et une classe du Conservatoire étaient reproduits. Nous étions là une bande de jeunes acteurs et actrices, jouant des rôles d'élèves. Jouvet et Claude Dauphin étaient les vedettes du film ; Odette Joyeux, Jeanine Darcey et Bernard Blier déjà très connus tenaient des rôles importants. Michel Vitold, Roland Pietri, Tony Jacquot, Jacques Jeansen et moi-même nous avions des personnages de très second plan. Tous nous étions dans le scénario des élèves de M. Lambertin interprété par Jouvet. Lambertin-Jouvet ou Jouvet-Lambertin, nul ne pouvait voir la différence. Henri Jeanson avait écrit un texte que seul Jouvet pouvait dire et notre classe Lambertin n'était ni plus ni moins que la classe Jouvet. Celui-ci charmant et détendu parmi toute cette jeunesse admirative s'amusait au long des prises de vues. Plusieurs, parmi ses élèves du film, étaient ses propres élèves au Conservatoire. Avec Blier c'était un concours des meilleures histoires, qu'elles fussent ou non des histoires de théâtre.

Cela n'empêchait pas l'œil inquisiteur de Jouvet de se promener partout, scrutant les uns et les autres à la dérobée, tandis qu'entre ses dents fusaient des jugements catégoriques qu'entendaient les plus proches de lui.

— Tu vois cette fille avec ces yeux bleus ? C'est son dernier rôle. Elle ne jouera jamais la comédie. Elle s'en sortira avec autre chose. (Un temps pendant lequel la fille se retournait et le regard de Jouvet descendait.) D'ailleurs, elle l'a bien fait.

— Celui-là, il fera une carrière dans les concierges, tu vois. Il a vingt ans, mais il lui manque quelque chose. Son personnage n'est pas complet. Mets-lui une calotte sur la tête et un balai dans la main droite, il le sera.

De temps en temps, avec un regard terrifiant, il lisait dans la main d'une jeune comédienne.

— La passion mène tout chez toi, ma petite. Méfie-toi. Tu vas finir mal. Une main ce n'est pas toujours fait pour tenir un couteau.

La fille affolée retirait la sienne.

J'avais une ou deux fois croisé le regard mobile de Jouvet mais sans invitation je ne disais rien. Pendant une pause, le hasard nous plaça l'un à côté de l'autre à la cantine du studio. Je lui rappelai alors qu'un soir avec les Milhaud, nous avions passé une heure ensemble dans un bar voisin de l'Athénée, rue Caumartin.

Il pensait à autre chose.

— Ça a bien marché votre *Duchesse d'Amalfi* cet été. Vous avez eu du succès.

— Oui.

— Qu'est-ce qu'il fait Ducreux en ce moment ?

— Il est à Marseille. Il n'a pas de projets.

J'aperçus soudain le regard de Jouvet piqué sur mes mains. Et aussitôt sans transition :

— Vous écrivez ?

— Moi ? Pourquoi ?

J'eus l'impression d'être brusquement démasqué après une faute. Je me troublai :

— Oh !... Comme ça...

— Oui, vous écrivez. Du théâtre ?

— J'ai écrit une comédie.

— Bonne ?

— Pas pour vous. Un amusement.

Je coupai. Je n'allais pas parler d'*Am-Stram-Gram* à Jouvet !

Quelqu'un vint s'asseoir qui me sauva de cet interrogatoire.

Pendant un mois ce fut la plus charmante atmosphère qui soit dans un studio. Je tournais le dernier plan où j'avais à paraître un soir à 6 heures. A 8, je prenais un train pour Avignon où je devais faire une période de vingt et un jours. De la classe Allégret-Jouvet à ma caserne en vingt-quatre heures, cela me produisit un curieux effet. On était fin juillet. Quand je regagnai Paris l'air devenait lourd. Un soir, je vis en caractères gras devant un kiosque : « Mobilisation générale probable. » Je réfléchis que j'allais subir l'effroyable tohu-bohu des gares et des trains pour rejoindre Avignon d'où j'arrivais. Mieux valait gagner Marseille d'urgence ; je voulais embrasser ma mère avant de partir si la guerre était déclarée. Le lendemain, je pris le train du soir. J'arrivai à Marseille pour lire en gros titre dans les journaux du matin : « La paix est sauvée. » Daladier avait signé l'accord de Munich.

Ma mère, heureuse de me voir quelques jours chez elle, me priait instamment de rester toute la semaine à

Marseille. Moi, je pensai que je n'avais aucun projet pour l'hiver et que je devais rentrer rapidement. Je télégraphiai à Herrand : « Soyez gentil de m'appeler d'urgence par télégramme. » Je reçus le câble, grossier moyen de ne pas faire de peine à ma mère, et celle-ci s'inclina gentiment. J'arrivais à Paris à 8 h 30 ; à 9 heures j'étais avenue Malakoff ; à 9 h 15 on me demanda au téléphone. C'était Jean Dasté qui dirigeait avec Barsacq et Jacquemont la Compagnie des quatre saisons. Il me demandait si je pouvais faire partie de leur troupe qui allait jouer à New York du 15 novembre au 15 mars. Barsacq cherchait quelqu'un qui pût jouer Almaviva du *Barbier,* Octave des *Fourberies* et des rôles de composition dans les six autres spectacles qu'il emmenait. Cinq mois assurés, New York, une troupe, huit pièces en seize semaines ! Je sautai au plafond. L'après-midi je signai. Si je ne m'étais pas fait télégraphier de rentrer d'urgence, on eût répondu au téléphone que j'étais à Marseille et je passais à côté de ce conte de fées.

Ce conte de fées fut en réalité une vie de forçat où je perdis quatre kilos dans l'air new-yorkais. Nous jouions tous les soirs — sauf le samedi — et deux matinées par semaine. Tous les après-midi on répétait, et le dimanche, en matinée et soirée. On disposait donc d'une soirée par semaine comme temps de loisir. Mais une générale tous les quinze jours, avec des pièces comme *Siegfried, Le Faiseur* de Balzac, *Les Fourberies de Scapin* et *Les Précieuses, Le Barbier de Séville, Le Paquebot Tenacity* et *L'Occasion, Chacun sa vérité* et *Le Bal des voleurs,* cela représentait un certain travail.

La troupe était charmante avec Jean Dasté, Maurice Jacquemont, Svetlana Pitoëff, Michel Vitold, que je retrouvais. André Frère devenu ensuite célèbre par ses spectacles à un personnage (ou plutôt à un acteur — lui — pour vingt personnages), Madeleine Geoffroy, Méric et la jeune Denise Berley. Le travail était bon et consciencieux, le public compréhensif et chaleureux. New York une ville étonnante mais... qu'on ne pouvait arriver à connaître avec cet emploi du temps de galériens. Je revins à Paris, ravi de rôles joués et de mes nouveaux amis des Quatre Saisons mais épuisé et sans un sou en poche, mes quelques économies m'ayant été volées ainsi que celles de tous les membres de la troupe, pendant une représentation de *Chacun sa vérité.*

Au pays du racket, nous avions été « faits » par un virtuose. Comme nous allions commencer le spectacle, un homme très digne, à cheveux blancs, s'était présenté à l'étage des loges et nous avait montré une carte de presse, nous demandant une interview de la « troupe française ». On sonnait pour l'entrée en scène. Chacun descendit en le priant de revenir à l'entracte. Il dit qu'il attendrait dans le couloir. Pressés, on le laissa là. A l'entracte, on ne le revit plus et nul n'y attacha d'importance. Le lendemain, chacun s'aperçut que son sac ou son portefeuille était vide.

C'était un fouineur. Pour ma part, il avait déniché mes quatre-vingts dollars d'« économie » dans la poche *intérieure* de mon portefeuille, lequel se trouvait dans une poche *intérieure* elle aussi de mon veston suspendu lui-même dans ma loge, à *l'intérieur* d'un placard ! Il avait dû d'abord venir voir le spectacle et mesurer de la salle qu'il aurait tout son temps. Ce qui fut très joli c'est que vers la fin de l'acte, entre deux entrées et me trouvant derrière le décor, je vis notre personnage très sérieux descendre l'escalier qui menait sur la scène et s'apprêter à traverser celle-ci sans penser qu'il allait se montrer dans le décor. D'un geste, je l'arrêtai à temps et je lui fis gentiment signe que la sortie était par là-haut. Très reconnaissant, il me remercia d'un mouvement de main aussi aimable et disparut à jamais. Mesurant rétrospectivement la blague terrible que je venais d'éviter à ce gentilhomme, je le regardais gagner la bonne sortie et je murmurais en hochant la tête : « Celui-là ! Quel idiot !... »

Pendant cette période new-yorkaise, Ducreux avait écrit sa première pièce *Claire-Obscure.* Le rôle principal était confié à Madeleine Cheminat et trois représentations à Marseille encourageaient une nouvelle tentative à Paris. Ducreux put s'entendre avec L'Œuvre et le Rideau gris revécut, mais hélas pour un mois ; la comédie fut moyennement accueillie par la critique et le public n'y courut guère. J'arrivai à Paris le jour de la dernière et le soir je me précipitai à L'Œuvre pour retrouver mes amis perdus depuis si longtemps et voir cette pièce dont je ne connaissais rien. Il faut être juste : Ducreux a fait mieux depuis. « Jésus tombe pour la deuxième fois, me dit-il à la fin du spectacle, faisant allusion à la première tentative sur Paris, restée deux ans plus tôt sans lendemain ; je vais remonter une fois de plus la rue Paradis. Il faut que nous rentrions par le premier train. Plus un radis. » Le premier train les emmena. Moi je restais attaché à la troupe des Quatre Saisons.

Elle reprit au Gymnase *Le Bal des voleurs* d'Anouilh et *L'Enterrement* d'Henry Monnier que Barsacq avait monté à New York pour la première fois et qui est un chef-d'œuvre de mise en scène. Cette série nous mena vers la fin mai. Et la course au rôle recommença. Juin et juillet furent piteux. Je dus faire appel à mon frère, qui répondait toujours gentiment à mes S.O.S. et me tirait d'affaire quand les choses allaient trop mal. Svetlana, qui était devenue à New York une grande amie, me présenta à ses parents. Pendant le mois d'août, Georges Pitoëff fut chargé de quelques émissions radiophoniques pour lesquelles il m'engagea. Le 17, ce fut *Hamlet* et lisant Polonius en face de lui, je l'entendis dans le rôle qu'il aimait par-dessus tout et qu'il savait par cœur en russe, en français et en anglais. Pitoëff disant *Hamlet* perché sur un haut tabouret, les lunettes remontées sur le front et jetant çà et là un coup d'œil sur le texte qu'il tenait ouvert sous ses yeux de myope, reste ma plus forte impression *théâtrale*. Sa voix sourde et nuageuse, où passait de temps en temps une bourrasque inattendue, donnait au rôle d'Hamlet des résonances que je ne lui connaissais pas. Ce fut le dernier texte de théâtre qu'il articula. Le mois suivant, jour pour jour, celui qui si souvent en scène avait joué sa mort s'éteignait à Genève dans une posture de vivant, assis dans un fauteuil, mettant en scène la *Jeanne d'Arc* de Péguy.

J'appris cette mort dans les Vosges. On était en guerre depuis quinze jours.

Intermède

Cette guerre, dans ses débuts, fut pour moi une sorte de spectacle. Si la compagnie de ponts-lourds à laquelle j'appartenais se trouvait en cantonnement près de Saint-Dié, elle était cependant un détachement du 7e génie d'Avignon. C'était là que j'avais fait mon service militaire et mes périodes. C'est donc Avignon que j'avais rejoint à la mobilisation. Quarante-huit heures furent nécessaires à la constitution de notre compagnie et celle-ci, attendant sa destination, fut dirigée sur Roquemaure, petite commune voisine, au bord du Rhône.

Là le spectacle commença. Car la majorité des hommes qui constituaient notre unité était méridionale. Quelques Stéphanois, Lyonnais et Alsaciens se comptaient sans doute parmi nous, mais perdus dans un ensemble où fleurissait le vigoureux accent de Carpentras, Orange, Avignon, Marseille et Tarascon.

Je n'étais que caporal de réserve, n'ayant jamais eu le goût du galon et du commandement ; de ce fait, je me trouvais au cœur de cette troupe gueularde aux relents d'ail, que j'avais connue au temps de mon service militaire, mais dont j'avais quelque peu oublié les possibilités de grossièreté, autant que la drôlerie parfois verveuse et colorée.

Le principal sujet de conversation étant cette invraisemblable guerre, je tendais l'oreille à tout moment pour tâcher de ne rien perdre de ce qui se disait car c'était du meilleur théâtre, avec comme héros une bande de lascars dont le moins qu'on puisse dire est qu'ils n'avaient aucune disposition pour l'héroïsme. C'était l'épicerie aux armées. Chacun ne parlait que de son petit boulot et maudissait la guerre responsable d'un manque à gagner. « Tu vois pas ce qu'elle va me coûter à moi, cette putaing de guerre ? Je vais te le dire ! Une fortune elle va me coûter, pour peu qu'elle dure quelque temps ! Et même si elle finissait demain elle m'aurait déjà coûté une pièce de deux cent mille francs ! » Et le détail suivait, de cette fortune perdue d'avance dans la boucherie de Carpentras ou la brasserie de Cavaillon. Les soucis d'héroïsme des Montherlant et Drieu La Rochelle de 14-18 n'effleuraient certes pas mes compagnons de 39-40. Cette « guerre pour la Pologne » leur paraissait une dramatique galéjade à laquelle ils se trouvaient mêlés à contrecœur et sans comprendre pourquoi. Sous le ciel bleu d'Arles ou de Narbonne, qu'est-ce qu'ils avaient à foutre du corridor de Dantzig ? Certains allaient loin dans l'incompréhension : « Moi, ce que je voudrais qu'on m'explique, c'est ce qui s'est passé dans ce couloir de dancing pour déclencher une guerre ! C'est vrai ça ! On t'envoie mourir et tu sais pas pourquoi. » L'auteur de cette déclaration devait penser à quelque règlement de comptes entre gangsters, lequel avait — curieusement en effet — pris un caractère de conflit international. Mais sa dernière phrase indiquait l'inquiétude majeure. Ce qui comptait, c'était la sorte de condamnation à mort potentielle dont chacun se sentait victime par la faute des gouvernants... et des juifs.

« Triste à dire, et d'ailleurs il faut pas le dire, mais pour quoi nous sommes ici et pour quoi nous allons nous faire crever la bidoche ? Pour M. Dreyfus et M. Lévy qui ont été chassés d'Allemagne, qui sont venus à Paris ou à Amsterdam et qui continuent là leur grand trafic international. Voilà toute l'histoire. C'est moi qui te l'affirme. » Cette dernière phrase impliquait que toute suite de discussion était inutile. Pour moi, je participais peu à ces joutes de Café du commerce mais je les notais fidèlement, sitôt entendues. J'étais au théâtre. Sans y penser, mes compagnons me gratifiaient parfois d'un dialogue que Pagnol eût volontiers signé.

— Ma peau, j'y tiens !

— C'est entendu que tu y tiens à ta peau mais elle ne vaut pas celle d'un père de quatre enfants !

— Tiens ? Et pourquoi ?

— Parce que tu es garçon.

La réplique ne se faisait pas attendre :

— Eh bien, je suis un garçon qui tient à sa peau, c'est tout !

L'autre ne s'avouait pas battu :

— Oui, mais tu joues sur les mots parce que tu vois très bien ce que je veux te signifier.

— Eh non, je le vois pas ! Ma peau vaut celle de n'importe qui, c'est moi qui te le dis !

— Pas s'il a quatre enfants !

— Ah ! Tu me fais mal avec tes quatre enfants !

Un autre prenait brusquement le relais :

— Eh oui ! Il a raison : toi, tu dis que tu es seul au monde. Tu es de l'Assistance et tu es pas marié. Le jour où tu meurs tu laisses personne !

Alors se sentant sur une mauvaise pente, le héros seul-au-monde lançait son trait définitif.

— Mais justement ! L'autre, le jour où y meurt, sa femme touche une belle pension avec ses quatre gosses ! Elle peut vivre ! Moi, si je meurs c'est fini : je suis plus là et personne touche de pension : c'est une perte sèche en quelque sorte !

Le tout était d'avoir le dernier mot. En le disant d'ailleurs, son auteur éclatait de rire et mettait les auditeurs de son côté. La discussion commencée dans l'inquiétude de la mort se terminait dans une hilarité générale.

Mais qu'un essai de sirène sur Avignon se fît entendre, le gros boucher de Carpentras, rouge comme une caricature de boucher, se levait soudain livide : « Écoutez ! » puis retombait mollement sur ses énormes fesses : « Vous vous rendez compte ? Moi quand j'entends ça, ça me tue... Ça me tue d'entendre ça ! Quand tu te dis qu'au bout de la sirène tu as un raid d'avions qui viennent te lâcher leurs prunes ! Ah nom de Dieu de nom de Dieu ! Quand tu penses à toutes les atrocités qu'on va te faire ! Vous savez qu'on part demain pour les Vosges ? Le pitaine l'a dit au sergent ce matin. Ça aussi ça te tue... Ici tu t'emmerdes, mais tu es à Roquemaure, tu comprends, à douze kilomètres d'Avignon : la Pologne et la ligne Siegfried c'est encore à un bout de chemin mais putaing les Vosges, dis ! Et tu laisses ta femme et ton petit garçon à Carpentras... Tiens, tiens, tu les entends les sirènes ? Tu les entends ? C'est horrible cette guerre... »

Les dires du « pitaine » furent confirmés : le lendemain matin sac au dos, la compagnie s'ébranla vers la gare où nous attendaient les wagons de marchandises qui devaient nous servir de sleepings. Et le théâtre continua.

La lenteur du convoi et l'imprécision des informations sur notre point de chute occupaient les esprits plus sérieux.

— Alors ? On sait où on va ou on le sait pas ? On va continuer à traverser la France avec un mouchoir sur les yeux comme ça ? C'est terrible ce mystère qu'on te fait !

— On arrive à 10 heures du matin.

— Eh tête de con, hier on devait arriver à 11 heures du soir ! On devait aller à Dijon ! Regarde-le Dijon ! Dans une heure tu es à Épinal ! Si on continue on fait le casse-croûte de midi sur la ligne Siegfried ! Ça te faire rire toi ? Tu rigoleras moins un peu plus tard ! Tout à l'heure tu vas t'entendre une de ces mitrailles que tu m'en diras des nouvelles !

Nous arrivâmes à Saint-Dié, rapidement cantonnés dans un hameau voisin de quelques kilomètres, nommé Herbaville.

— Herbe-en-ville ! Ça te dit rien ? Ça veut dire qu'il pleut tout le temps dans ces putaings de Vosges et que l'herbe te pousse entre les pavés ! Ça va être mariole ici tu peux me croire ! Un enfer mouillé, quoi !

De pavés, il n'y en avait même pas ; Herbaville était un petit bourg campagnard composé de modestes fermes et de quelques maisons en bordure de route. C'est là que nous fûmes répartis de ferme en ferme et que nous allions attendre les événements. Comme on le sait, ceux-ci ne devaient survenir qu'au mois de mai. Nous, nous étions en septembre et après la grande peur avignonnaise des horreurs qui nous attendaient dans les Vosges, notre stagnation dans « l'enfer mouillé », le peu d'intérêt de notre vie de feuilles mortes, minaient le moral de la troupe. Certains de ces non-combattants par excellence en arrivaient à jouer les Tartarin, eux que le son d'une sirène d'alerte faisait pâlir.

— Moi, si on me laissait faire, j'irais couper les couilles à Hiteler, putaing de con ! Ça lui ferait les pieds ! Qu'est-ce qu'on se laisse emmerder par ce caporal de mes fesses !

D'autres avaient une vue précise des plans du grand état-major.

— Tu le sais toi ce qu'ils attendent ? Ils le savent pas eux-mêmes ! Ou plutôt oui, ils le savent ! Ça on me l'enlèvera pas de l'idée : on se battra pas. Écoute bien ce que je te dis : ils bougent pas, ils laissent prendre la Pologne. Et ils veulent pas qu'on se batte ! — Pourquoi ? Parce que s'ils le voulaient — eh bien... on se battrait ! Qu'est-ce qu'on fout en ce moment hé ! Qu'est-ce qu'on fout ? On dort ! C'est comme après le coup de la Tchéco : aux yeux du monde on fait rien. Tout le monde est debout pour la guerre, d'accord ! Mais qu'est-ce qu'on fait ? On dort ! On dort debout quoi !

Ces grands échanges de vues sur l'état de guerre et sur notre condition de troufions méridionaux en souffrance sous la pluie continue des Vosges n'eurent qu'un temps. La vraie guerre n'avait pas lieu et, peut-être, n'aurait pas lieu. La vie de campement s'installa dans une paisible monotonie. Pour ma part, distrait et amusé quelque temps par les joutes oratoires dont je viens de donner quelques exemples, je me sentais effroyablement seul dans cet environnement si éloigné de moi et de mes préoccupations. Après la plongée brutale de la mobilisation et un premier mois entre deux eaux, je remontai lentement à la surface, puis émergeai de cette mare où j'avais été précipité. Je repris conscience. Je regardais ma vie. Comme celle de chacun de nous, elle ne dépendait plus que du hasard des guerres qui fait des morts au petit bonheur, si j'ose dire, et sans trop y regarder. De la vie à la mort, la guerre est le plus court chemin. Un éclat d'acier voltige encore dans l'air, vous rencontre et vous tue avec un bruit d'abeille. Passez muscade ! Vous couriez et vous ne courez plus. Vous aviez vingt ou trente ans, une bonne figure, une bonne santé, du sang et des muscles pour encore quarante ans et parce que vous avez levé la tête dix centimètres trop haut, vous voilà un jouet cassé jeté par terre, un œil à trois mètres du corps, luisant dans l'herbe comme une limace. Avec la guerre plus rien à calculer, à échafauder, à construire : l'avenir ne dépend plus que du hasard. Impossible de l'envisager. Au cirque on invite le public au silence avant les tours périlleux. « La moindre inattention pourrait être mortelle. » A la guerre, l'attention même ne joue presque pas. Le chapelet de bombes que l'on voit tomber du ciel et piquer sur soi, on peut dire qu'on le regarde avec « attention » — il n'en changera pas pour cela sa ligne de chute.

Le passé comptait pendant cet hiver d'attente où l'on savait que le printemps n'apporterait pas que des fleurs. Mon passé était sans victoire, plein seulement d'espoirs, de luttes et de tentatives. Je n'avais pas envisagé cette éventualité : le temps serait trop court. J'allais probablement disparaître et il me fallait encore dix ans. Centré sur moi-même, mesurant la blague énorme que me jouait le destin — comme à tant d'autres dans mon cas — je fus pris d'une sorte de panique devant ma pauvre existence. J'avais trop aimé et trop attendu l'avenir. J'avais fait de trop beaux rêves.

Je prenais comiquement la guerre comme une offense personnelle. Et pendant ces huit mois sans alertes je ne cessai d'écrire : poèmes, nouvelles, roman. A toute heure on me trouvait griffonnant sur le volant d'un camion, en salle de garde, la nuit avec un morceau de bougie collée sur mon casque. Plus j'écrivais, plus j'avais à écrire; les projets naissaient à une vitesse accélérée. Eux non plus, maintenant, je n'aurais pas le temps de les réaliser. Le printemps serait là trop tôt. Je faisais une course contre lui. Outre ces écrits je tenais un journal quotidien où je monologuais à longueur de journées. Pour réagir, je m'amusais à écrire des chansons.

Je ne manquais pas de temps, même au cours de la journée. Dès la formation de la compagnie j'avais reçu ma destination.

— Qu'est-ce que vous faites dans le civil ?

— Du théâtre.

— Du théâtre ? Vous serez mitrailleur.

Cela me valait donc des heures de garde dans un trou de mitrailleuse assez grand pour contenir, outre notre arme symbolique, les trois membres de notre escouade. En montant la garde, je fignolais donc mes couplets, prenant pour thèmes nos occupations les plus variées : l'épluchage des patates, la garde aux mitrailleuses, le Génie lui-même, arme dans laquelle nous avions l'honneur de servir.

Je connaissais toutes les chansons de Charles Trenet et j'adaptais aux airs de « La polka du roi », de « Fleur bleue » ou de « La vieille » des paroles de circonstance. Parallèlement à ces amusements, je faisais de longues marches dans la forêt vosgienne et composais des poèmes, exutoires nécessaires à ma tristesse profonde et à ma solitude. Oubliant mes essais de poèmes surréalistes, je laissais couler en moi une veine poétique plus près de Supervielle que d'Eluard et Tristan Tzara. Dans mon journal, à longueur de soirées, je notais les détails de notre vie, ce que j'entendais, ce que je voyais et naturellement, ce que je pensais des événements que la radio et la presse nous communiquaient chaque jour. Je suivais passionnément l'actualité du monde et celle de la guerre en particulier, du moins ce que nous pouvions en connaître.

Un soir, nous sommes quelques-uns réunis chez notre fermière, écoutant un speaker saisi au hasard à l'heure approximative des informations et nous entendons : « Berlin est à feu et à sang, c'est l'Allemagne entière qui refuse de poursuivre la lutte contre la Pologne et les comités de soldats forcent les chefs à leur obéir... » Nous nous regardons tous stupéfaits. La voix continue, ardente, haletante, donnant l'impression que le speaker est aux premières loges et décrit, bouleversé lui-même, tout ce qu'il voit dans Berlin en révolution.

Déjà des calots volent vers le plafond et des voix hurlent : « Ça y est ! C'est fini ! Hiteler est kaputt ! La guerre est finie ! » Par un chut vigoureux j'obtiens un brusque silence pendant lequel la voix poursuit : « C'est alors que le grand Pilsudski... » Nous avions entendu la fin d'une conférence sur la défaite allemande de 1918 en Pologne.

Ces longs mois de l'automne et de l'hiver 39-40 je les passai donc en dehors de nos heures de pseudo-service, à lire et à écrire, à méditer sur mon passé et à supputer l'avenir. Mais comment considérer l'avenir quand on sait que la bataille aura forcément lieu et qu'on y sera peut-être tué ?

Je n'arrivais pourtant pas à croire à ma mort.

Elle était aussi possible que celle de n'importe lequel d'entre nous et j'en refusais absolument l'idée. J'ai retrouvé dans mon journal ces phrases délirantes : « Je réussirai ce que j'ai espéré ; je connaîtrai dans dix ans le bonheur et l'accomplissement de tout ce que j'ai voulu. » Alors, malgré ces moments de folle certitude de mon destin, une question angoissante se posait à moi : dans quoi réussirais-je ? Serais-je acteur ou écrivain ? Je savais que j'étais un acteur et des succès certains me l'avaient confirmé, mais dans mon état présent, il n'était plus question de théâtre et j'écrivais sans cesse. Ne croyant pas à ma mort, je ne pensais pourtant qu'à elle et sitôt une nouvelle écrite ou un chapitre de roman terminé, je les adressais à Marseille en des mains sûres, persuadé de leur valeur et ne me résignant pas à l'idée de ne rien laisser de moi que le souvenir d'un bon garçon qui rêvait de théâtre mais n'y avait pas réussi. Au fond, cette chimie intérieure révélait une obsession : en cas de mort, ne pas avoir été ce raté qui inquiétait mon père. C'est peut-être ce souci majeur perçu chez lui qui aura été le ressort de ma vie et qui, à travers tant d'heures de doute et de découragement selon les époques, m'aura chaque fois redressé et donné la force de m'opiniâtrer.

Pour l'heure, le monologue intérieur ne s'arrêtait pas, partagé entre ce que serait pour moi l'après-guerre et surtout, dans l'immédiat, la possible marche des choses. Comment cette période de calme des armes allait-elle se terminer ? Quand ? En quel point aurait lieu une nouvelle bataille de la Marne, un nouveau Verdun ? Étions-nous vraiment « les plus forts » comme la propagande officielle nous l'affirmait ? Une phrase de mon journal m'a d'abord étonné puis fait sourire : « Tout cela ne peut finir que par une catastrophe pour l'Allemagne. » Puis, souligné : « J'en suis absolument convaincu. » Lue aujourd'hui, cette affirmation d'un désastre certain pour l'hitlérisme pourrait faire croire à une étonnante prémonition et à une vue historique surprenante de ma part. En fait, c'était une énorme bourde. Car ce que je m'annonçais à moi-même, en en soulignant ma certitude, c'était l'issue de la bataille prochaine, celle qui eut lieu en mai et dont le résultat fut effectivement une catastrophe — mais pour la France et non pour l'Allemagne. Cela prouve que j'étais intoxiqué par la propagande et certain que nous fussions « les plus forts ». L'effondrement final du Reich, nul stratège ne pouvait en avoir un soupçon en janvier 1940. A cette époque, on ne pensait évidemment qu'à l'affrontement France-Allemagne, et en doutant d'ailleurs, puisque la ligne Maginot était infranchissable. La ligne Siegfried — c'était bien connu — l'était aussi. Si bien que l'on en arrivait à se demander si dans l'impossibilité des armées de se trouver aux prises, les gouvernements n'allaient pas peut-être se résoudre à un compromis arrêtant la bataille avant de l'avoir commencée.

Ce qui est admirable dans les états-majors c'est qu'on y prévoit toujours tout, sauf ce qui arrivera. Il ne manquait pas un bouton de guêtre à l'armée française en 1870 et Bazaine se voyait coincé à Metz où il capitulait. En 1939 la ligne Maginot était le bouclier indommageable de la France et en 1940 l'armée allemande entrait par Sedan où il n'y avait personne pour l'arrêter. Le seul militaire qui avait compris ce que serait cette nouvelle guerre et comment il fallait la mener — par unités de chars rapides — un certain commandant de Gaulle — ne fut pas écouté par l'état-major. Il fut entendu, en revanche, par un général allemand qui en fit sa leçon et appliqua la méthode. Elle ne s'avéra pas mauvaise.

Mais nous n'en étions pas encore à l'attaque et à la débâcle ; nous étions toujours à Herbaville (Vosges) où je faisais de la littérature. Trop souvent je me laissais aller à évoquer mélancoliquement un passé encore très proche et qui m'obsédait. L'an dernier, à la même époque, j'étais à New York avec Les Quatre Saisons, je jouais *Siegfried* et *Le Barbier de Séville...* Comment le sort avait-il pu me précipiter dans le bourbier où je moisissais ? Qu'est-ce que je faisais là et en quoi allais-je être utile à mon pays, dans la bagarre qui se préparait ? Je déteste les geignards et je me haïssais parfois de me surprendre à geindre précisément sur ma petite personne. Je ne faisais rien d'autre, en fin de compte, que ceux de mes camarades qui pensaient à leur boucherie ou leur épicerie. Mais le fait était là : si je comprenais mieux que certains d'eux les vraies raisons de cette guerre, je ne voyais pas en quoi, personnellement, je pouvais y être utile à quoi que ce fût. Je ne me sentais pas fait pour la bataille, ne comprenais pas ce que j'y ferais et encore moins à quoi je servais pour l'instant. Je me sentais seulement inutile par stupidité militaire. Et j'en voulais à mon sort. L'idée qu'il était celui de milliers d'autres ne me rassérénait nullement. En outre, je nourrissais une grande inquiétude. Si je jugeais parfois sévèrement l'esprit « d'épicerie à la guerre » que j'ai signalé plus haut, si j'allais jusqu'à un certain mépris pour tant de veulerie affichée sans honte de la part de certains, je me disais aussi que, la bataille venue, ce serait peut-être ceux-là qui sauraient se tenir et moi qui serais lamentable. Je savais que le spectacle de la chair tuméfiée et sanguinolente m'est difficilement supportable et qu'elle me paralyse. Quel comportement serait le mien ? Serais-je à la hauteur ou pris de tremblements nerveux et cloué sur place ? Moi qui n'avais jamais donné un coup de poing de ma vie et qui aurais été mis knock-out immédiatement si j'en avais reçu un seul, de quoi serais-je capable dans le combat ?

Ma chance voulut que je n'eus pas à le savoir. Au cours de notre retraite nous traversâmes de nuit le village de Nanteuil-le-Haudoin, entre deux haies de maisons en flammes ; un bombardement nous avait précédés ; nous marchions tête basse et sac au dos ; de minces ruisseaux de sang sillonnaient la rue mais du moins étaient-ils noirs ; au volant d'un camion calciné je vis en levant les yeux le conducteur toujours à sa place, mais également calciné. Je bénis le sort qui nous faisait traverser ce malheureux hameau dans une nuit relative qui masquait en partie l'horreur de la guerre. Pendant que les stukas arrosaient la forêt de Compiègne, où nous nous étions abrités, nous étions tous à plat ventre, l'oreille attentive à l'intensité du sifflement des bombes. On eût volontiers fait un trou dans le sol pour y mettre son nez. Quand le sifflement se faisait plus aigu, les épaules contractées et le souffle suspendu, on attendait le bruit de l'explosion. Chacun se disait : « Pour toi ou pas ? » Par un réflexe d'enfant perdu, je pensais à ma mère et je priais.

⁂

Le samedi soir, un fort contingent de la compagnie allait au cinéma à Saint-Dié. Une certaine semaine de novembre, le film-annonce pour la semaine suivante fut consacré à *Entrée des artistes,* et j'apparus sur l'écran.

— Vé ! vé ! vé ! Roussaing ! Oh putaing ! C'est Roussaing !

Un remous parcourut la salle obscure après cette exclamation de mon ami Forestier, un merveilleux cultivateur lozérois qui m'enchantait par une fraîcheur d'âme et une naïveté poétiques. Inutile de dire que le samedi suivant il y avait peu de civils dans la salle, la compagnie s'étant déplacée en masse. Mon rôle dans *Entrée des artistes* n'était évidemment pas énorme mais j'appartenais, je l'ai dit, à la classe Jouvet-Lambertin et j'étais souvent présent sur l'écran avec les autres élèves pendant les cours de notre maître. Chacune de mes apparitions était saluée d'applaudissements, de sifflets joyeux et de cris de fauves. Je m'acquis ce soir-là une certaine considération parmi mes compagnons sous l'uniforme. Jusque-là, me voyant toujours en train d'écrire, quelques-uns me suspectaient. Il me fut dit un jour — mais plus tard — que l'on m'avait pris, un temps, pour un espion ! Après cette soirée, je fus considéré comme un artiste et lavé de tout soupçon d'espionnite.

Dans les jours suivants, le cher Forestier vint me trouver haletant et ses grands yeux bleus exorbités :

— Le pitaine te demande.

— Ah ? Bon.

— Qu'est-ce qu'il te veut tu crois ?

— Je n'en sais rien.

— J'y vais.

Forestier était affolé. J'allai donc trouver le capitaine Bressaud, homme tout à fait charmant avec qui je n'entretenais depuis le début que des rapports strictement officiels et réglementaires, mais chez qui, au bénéfice de quelques apartés, j'avais perçu à mon égard une sorte de sympathique complicité. Il avait assisté à la séance d'*Entrée des artistes* et comme les fêtes approchaient, il me demandait d'organiser un spectacle qui se donnerait en veillée de Noël, à Saint-Dié, dans la salle de cinéma. Je fus embarrassé un moment. Comment me dérober à ce qu'on attendait de moi ? Comment, d'autre part, mettre sur pied en quelques jours un spectacle valable, même dans le style bon enfant ? Quels éléments avais-je en main ? Je pensais soudain à mes chansons sur les airs de Trenet.

— Est-ce que je pourrai disposer de musiciens ?

— Il y a à Saint-Dié une dame très aimable qui est bonne pianiste et qui s'offre à participer à la soirée.

J'acceptai donc. Je ne me creusai pas exagérément la tête pour situer cette veillée. Tous les participants seraient assis ou couchés sur la scène qui figurerait une grange. Ce serait la veillée de Noël des soldats. Et chacun irait de sa chanson à tour de rôle. Je réunissais tous ceux qui étaient susceptibles de chanter et beaucoup connaissaient des chansons de leurs régions. En outre, en bons Méridionaux un peu cabots, ils étaient trop ravis de se produire en public. A ce répertoire folklorique qui se passerait d'accompagnement faute de partitions, j'ajoutais celui de mes propres chansons sur notre compagnie. Les partitions de Trenet facilement acquises, la pianiste de Saint-Dié pouvait les accompagner. J'en distribuai deux ou trois à l'un de mes camarades quelque peu chanteur, m'en réservant autant et me lançant ainsi pour l'unique fois de ma vie dans le tour de chant. Je composai encore quelques couplets de revue sur nos officiers et sous-officiers tâchant d'être amusant sans les blesser pour autant. Une semaine passa à répéter ce programme improvisé et la soirée de Noël fut une réussite. Le colonel l'avait honorée de sa présence, ce dont notre capitaine était très heureux et

« le colon » avait été ravi. Je ne l'étais pas moins. Trois jours plus tard, je l'étais davantage encore : je partais en permission pour Paris et me trouvais le premier soir au Théâtre des Mathurins où Marcel Herrand présentait et jouait *L'École de la médisance* de Sheridan. Christian Dior en avait dessiné les costumes et Christian Bérard réalisé les décors. Passer, en une nuit de train, de ma ferme vosgienne à ce surparisianisme me donna le vertige. Sous mon uniforme en gros drap mal taillé, je faisais curieusement figure dans la loge de Marcel Herrand, celui-ci jouant un personnage fort élégant du XVIIIe siècle anglais. Mais ce vertige ne dura pas. Curieusement, si ma tenue ne m'eût rappelé à la réalité, j'avais déjà, à la fin du spectacle, l'impression de n'avoir jamais quitté Paris. Les trois mois pénibles que je venais de vivre, les journées sous la pluie, les interminables soirées, les nuits glaciales, les conversations parfois drôles mais le plus souvent insupportables de bêtise ou de grossièreté, tout cela subitement ne m'avait jamais concerné. J'avais seulement l'impression d'un mauvais rêve d'où j'émergeais. Entre les murs de ce théâtre, seul le théâtre existait, il n'y avait plus de guerre.

Je me retrouvai face à face avec elle si j'ose dire en constatant, dans la rue, l'obscurité du black-out. C'était Sheridan le rêve. Et Hitler la réalité.

Ma permission terminée, je descendis d'un train à 2 heures du matin en gare de Saint-Dié et sur une route verglacée où je glissais à chaque pas, j'affrontai les quatre kilomètres qui me séparaient d'Herbaville. J'allais retrouver ma mitrailleuse Saint-Étienne, modèle 1907. Nous devions nous battre avec elle, pour gagner la grande bataille.

On le sait : nous ne la gagnâmes pas. Nous n'eûmes

pour notre part même pas à nous battre. En vérité notre unité du génie n'était pas une unité combattante. Notre rôle était de jeter des ponts soit légers, soit lourds, sur nombre de fleuves ou rivières pour permettre à nos troupes de foncer sur l'Allemagne. Ainsi autour du 10 mai, notre compagnie, avec ses pontonniers et son matériel énorme, quitta les calmes Vosges pour arriver deux jours plus tard à Compiègne et se camoufler dans la forêt. Les choses étant ce qu'elles furent, il fallut éviter de s'y faire encercler, l'armée allemande pénétrant le pays à grande allure. Le capitaine Bressaud comprit vite la situation et, abandonnant en forêt les ponts à construire jusqu'à Berlin, mit le cap sur la Loire pour sauver ses hommes de la griffe ennemie. Il lui restait cependant comme arme la cheddite et un corps de mineurs pour s'en servir. Au lieu de jeter des ponts vers l'est, notre unité fit sauter vers l'ouest et le sud tous ceux qui pouvaient favoriser l'avance des chars de Guderian. Mais les Allemands étaient équipés. Se trouvant devant un pont détruit, ils franchissaient le fleuve à côté de lui sur un pont à eux, rapidement mis en service. Ils faisaient en somme chez nous ce que nous devions faire chez eux : ils avançaient. Et nous nous dirigions vers la Dordogne à grandes pétarades de cheddite, l'ennemi toujours aux fesses, malgré les camions puissants sur quoi nous traversions la France à belle allure. Les stukas prenaient notre convoi en chasse et le canardaient à l'aise sur les longues lignes droites du pays de Loire. Nul avion allié ne venait les en empêcher. Nos deux mitrailleuses 1907 ne leur faisaient non plus aucun mal, malgré notre bonne volonté. Ici, joua le hasard des guerres. Les balles des mitrailleuses allemandes, pourtant plus copieuses que les nôtres, ne nous touchèrent pas. On les voyait tracer leurs sillons sur l'asphalte des routes où nous roulions ; nous nous attendions à celles qui laboureraient éventuellement nos crânes et ensanglanteraient un de nos camions. Mais personne ne fut atteint. Cette course à l'Espagne peu héroïque, mais raisonnable, trouva pour nous son terminus à Puybrun, dans le Lot. Là sonna le clairon de l'armistice. Il arrachait des larmes mais rendait la vie. Ceux qui avaient quelques raisons de trouver le combat par trop inégal et inutilement meurtrier poussèrent un grand soupir et ne pleurèrent pas.

Surpris, ayant tant pensé à la mort, de voir soudain la vie ouverte devant moi, je me retrouvai un beau matin à Marseille, dans l'éblouissement craintif de celui qui trop brusquement passe de l'ombre au jour violent. Comme un homme qui relève d'une maladie de dix mois, j'avançais prudemment dans l'avenir retrouvé. Par quel bout le prendre, maintenant que l'intermède était terminé ?

Zone libre et zone occupée

Louis Ducreux n'avait été mobilisé qu'en avril. Pendant que je noircissais du papier dans les Vosges, il composait des chansons cherchant à tuer l'ennui de cet hiver de guerre à Marseille ; autour de ces chansons, il écrivait une comédie et l'intitulait *Musique légère.*

Marseille avec son effervescence naturelle et l'invasion brusque de Parisiens de toutes sortes refoulés par l'exode — mais sains et saufs — connut dans les jours qui suivirent l'armistice une animation particulière. Après les grandes peurs le rire devient nerveux. Il y eut à Marseille cette exagération dans la joie d'une vie retrouvée. Ville libre, zone libre... Tout ce qui restait tragique dans le reste de la France semblait presque oublié ou du moins ne plus concerner ceux que le sort gratifiait de ce ciel bleu et de cette apparente liberté. La vie reprit — furieusement.

En lisant cela, mon lecteur s'étonnera sans doute : comment avoir pu considérer que tout était terminé ? La guerre ne continuait-elle pas malgré notre armistice isolé ? Et le général de Gaulle n'avait-il pas appelé à lui tous ceux qui se sentaient le cœur de la poursuivre ? Nous avions perdu une bataille mais pas la guerre et celle-ci se gagnerait le jour où la formidable Amérique entrerait dans le jeu. On l'a écrit cent fois : combien de ceux qui venaient d'être démobilisés — et par bonheur en zone libre — en juillet 1940, partagèrent cette vue géniale et prophétique de l'avenir, cette juste évaluation des rapports de force et la prévision que les États-Unis le jour où ils seraient attaqués par le Japon ne pourraient éviter la guerre à leur tour ? Il fallait un grand esprit politique pour y voir si clair et si loin dans le chaos de notre désastre national. En grande majorité, le peuple français faisait une analyse différente : ses gouvernants, politicards de second ordre, avaient, sans réagir, laissé Hitler réoccuper la Rhénanie ; ils avaient abandonné la Tchécoslovaquie malgré le traité qui commandait sa défense ; Hitler s'en était emparé sans sourciller ; comme il voulait annexer ensuite la Pologne, les démocraties avaient enfin fait honneur à leur signature et l'on avait mobilisé un peuple qui ne comprenait pas pourquoi, à qui pendant huit mois on avait seriné qu'il était le plus fort, le mieux défendu, le mieux armé, que la route du fer était coupée et que celle de Berlin n'attendait que lui. Là-dessus en trois semaines, tourneboulé sur terre et dans les airs, ne voyant jamais un avion allié face aux stukas qui le bombardaient en toute sécurité, pouvant croire aussi à un abandon de l'allié anglais à Dunkerque, ce peuple s'était trouvé à genoux, et levant le pouce. L'Allemand avait fait grâce. Il acceptait de suspendre les armes ; il ne s'emparait pas de la flotte et il laissait libre la moitié du territoire. Ouf ! la sinistre farce était terminée. A quoi avait-on échappé ? On s'en tirait relativement à bon compte. Un miracle qu'on n'y ait pas laissé sa peau. La compassion allait à ceux qui y étaient restés — pour rien. Ils n'avaient même pas droit au titre de héros. Ils étaient les pauvres bougres qui avaient payé de leur vie les blagues des gouvernements et la nullité des autorités militaires. Alors, ce général qui, de Londres, voulait continuer la guerre, paraissait donquichottesque, encore que nul à cette époque ne connût sa haute taille et sa longiligne silhouette.

Encore un général, d'ailleurs ! On venait de voir de quoi ils étaient capables, le généralissime en tête ! Celui de Londres n'était-il pas aussi un médiocre qui se croyait le plus fort ? Son ton même, de mauvais acteur de l'Odéon, le rendait suspect. Et qui était-il pour se permettre d'insulter le sacro-saint vainqueur de Verdun qui venait de faire à la France le don de sa personne ?

Tel était le propos courant de la zone libre. Après tout, nous avions été gouvernés par des politiciens imprévoyants, commandés au combat par un mauvais stratège, nous n'avions que ce que nous méritions. A nous maintenant, et chacun pour soi, de s'en sortir avec les moyens du bord.

J'avoue honnêtement que je fus de ceux qui, en juillet 1940, ne prirent pas au sérieux une seconde le programme de victoire future venu de Londres, après la tripotée que nous venions de subir. L'ennui, c'était qu'il y avait désormais un roi de France nommé Pétain que je ne pouvais pas supporter, cela sans doute par similitude de personnage avec mon grand-père, autre vénérable vieillard comme on sait. Je négligeai donc le général de Londres et ne me souciai guère du maréchal de Vichy. Je retrouvais la vie, c'était pour y faire du théâtre. Je l'écris loyalement : je ne voyais pas en quoi la guerre me concernait encore. L'euphorie de Marseille à cette époque dut fortement peser sur mon état d'esprit. Je laissais d'autres en toute bonne foi jouer les

David face au Goliath hitlérien, s'ils étaient assez utopiques pour croire à leurs chances.

Nombre d'acteurs se trouvaient à Marseille les uns par suite des péripéties de l'exode ou de la démobilisation, d'autres, juifs, par impérieuse raison. Il fallait travailler vite. Le Rideau gris revécut autour de *Musique légère* que Ducreux voulut présenter comme le premier spectacle après l'armistice. Lily Pastré, protectrice des artistes démunis, avança de quoi monter le spectacle.

On ne dira jamais assez le rôle que tint cette grande amie au cœur généreux dans sa propriété de Montredon. Elle y hébergea en permanence une vingtaine de personnes dont les têtes changeaient de temps à autre. Elle leur assura la vie et plus souvent la leur sauva, cela dans une apparente nonchalance et avec le sourire toujours accueillant de la bonne grâce. Sa récompense fut d'être — à la Libération — dénoncée par un boucher et conduite au poste pour avoir nourri des gens qui avaient faim et logé ceux qui n'avaient pas de toit.

Madeleine Robinson, Itkine, O'Brady, Georges Rollin, Georges Portal, Pat Salel, Ducreux et moi, telle était la distribution de *Musique légère.* Le Rideau gris, on le voit, renaissait d'une transfusion de sang : quatre acteurs sur huit étaient parisiens et Madeleine Robinson, déjà populaire par plusieurs films, venait en tête d'affiche. Au cours des répétitions, je me laissai prendre au charme de son talent et de sa belle personne. Quand nous nous séparâmes peu après — le charme de ma propre personne ayant fondu entre ses doigts — celui de son personnage demeura vivace en moi. Un jour, le cœur en dentelles, je m'enfuis à vingt kilomètres de Marseille dans une auberge, avec beaucoup de papier blanc. J'avais l'idée d'une pièce. Cela ne m'était pas arrivé depuis six ans, époque où j'avais écrit

Am-Stram-Gram. On a eu raison de dire qu'une pièce de théâtre est une « atmosphère ». Il y en avait une très particulière au Rideau gris, clownesque par pudeur — ma première comédie en était née. L' « atmosphère Montredon » était tout autre, mais combien saisissante. En permission pendant la guerre, j'étais venu un seul jour chez Lily Pastré et si loin que je fusse alors du théâtre, le goût d'écrire une pièce m'était aussitôt venu.

Un cadre, des personnages. Il fallait une histoire.

Dans ce milieu (retrouvé), y prenant deux ou trois figures, je situai donc cette comédie qui aujourd'hui voulait naître. Les représentations de *Musique légère* étaient terminées. L'acteur que j'étais se trouvait sans emploi, l'auteur que je sentais en moi n'avait qu'à se mettre au travail. Dans mon auberge près de Gémenos je m'affrontais donc avec mon papier blanc. Je prenais pour héroïne de cette comédie Madeleine Robinson elle-même, jeune, belle et talentueuse comédienne dont je venais d'éprouver à mon cœur défendant que si elle était ardente en amour, ses ardeurs avaient tendance à changer rapidement de partenaire. Je bâtis donc une intrigue autour de ce personnage central dont je forçais le trait de caractère dominant jusqu'à faire de lui, c'est-à-dire d'elle, une maniaque quelque peu délirante de l'amour, se jouant à elle-même, à chaque rencontre, le jeu de la passion. Je me rappelais que Madeleine Robinson était tchèque et se nommait Swoboda ; je fis russe mon héroïne et lui donnais le prénom de Stépha en l'affligeant de ce que j'appelais le « complexe Karamazov », c'est-à-dire une façon de russifier toute situation sentimentale, en contradiction avec la grande simplicité de nature dont elle faisait l'étalage ; je baptisais ma pièce *Une grande fille toute simple.* Je l'écrivis relativement vite, m'amusant énormément à faire parler des personnages que je connaissais tous, car chacun avait son modèle dans la troupe du Rideau gris ou parmi les hôtes de Lily Pastré à Montredon.

Au milieu du premier acte j'avais eu un autre plaisir. Mes deux héros — Stépha et son partenaire — répétaient la grande scène d'amour d'une pièce élisabéthaine. Là j'allais m'amuser. D'abord parce qu'une scène de répétition avec les arrêts, les bafouillages, les reprises (à froid, puis dans le mouvement) d'une même phrase, tout ce côté drôle du théâtre m'était familier; ensuite parce que cette grande scène émouvante de la tragédie élisabéthaine en répétition, il fallait l'écrire.

Je pensais bien la prendre chez quelque auteur anglais de cette époque, mais arriver à trouver exactement ce qui servirait ma situation promettait des heures de recherches. Et puis, chercher *où*? J'étais dans une hostellerie avec du papier blanc! — Non, il valait mieux l'écrire. Et écrire dans le langage fleuri des poètes anglais époque Shakespeare, cela m'excitait beaucoup. La revue que j'avais faite autrefois à Marseille s'appelait « Pastiches » car chaque sketch était écrit « à la manière de » X ou Y. Le pastiche, j'adore ça. On s'amuse avec les défauts des grands auteurs, c'est très divertissant. Je venais d'en prendre un bon coup avec ma grande-fille-à-la-ville, on pense si j'allais me complaire à roucouler dans le ton de Roméo! Je passai un après-midi absolument délicieux: « Nous étions appuyés l'un contre l'autre sous l'aile chaude de l'amour comme deux oiseaux nouveau-nés sous les plumes maternelles. J'ai voulu fuir et me suis pris moi-même au mirage des horizons neufs! » On n'a pas souvent l'occasion de se laisser aller à ce genre de dévergondage; je me roulai dans un flot d'images où je noyai mon amour déjà fort mal en point. Je sortis de là gai comme un pinson ! guéri par ce vaccin de belles phrases.

Une volupté de fin gourmet fut de lire deux ans plus tard, sous la plume d'un critique lyonnais qui boudait le succès éclatant de la pièce : « Une seule scène — mais magnifique — éclaire le premier acte, malheureusement elle n'est pas de l'auteur. » Ce qui prouve qu'en cas de succès d'un jeune auteur, certains critiques témoignent d'intentions malveillantes au départ ; plutôt que laisser au pauvre débutant le bénéfice du doute, ils préfèrent d'autorité, le dépouiller d'une scène qui leur paraît « magnifique ». — Apprentissage...

Sitôt ma pièce terminée, je la lus à mes amis du Rideau gris. En dehors de l'amusement provoqué par les personnages à clés où l'on reconnaissait Untel et Unetelle, cette lecture remporta un franc succès. Longueurs çà et là bien sûr, mais on serrerait les vis pendant les répétitions. Ce qu'il fallait pour moi c'était qu'on jouât très vite.

Je joignis Madeleine Robinson qui venait de se marier avec Robert Dalban.

— J'ai écrit une pièce pour toi.

— Pour moi ?

— Plutôt, oui !

— Sur quoi ?

— Sur toi.

— Sur moi ?

— Sur nous. Sur nous tous. Sur le théâtre.

— Oh ! Viens nous la lire ce soir.

« Nous » me gênait un peu, mais après tout ! Le soir donc, j'arrivais dans la chambre qu'habitait à Marseille le nouveau ménage. Comme il ne faisait pas chaud on m'attendait au lit. Non pour que je m'y introduisisse, mais pour écouter plus à l'aise.

Je gardai mon pardessus et face au couple douillettement enlacé, je lus à mon héroïne et future interprète la pièce de nos amours point si lointaines — mais passées. Nous étions tous les trois au cours de cette lecture déjà cocasse par elle-même, secoués de rires violents, Madeleine aux anges de se voir à ce point portraiturée. Ma lecture était entrecoupée de « Salaud ! » ou de « Quelle vache ! » joyeux. A la fin, elle abandonna un instant son mari et me sauta au cou : « On va jouer ça avec Claude, mon Dédé, on aura un triomphe ! Tu es notre petit génie ! ». Un accent russe de circonstance ajoutait à notre joie sa note d'humour. « Il faut jouer ça tout de suite ! » criait Madeleine. On était en décembre 1940 ; la pièce malgré nos efforts ne put voir le jour qu'en juin 1942 à Cannes.

J'étais en appétit. Un autre sujet me procurait des nuits blanches. Tout cet hiver 1940-1941 passa pour moi autour de pièces commencées, abandonnées, reprises. Je fais grâce au lecteur de ces mois ardents mais sans résultats. Une seule idée m'obsédait : j'avais deux pièces prêtes, plus une en un acte *Les Barbes nobles* écrite peu après *Am-Stram-Gram* et je n'étais pas joué. Le printemps vint. Sur la vente d'une propriété que mon père possédait avec ses frères et sœurs m'échut une moitié de cinquième qui équivalait à 30 000 francs. Ce n'était pas une fortune, mais 30 000 francs de 1941 cependant, et je n'avais jamais disposé du quart même de cette somme. Je décidai de risquer le tout et de monter moi-même *Am-Stram-Gram.* J'étais sûr du succès de cette comédie que personne à Paris n'avait voulu jouer. 30 000 francs dans une banque ne voulaient rien dire. La réussite d'*Am-Stram-Gram* ferait savoir que j'écrivais des pièces et sur le succès, on voudrait me jouer la *Grande Fille.* J'en parlai à

Ducreux qui avec *Musique légère* était venu à la comédie et qui fut d'accord cette fois pour que la pièce se donnât sous l'égide du Rideau gris. Mais une vedette cinématographique était plus sûre. Je pensais depuis longtemps à Micheline Presle qui n'était pas encore la vedette qu'elle devint mais déjà la plus en vue des starlettes de ce moment-là. Elle vivait à Cannes. J'allai la voir et lui lus la pièce, lui demandant si elle voulait la jouer avec Ducreux et moi comme partenaires et pour sept représentations : une à Aix-en-Provence, trois à Marseille, trois à Cannes.

Je lui expliquai que je faisais cette affaire moi-même et que je risquais tout ce que j'avais dans ces sept représentations. A Cannes, avec elle, en vedette, le spectacle serait acheté 7 000 francs par représentation. Avec ces 21 000 francs assurés, je jouais ma chance sur Aix et Marseille au pourcentage. Micheline fut un ange. Elle aimait la pièce, elle n'avait jamais joué la comédie et cela la tentait : elle accepta tout et me demanda un cachet très au-dessous de ce qu'elle pouvait exiger. C'est à elle que je dois mon premier succès car il est certain que son nom sur l'affiche fit accourir les foules tant à Aix qu'à Marseille et Cannes ; en outre, elle était ravissante comme on sait et elle joua la pièce d'une exquise façon. — Mais nous n'en sommes pas encore là.

Avec l'accord de Micheline, je téléphonai aux trois théâtres que j'avais prévus et obtins leur accord immédiat naturellement : on avait des dates retenues début mai. Trois semaines pour répéter. Micheline apprendrait son texte en une semaine. Ducreux et moi nous viendrions la trouver trois jours pour une mise en place, puis sur un nouveau travail de texte nous passerions la dernière semaine de nouveau, tous ensemble. Cette dernière semaine Micheline la vécut dans son lit. Depuis six jours elle avait un genou gros comme un melon à la suite d'une chute de bicyclette. Elle répétait couchée et en larmes les scènes les plus joyeuses de la pièce. Impossible de mettre un pied par terre. Jouerait-on ou pas ? Ce fut la question angoissante de chaque jour. Le genou désenfla, Micheline souffrit moins. — Grâce à un enveloppement bien serré, elle jouerait mais avec une jambe raide et un genou dodu... Dans les quarante-huit dernières heures, une sorte de miracle se produisit : un léger bandage suffit et l'articulation s'assouplit. Un seul jeu de scène serait supprimé : Annie ne sauterait pas à cheval sur le dos de Dominique. Ce ne fut pas sans appréhension que la chère Micheline cependant gagna Aix avec nous. Elle avait une situation déjà importante à défendre ; c'était la première fois qu'elle montait sur une scène et ce genou endolori lui avait interdit de répéter autrement qu'allongée dans ou sur son lit. On aurait une seule répétition à Aix, au cours de l'après-midi, le jour même de la première. Les angoisses n'étaient pas finies. En gare de Marseille je vis le décor de Wakhévitch sur un charreton, prêt à être chargé dans notre train. Mais je vis aussi tout d'un coup et avec horreur l'employé chargé de ce charreton traverser une voie sur laquelle un train s'avançait tranquillement. D'autres le virent aussi. On cria. L'employé sortit de son rêve, ouvrit les yeux, lâcha tout en un quart de seconde et regagna le quai affolé ; moi encore plus affolé que lui, je vis mon décor en travers de la voie prêt à se faire déchiqueter par le train. Heureusement le mécanicien put stopper à quelques centimètres du charreton. Je crus m'évanouir. *Am-Stram-Gram* a tenu à la vitesse d'un train. Celui-ci un peu moins ralenti à son entrée en gare, tout était perdu.

A la répétition qui précéda le spectacle, Micheline malgré un petit boitillement, fut comme un poisson dans l'eau ; aucune inquiétude de son côté ; il semblait qu'elle eût joué la pièce déjà vingt fois. Mais — ô surprise ! — Que se passait-il ? — Ducreux se trompait de texte à chaque réplique, s'arrêtait au milieu d'une phrase dans l'impossibilité de poursuivre. La veille, il savait parfaitement son rôle et rien de semblable au cours des répétitions ne s'était jamais produit. — Fatigue ? Nervosité ? Il s'asseyait effondré et me disait : « Je ne sais pas ce qui m'arrive. J'ai le cerveau complètement vide. Je ne peux plus rien me rappeler. Je vais te foutre ta pièce par terre. C'est épouvantable. » Et consternés, Micheline, Marc Dolnitz, Florence Lynn et moi, nous le regardions avec le sentiment que nous ne pouvions rien, sinon attendre la catastrophe du soir.

La représentation fut triomphale. Devant une salle comble, Micheline cessa de boîter. Ducreux retrouva sa mémoire ; la comédie fut enlevée dans son rythme alerte ; les rires seuls nous ralentissaient qui partaient par rafales exactement comme ils l'avaient fait six ans plus tôt, lors des deux séances données à Marseille pour une œuvre de charité.

Marseille et Cannes nous accueillirent avec la même chaleur. A Marseille, le cher Franck, directeur du théâtre où nous avions si souvent joué, m'attrapa entre deux portes et me souffla à l'oreille : « Vous faites un triomphe, mon petit. C'est de l'or, cette jeune fille. C'est de l'or. Il faut vous l'attacher ; vous ferez une carrière superbe tous les deux. » Nous ne nous « attachâmes » pas, Micheline et moi, et nos carrières sont allées leur train séparément, mais en 1944 à Paris, nous nous retrouvâmes pourtant. Ce fut avec elle, Ducreux et moi, comme à Aix, Marseille et Cannes, que ma comédie fut donnée à l'Athénée.

Le soir de cette première à Aix, un petit homme brun vint nous trouver Ducreux et moi et se présenta : Charles Gantillon. Il venait d'être nommé, par la municipalité de Lyon, directeur du Théâtre des Célestins, succédant à feu Montcharmont. Il nous demanda si nous étions prêts à nous installer à Lyon début octobre pour y monter des spectacles pendant cinq mois. « A condition qu'*Am-Stram-Gram* fasse partie des premiers programmes, précisa-t-il, cette pièce aura un succès fou à Lyon ! »

En attendant cette saison lyonnaise, on décida de monter *Les Fourberies de Scapin* où Ducreux trouva l'occasion d'une de ses meilleures mises en scène dans un étonnant décor de Wakhévitch avec les costumes aux tons raffinés de Jacques Manuel, dans le style Calot.

Ce fut donc avec *Les Fourberies* et *Am-Stram-Gram* en alternance, que nous inaugurâmes la Comédie de Lyon en octobre 1941. Les deux spectacles remportèrent un égal succès. Notre troupe s'était augmentée de Svetlana Pitoëff qui, en souffrance à Genève, nous avait rejoints. Elle remplaça Micheline Presle dans *Am-Stram-Gram.* La chaleur des Lyonnais pour ma petite comédie fut telle qu'il fallut en faire trois reprises au cours de ces mois aux Célestins. Pour la dernière représentation de la troisième reprise, la salle fut entièrement louée avant l'ouverture du bureau. On dut donner le lendemain une seconde « dernière ». C'est à ce grand succès à Lyon que je dus enfin, trois ans plus tard, la réception de la pièce à l'Athénée, mais après combien de péripéties encore ! On le verra.

⁂

Avant de nous fixer à Lyon en octobre 1941, nous devions remplir le contrat d'une tournée en Suisse que Mario Bertschy, Neufchâtelois épris de théâtre, nous avait organisée. Nous arrivions donc à Genève le 25 septembre avec *Les Fourberies* dans lesquelles je jouais Scapin avec un plaisir toujours renouvelé. J'adorais cette liberté que Molière laisse à l'acteur sur le plateau. Ducreux avait réglé une mise en scène très « italienne » qui me permettait un mouvement physique et même des phases acrobatiques convenant à la souplesse que j'avais alors et à un souffle qui ne me manquait pas. Scapin m'épuisait mais chaque soir j'y trouvais ma joie. Hélas le matin même de notre arrivée, je sentis qu'au cours du voyage j'avais pris froid et que ma voix perdait sa clarté. J'étais le ténor qui va chanter *Carmen* et qui s'enroue. Or il n'était pas question d'annuler la première représentation qui avait lieu le soir. Je courus chez un éminent laryngologue. Il me fit une injection d'huile dans le larynx avec le geste rond du forain pressant la poire de son appareil sous son voile noir.

— Et voilà ! conclut-il.

— Vous pensez que j'aurai ma voix ce soir, docteur ?

— Comment savoir ! Taisez-vous jusque-là, c'est tout ce que je puis vous dire !.

C'est avec ce viatique et délesté de plusieurs francs suisses que je quittais mon spécialiste. Journée d'angoisse. Mon inquiétude ne concernait pas seulement la représentation prochaine que j'étais décidé à assumer coûte que coûte mais la peur que ce rôle claironnant et bavard aggravât l'état de mes cordes vocales et handicapât sérieusement les dix représentations programmées sans un jour de relâche, dans dix villes suisses. La représentation dut sans doute être convenable car le public ce soir-là et la presse du lendemain, furent des plus flatteurs. Je m'étais gardé de crier trop et de fait, à coups de cachet et de sirop, ma laryngite s'estompa en quarante-huit heures. Je sortis de ma chambre et ouvris les yeux, éberlué, sur la Suisse, pays où l'on respirait un air unique, celui de la paix. La nuit venue, les rues étaient illuminées comme en temps de carnaval, les magasins d'alimentation semblaient les fournisseurs de Gargantua, les vitrines des bureaux de tabac laissaient rêveurs les fumeurs comme nous, habitués aux cigarettes de troupe et à nos cartes de tabac. Par contraste et bien qu'arrivant de la zone libre, nous ne pouvions douter d'être en guerre de l'autre côté de la frontière. L'accueil fut partout vibrant et parfois émouvant : à La Chaux-de-Fonds, pour marquer sa sympathie à la France dans le malheur, le syndicat des horlogers offrit une montre à chaque acteur de la troupe. Qui dira que les Suisses ne savent que compter ?

On se rappelle que Charles Gantillon assistait au mois de mai précédent à la première d'*Am-Stram-Gram* à Aix-en-Provence et qu'en fin de spectacle, il était venu nous proposer à Ducreux et à moi d'assurer la première saison de sa direction au Théâtre des Célestins. Il se voulait créateur de La Comédie de Lyon et pour cela il engageait le Rideau gris et tous ses collaborateurs, Wakhévitch et Jacques Manuel y compris, ainsi que Jean Mercure et Sylvain Itkine qui nous avaient rejoints. C'était une curieuse façon de créer une troupe que de la prendre ailleurs et de la débaptiser à son propre bénéfice. C'était là une sorte d'annexion qui englobait en outre un répertoire. Ducreux et moi nous n'aimions pas beaucoup cette mainmise sur notre cher Rideau, mais c'était la condition *sine qua non* de notre contrat et nous n'avions pas les moyens de refuser un engagement qui devait nous faire vivre d'octobre à mai. Le Rideau gris devint donc aux Célestins La Comédie de Lyon.

C'était un curieux homme que Charles Gantillon. Assureur de son métier, mais passionné de théâtre il avait brigué la direction des Célestins devenue vacante, et Herriot, maire de Lyon, la lui avait accordée. On a beaucoup dit que c'était par erreur, Herriot croyant nommer Simon Gantillon, le célèbre auteur de *Maya,* lyonnais aussi de surcroît. Quoi qu'il en fût, Charles l'emporta sur Simon et garda cette direction pendant vingt-cinq ans. Il adorait le théâtre mais il voyait toujours grand et il semble qu'emporté par ses enthousiasmes et ses amitiés il n'ait pas eu un sens aigu des questions administratives. J'en eus un exemple personnel l'année suivante, après la création d'*Une grande fille toute simple* à Cannes. Le succès ayant été grand, Gantillon, quelques mois plus tard, voulut faire une reprise de la pièce à Lyon pour une série importante, suivie d'une tournée en Suisse dans une quinzaine de villes. Toute la distribution de la création avait été reconstituée, avec, en tête, Claude Dauphin et Madeleine Robinson, les dates retenues, les répétitions commencées, mais voilà qu'à huit jours de la première je reçus un matin un coup de téléphone de Gantillon affolé. Il me lut une lettre de Claude Dauphin qui malade devait renoncer à jouer. Malade ? Huit jours avant ? Et de quelle subite maladie qui ne pouvait se soigner ? Je connaissais trop Dauphin pour ne pas savoir qu'il pourrait avoir 40° de fièvre mais qu'il jouerait. En fait, il était déjà introuvable depuis la réception de sa lettre par Gantillon. On sut plus tard qu'il avait trouvé un moyen de gagner l'Angleterre et d'entrer en Résistance. Sans connaître la vérité, sa lettre prétexte était cependant catégorique : il fallait le remplacer.

— Pouvez-vous jouer le rôle ? me demanda Gantillon.

— J'ai huit jours pour l'apprendre et le répéter, c'est court.

— C'est assez ?

— Il faudra bien.

— Vous nous sauveriez, mon cher.

— Eh bien d'accord, je le jouerai.

— Combien voulez-vous gagner ?

Je réfléchis quelques secondes et je lui demandais 300 francs par jour de défraiement et 1 500 francs de cachet par représentation. C'était normal et raisonnable. Il se récria, trouvant ces conditions abusives. Je fis valoir que j'avais en une semaine un gros travail à fournir, que c'était là un petit tour de force et qu'à Lyon mes succès répétés avec Scapin et surtout *Am-Stram-Gram,* me valaient une situation de vedette.

— Je le sais bien ! C'est pourquoi je vous offre les conditions de Dauphin.

— C'est-à-dire ?

— 350 de défraiment et son pourcentage sur la recette.

(J'appréciais déjà qu'il m'offrît sur ce point 350 francs quand je lui en demandais 300.)

— Mais il touche 50 pour cent sur la recette, je n'ai jamais pensé à vous les demander !

— Qui vous a dit ça ?

— Une bonne langue.

— Jamais de la vie !

— Quoi ?

— Il touche 20 pour cent, je le sais mieux que vous et votre bonne langue.

Ahuri, je vis devant moi une montagne d'or.

— Eh bien : 350 et 20 pour cent, d'accord.

Ici Gantillon finauda :

— Oui mais... Il me semble que... Je crois que pour l'amour-propre de Dauphin vous pourriez demander moins que lui.

— Mais non. C'est vous-même qui venez de me proposer ses conditions. Je vous réponds que je les accepte. Quant à l'amour-propre de Claude, je ne vois pas qu'il soit en question. N'en parlons plus, Gantillon, 350 et 20 pour cent. Je suis enchanté de vous sauver la mise pour Lyon et la Suisse.

— Alors d'accord [1].

Je n'en revenais pas. Je demandais 1 500 francs par représentation et il m'offrait un pourcentage qui, sur les recettes d'alors, pouvait atteindre 7 à 8 000 francs. Je ne pense pas que Gantillon ait traité ainsi toutes ses affaires car il ne serait pas alors resté vingt-cinq ans à la tête des Célestins. Pourtant on sut qu'il y faisait souvent une étrange cavalerie. Les choses durent aller trop mal il y a de cela quelques années ; Charles Gantillon, acculé, se jeta une nuit sous un train. Ses générosités l'ont donc tué mais on sut, après la Libération, qu'elles avaient souvent sauvé la vie à des résistants poursuivis

1. Je n'ai pas reconstitué après quarante ans ce dialogue. Je l'ai fidèlement transcrit du journal que je tenais quotidiennement à cette époque et que j'ai rédigé encore pendant quinze ans.

et en mal de résidence ; il leur remettait une clé de son appartement en les priant de s'y considérer comme chez eux. Il ne parlait jamais de lui mais on lisait son cœur dans son sourire.

Pour en revenir à elle, notre saison de 1941 à Lyon fut d'ailleurs écourtée, après les frais énormes consentis au montage de nos spectacles (*Le Barbier de Séville, Le Carrosse du Saint-Sacrement,* et *Fantasio*). Engagés jusqu'en mai, Gantillon nous fit savoir à la mi-janvier que sa caisse était vide et que nous serions libres à la fin du mois. Comment était-ce possible avec des salles toujours pleines ? Que dire pourtant à un directeur sympathique mais neuf dans le métier et qui avait voulu trop bien faire ? Pour racheter cette rupture de contrat, il organisa encore pour nous une tournée en Suisse avec *Am-Stram-Gram* et dans plusieurs villes de chez nous. Puis nous nous retrouvâmes à Marseille et sans travail.

Pourtant, depuis que j'avais écrit *Une grande fille toute simple* et constaté le succès énorme de mon *Am-Stram-Gram,* j'étais picoté par le désir d'augmenter mon répertoire. Ma vie d'acteur, les tournées, ne me laissaient pas beaucoup de loisir et en ces temps où les voyages par train étaient longs et inconfortables, les hôtels peu ou pas chauffés et le froid presque constant dans les régions que nous parcourions, la fatigue se faisait aussi souvent sentir. Je venais pourtant de commencer une nouvelle pièce dont le sujet me convenait puisqu'elle était une sorte de satire de la famille. A Marseille, j'allais avoir un fils ; cette naissance me troublait beaucoup pour de multiples raisons. Appartenant moi-même à la tribu bourgeoise que j'ai décrite dans *La Boîte à couleurs,* ayant souffert de mon hérédité et de mon milieu, je ressentais une angoisse particulière à l'idée que j'allais donner un rejeton de plus à l'arbre déjà imposant de ma famille. Je me sentais une responsabilité nouvelle d'avoir un enfant dans une époque aussi incertaine, aux restrictions obligatoires, enfant dont le père n'était pas encore certain de gagner régulièrement sa vie ni avec des rôles, ni avec ses pièces. J'avais retenu cette phrase de Péguy, relevée je crois dans *Clio*: « Le malheur de ceux — le châtiment de ceux qui ont voulu rompre avec leur ordre — c'est que dans celui où ils ont voulu passer, ils rencontrent toujours quelqu'un qui est de cet ordre-là et qui les y domine. »

J'avais rompu avec l'ordre bourgeois qui était le mien de naissance, serais-je écrasé dans celui que j'avais choisi ? Ne serait-ce pas ma famille qui l'emporterait finalement par tout ce qu'en moi je tenais d'elle ? Et qu'avais-je déjà transmis d'elle et de moi à l'enfant qui allait naître ?

Telles étaient les pensées où ma pièce trouvait sa source. Je tenais donc là un sujet que je sentais venu du plus profond de moi et dans lequel j'avais foncé tête baissée. La pièce s'appellerait *La Sainte Famille* dans le sens de « sacrée famille » ! Mon père dans ses moments d'irritation s'exclamait quelquefois : « Ah ! parlez-moi de la Sainte Famille ! » Je pensais à lui dans son rôle de père autant qu'à moi qui allais le devenir.

J'avais commencé le premier acte à Lyon, je le terminais sitôt à Marseille. Je le lus à mes plus intimes : ça marchait.

Je ne connais pas de moment plus exaltant que celui où écrivant une pièce j'en donne la lecture, en petit comité, acte par acte à ceux dont le jugement m'importe. Entendre leurs rires fuser au bon moment, surprendre leur regard tendu et passionné ou sentir leur émotion à la qualité particulière de leur silence, voilà un bonheur que même le public, plus tard, ne donnera plus, venu lui, si longtemps parfois après la vraie naissance de l'œuvre. La lecture à mes amis de mon premier acte fut concluante, la mayonnaise prenait. Je m'attaquai au deuxième et d'heures fécondes et enivrantes de création, en nuits blanches de doute, d'hésitations, d'incertitude, de remaniements de scènes ou de dialogue, j'écrivis ce deuxième acte, inquiet de ne pas le terminer avant une date fixée par mon *ausweiss* pour un voyage à Paris. Je m'étais décidé en effet à tenter le tout pour le tout. A Marseille, j'écrivais, mais les possibilités de gagner ma vie comme acteur étaient épuisées. Je savais qu'à Paris malgré (ou à cause de) l'Occupation, les théâtres faisaient salle pleine. Le public en effet s'y ruait, boudant le cinéma où presque tous les films étaient allemands et beaucoup d'entre eux de propagande, comme l'ignoble *Juif Suss.* Je n'avais qu'une idée : trouver une salle et y venir jouer *Am-Stram-Gram* avec notre troupe de Lyon. Je voyais là le seul moyen de m'en sortir matériellement. J'allais avoir un enfant et je n'avais pas un franc. La lecture que je fis du 2e acte de *La Sainte Famille* dépassa mes espérances ; chacun en fut bouleversé et d'un avis unanime, j'écrivais là ma meilleure pièce. Il s'agissait maintenant de ne pas rater le trois. Je le remis à plus tard. L'accouchement approchait. Le gynécologue consulté par ma femme la rassura : je pouvais partir une semaine. L'enfant ne naîtrait sûrement pas avant. Je pris le premier train pour Paris, décidé à trouver un théâtre avant huit jours et à régler cette affaire. Le surlendemain, j'appris par un billet glissé sous ma porte que j'avais eu un fils la nuit précédente et que mère et enfant se portaient bien. Je tirai de loin un coup de chapeau au gynécologue consulté, pour l'excellence de ses prévisions. Rassuré de savoir que tout allait bien pour mon fils et pour sa mère, mon retour ne présentait plus le même caractère d'urgence ; je n'eus pas trop de trois semaines de démarches, visites, lectures, re-visites, re-lectures, pour arriver à mon but. Je revins avec un contrat signé par Jean-Michel Renaitour directeur du Théâtre Saint-Georges : nous jouerions *Am-Stram-Gram* à Paris le 27 août. Sans doute la guerre était là et Paris que je n'avais pas revu depuis les quarante-huit heures que j'y avais passées en permission deux ans plus tôt, me parut écrasant par la présence allemande. Mais je pensais que la guerre serait encore longue, que nous avions épuisé nos possibilités de nous produire en zone libre et que nous n'avions plus les moyens d'y rester : il fallait vivre. Il fallait même vivre jusqu'au 27 août, ce qui allait poser des problèmes car nous n'étions qu'à la fin avril. Qu'importait, je faisais confiance à l'avenir et aux dieux qui jusqu'alors nous avaient protégés, mes amis et moi. Rentré à Marseille, je fis très ému la connaissance de mon fils qui pesait 4,5kg en venant au monde et qui semblait partir dans la vie d'un bon pied. Moi, du même pied, je me lançais dans le troisième acte de la pièce que sa prochaine naissance m'avait inspirée. Je l'écrivis en quelques jours fiévreux et commençais la série de lectures de cette pièce achevée. L'accueil des groupes d'auditeurs les plus divers était chaque fois le même et enthousiaste, y compris à Montredon où Christian Bérard hurlait de rire par moments et s'essuyait les yeux à d'autres. Il me disait : « Quel dommage que Jouvet ne soit pas là, il vous la monterait tout de suite et il serait irrésistible dans le rôle de l'oncle Auguste ! » Je rentrais chez moi après chaque lecture, certain d'avoir donné là le meilleur de moi-même, commençant surtout à penser, ayant écrit trois comédies et sachant le succès évident d'*Am-Stram-Gram,* que j'avais peut-être trouvé ma voie et que je devais en écrire d'autres. Et de fait, n'ayant plus à jouer, une véritable fringale d'écrire me tarauda. Chaque jour un sujet nouveau me tentait, je couvrais mon journal de projets, de plans, de dialogues, discutant avec moi-même de page en page. Ce journal était devenu mon principal instrument de travail. J'étais allé avec *La Sainte Famille,* plus loin que dans mes deux premières pièces ; je voulais maintenant aller plus loin que *La Sainte Famille.* J'avais abordé dans celle-ci le thème de l'hérédité et des destins individuels ; je cherchais d'autres thèmes à grande dimension : la sainteté, le miracle avec Jeanne d'Arc ; la force créatrice de l'imagination avec Christophe Colomb, qui finit par découvrir le monde qu'il a rêvé en visionnaire ; la folie d'Icare. Je bouillonnais. Mon ambition se montrait chaque jour plus exigeante, non pas de réussir matériellement, mais de voler à un certain niveau. J'écrivis ma pièce sur le miracle *La Jeune Fille enchantée,* j'écrivis *Icare* ; je ne les fis jamais représenter malgré de nombreuses lectures qui leur étaient favorables. Giraudoux lui-même me dit grand bien de *La Jeune Fille* dont le sujet lui semblait beau mais qu'il aurait voulu situer de nos jours et non au XIVe siècle.

De cette époque de germination constante, de pièces écrites et réécrites ou entreprises et abandonnées, je retrouve dans mon journal le témoignage d'une activité créatrice continue, d'une ambition démesurée et finalement d'une inutilité absolue puisque de ce travail incessant pendant plusieurs mois, rien ne me parut digne d'être joué. Je n'ai jamais donné à lire à un directeur ni *Icare* ni *La Jeune Fille enchantée.* Mais la fièvre était là, avec des heures d'abattement où je pensais à tout ce qui se passait dans le monde et où je me trouvais grotesque, centré sur mes petites histoires et mes problèmes d'horlogerie dramatique, comme si le monde précisément n'existait pas. Or j'étais passionné par ce qui s'y passait et ne négligeais aucun moyen de m'en informer. Nous n'étions plus en juillet 1940 et l'homme de Londres n'était plus suspect d'une certaine folie. On avait compris. On savait maintenant qu'avec lui étaient la vérité de cette guerre et son avenir possible. Mais rien n'irait vite encore et pour moi se posaient constamment des problèmes à résoudre de logement, de chauffage et de fonds nécessaires à la subsistance de ma petite famille.

J'ai raconté plus haut le départ de Claude Dauphin pour Londres en octobre 42, à la veille d'une tournée de la *Grande Fille.* Mais nous ne sommes ici qu'en juin. Je reçus un soir un appel de Claude. Robinson lui avait donné à lire la *Grande Fille* ; il voulait jouer la pièce avec elle à Cannes le mois suivant. La distribution serait inouïe : Dauphin, Robinson, Louis Jourdan, Suzy Prim, Robert Lynen, Marcelle Praince et notre Pat Salel du Rideau gris qui jouerait son propre personnage légèrement caricaturé. Ducreux assurerait la mise en scène. Un régal pour moi en perspective. Après trois semaines où tout allait bien un jour et plus du tout le lendemain, après l'obligation de renoncer à Louis Jourdan, Suzy Prim et Robert Lynen pour des raisons différentes, Jourdan fut remplacé par Mercanton, Suzy Prim par Marthe Alycia et Robert Lynen par un jeune homme qui en audition, avait épaté tout le monde ; il s'appelait Gérard Philipe. Ce serait la première fois qu'il monterait sur scène. Les représentations prévues furent un grand succès, au point que trois autres seraient données le mois suivant, en août. A ce moment-là je serais normalement au Théâtre Saint-Georges avec *Am-Stram-Gram*. Les événements semblaient me sourire. Un ennui cependant : le manuscrit de *La Sainte Famille* que j'avais adressé obligatoirement au service de la censure à Vichy, me revint avec cette mention : « Refusée, la représentation de cette pièce étant actuellement inopportune ». Mes projets étant désormais parisiens je n'en fus pas tellement attristé. Ce refus prouvait par ailleurs que la pièce disait bien ce qu'elle voulait dire : cette charge de la famille ne pouvait convenir au régime Pétain. Mais un ennui plus grave m'attendait : les *ausweiss* nécessaires pour le départ de la troupe à Paris n'arrivaient pas — et ils n'arrivèrent jamais sinon le mien, tout seul. A quoi me servait-il si les autres n'étaient pas là ? Malgré toutes les démarches que je dus faire à Vichy pour éclaircir cette obscurité et savoir pourquoi j'étais seul à avoir reçu un *ausweiss* je n'obtins aucun éclaircissement, chaque service se déchargeant sur un autre et finalement Vichy sur Moulins. Je partis donc seul pour Paris, non pour jouer ma pièce mais pour tâcher de régler avec Renaitour ce cas que je considérais de force majeure. Il l'entendait autrement, mit en avant la lettre de notre contrat et je perdis l'argent que mon frère avait bien voulu m'avancer pour traiter cette location. Tout ce que me rapporterait la *Grande Fille* y passerait pour m'acquitter. Le jour où la première aurait dû avoir lieu, j'étais seul sur la scène du Théâtre Saint-Georges, seul avec mon décor qui, lui, était arrivé à temps. J'appris après la Libération que les *ausweiss* de la troupe étaient restés dans un dossier à Moulins où on venait de les retrouver. Je revins donc ridiculement à Marseille avec mon décor. Depuis l'exposition de 37 et nos succès, Ducreux et moi nous visions Paris. Nous ne devions y parvenir qu'en juin 1943.

Après la reprise d'*Une grande fille toute simple* à Cannes qui battit tous les records de recettes de la saison, Roger Capgras l'ancien directeur des Ambassadeurs, nous chercha, Ducreux et moi.Il avait vu le spectacle et aussi *Am-Stram-Gram* à Lyon. Il avait de grands projets en Afrique du Nord et avait pris une sorte de direction du Théâtre d'Alger. Il voulait les deux pièces et nous avec. On en monterait d'autres sur place. En somme, il voulait faire avec nous à Alger ce que Gantillon avait fait à Lyon. Tous ceux qui ont connu Capgras savent qu'il était génial à sa façon, que nul ne résistait à son charme truculent, à son culot et à sa malice. On se rappelle qu'il m'avait engagé en 1937 au Théâtre des Ambassadeurs, dont il avait pris la direction par amour pour Alice Cocéa. Pour mon engagement il ne m'avait pas reçu au théâtre mais dans son bureau de mandataire aux Halles, car c'était là sa profession. L'entrée de ce bureau regorgeait de cartons d'invitation en piles et deux ou trois personnes feuilletaient fiévreusement des annuaires de Paris, lançaient des noms et adresses à pleine voix, tandis qu'une autre les notait. En pénétrant dans ce capharnaüm, je vis mon directeur assis sur un bureau et hurlant au téléphone : « Des oranges ? Avariées ? Je m'en fous ! Qu'il fasse le tour par le cap de Bonne-Espérance ! » Et il raccrocha furieux. Je trouvais étrange ce directeur de théâtre qui faisait faire le tour du monde à des oranges endommagées ; jetant un coup d'œil sur le carnaval qui se passait atour de lui : « Quel borrrdel nom de Dieu ! » car il roulait puissamment les r en bon natif du Sud-Ouest. Mais déjà il venait à moi :

— Vous êtes celui que m'envoie Alice ?

— Oui.

Et me tutoyant aussitôt :

— Regarde dans quel borrrdel elle nous met ici, Mlle Cocéa ! Alors ? Elle m'a dit que ça collait pour toi. Bon. Je t'engage. Tu vas doubler Asso et Crémieux dans *Pacifique* et le samedi en matinée tu me joues *Rêves sans provision.* Je te donne 2 000 francs le tout. Ça te va ?

C'est ainsi que je connus Roger Capgras. J'eus bientôt l'explication de l'agitation du bureau. Elle donne une idée de l'imagination de Capgras et de sa façon très personnelle de frôler l'irrégularité. Cocéa était la vedette de *Pacifique,* pièce très médiocre de Lenormand, auteur de talent d'ailleurs, célèbre par des pièces comme *Les Ratés* ou *Le temps est un songe.* Lenormand avait exigé une garantie par contrat de deux cents représentations. Or la pièce marchait mal et les cent premières avaient perdu beaucoup d'argent. Tenu à jouer encore cent fois et voulant masquer aussi l'échec évident du spectacle de Cocéa, Roger Capgras trouva un moyen de remplir les salles. Il fit adresser au Tout-Paris les superbes invitations qui, le jour de ma visite, attendaient dans l'entrée leur expédition. C'étaient de beaux cartons imprimés en lettres d'or et en tous points semblables à ceux que l'on adresse aux invités des répétitions générales mais en plus somptueux naturellement. Ils portaient la mention « Soirée de Gala » et comportaient un volant-réponse. Au bas du carton après les noms de la vedette et des acteurs, cette mention en petits caractères : ces places sont exonérées de taxes. Là-dessus, la presse annonça les galas des Ambassadeurs et à 8 heures chaque soir, un détachement de la Garde républicaine, casque à crinière, culottes blanches et sabre au clair, faisait la haie sur deux rangées encadrant le tapis rouge déployé sur le trottoir. Deux chasseurs en livrée attendaient les voitures. Les gens se croyant invités à un gala affluèrent. En tenue de soirée pour une grande majorité. Au contrôle où ils présentaient leur carton on leur réclamait 120 francs. Ils s'étonnaient. On leur expliquait que leurs places « *ainsi qu'ils avaient pu le lire* » étaient exonérées de taxes. Ils n'avaient évidemment rien lu et s'ils l'avaient fait, ils avaient mal compris cette phrase. Elle signifiait qu'au lieu de payer 80 francs la place, ils n'en devaient que 60. L'homme qui était là avec sa femme, sa maîtresse ou une invitée, n'osait guère protester, et encore moins s'en retourner. Il payait ses 120 francs et ne pipait mot. Très rares furent les protestataires. Les salles ne désemplirent pas. Venant chaque soir au théâtre pour y remplir mon service de « double », je m'attardais dans le hall à l'heure où il se remplissait et je m'amusais à voir les spectateurs se présenter au contrôle avec un large sourire d'invités privilégiés et en revenir avec une expression légèrement crispée. Et Capgras gagna entre la 100e et la 200e ce qu'il avait perdu jusqu'à la centième. Une fois le rythme pris de l'affluence, il conserva les éclairages de gala ainsi que le tapis rouge mais renvoya la Garde républicaine dans sa caserne. Tel était ce phénomène qui ajoutait la politique à ses activités diverses et tutoyait tout le parti socialiste qui avait sa sympathie. La guerre venue, on sut qu'il fut un temps interné à Fort-Barraux pour raisons « économiques » et Edgar Faure qui l'y rencontra à titre d'avocat, raconte dans ses *Mémoires* qu'il y faisait ce qu'il voulait et allait se promener en ville sous tous les prétextes. Il en sortit d'ailleurs assez vite grâce à ses appuis politiques et sans doute à son extraordinaire personnalité ; quand le débarquement eut lieu en Afrique du Nord Capgras reçut les Américains en superbe uniforme de « Commodore », titre qu'il s'était octroyé dans on ne savait quelle armée et il devint le fournisseur de bière et de jus de fruit des troupes alliées sur le territoire africain, en même temps que grand ami d'Eisenhower. Il avait dû le séduire comme il séduisit plus tard Nasser et comme il séduisait tout le monde.

Pour lors, sa proposition algérienne nous tenta, d'autant qu'en baissant la voix — qu'il avait tonitruante et bien dans le masque — il nous laissait entendre que ses « tuyaux » lui permettaient d'affirmer que les choses iraient très mal en France d'ici peu et que l'endroit où il fallait se trouver maintenant, c'était l'Afrique du Nord. C'est pourquoi il avait déjà là-bas posé ses jalons « en attendant ses galons », disait-il en éclatant d'un rire irrésistible. (Son uniforme n'en comporta finalement pas, ce qui laissait penser qu'il était général.) Nous étions en août ; il s'occuperait de tout pour qu'en novembre nous puissions gagner Alger. C'est ce délai qui me permit en octobre d'accepter de remplacer Claude Dauphin dans la série de représentations de la *Grande Fille* que j'ai évoquée plus haut. Ces représentations furent triomphales. J'emploie ce mot gênant puisque je jouais le rôle de Dauphin, mais comment ne pas parler de triomphe devant des salles partout combles, des publics enthousiastes et une presse qui, à Lausanne notamment, « n'hésitait pas à parler d'un chef-d'œuvre, en pesant ses mots ». Nous terminâmes donc triomphalement à Berne le 6 novembre. Le 7 je descends de mon train à Marseille, me précipite dans les bureaux de la Transat pour régler les formalités d'embarquement (sauf-conduit, cartes d'alimentation, change, etc.) ; j'ai le temps de courir embrasser ma petite famille et quelques amis ; à 2 heures nous nous retrouvons Ducreux, Svetlana Pitoëff, Jacques Emmanuel et moi à bord du *Gouverneur-Général-Grévy* qui allait nous emmener à Alger rejoindre Capgras. Il avait pris le bateau précédent en conseillant à Ducreux « de ne rater surtout pas le prochain »... En arrivant à bord on nous apprit que nos cabines étaient réquisitionnées et que le départ serait d'ailleurs retardé « par suite d'un violent combat naval en Méditerranée ». La soirée passa sans autre nouvelle mais toujours sans départ. La compagnie avait jonché le salon des premières classes de matelas sur lesquels avec une vingtaine d'autres passagers, nous passons une nuit d'interrogations. Au réveil nous apprenons que les Alliés ont débarqué en Afrique du Nord et qu'Alger est sous un feu violent. Les bruits vont et viennent, plus vagues les uns que les autres mais il se confirme peu à peu que tout départ est annulé. Nous débarquons vingt-quatre heures exactement après notre embarquement. Nous apprenons alors les nouvelles exactes et officielles : Alger est aux mains des Alliés. Capgras était bien renseigné. Il ne ferait pas représenter *Am-Stram-Gram* à Alger mais il opérait déjà dans la boisson rafraîchissante, en uniforme de Commodore. Nous, nous étions une fois de plus sur le pavé. Cela nous paraissait dérisoire par rapport à ce que représentait le débarquement américain, événement capital dans le jeu de la guerre. Ce jour était venu, annoncé par de Gaulle dans son premier message, où la formidable puissance industrielle américaine bouleverserait le sort des armes. Toute dérisoire qu'elle fût par rapport à la guerre, notre situation immédiate posait des problèmes. Les voici notés au jour le jour après notre départ manqué.

« Sitôt débarqués j'ai immédiatement téléphoné à Franck [1] et décidé pour payer les acteurs et permettre à chacun de se retourner, de donner trois représentations d'*Am-Stram-Gram* à Marseille, après-demain soir et jeudi matinée et soirée. Aujourd'hui répétition. Immédiatement téléphoné à Gantillon pour organiser une tournée par Avignon, Valence, Lyon et aussi la Suisse avec *Am-Stram-Gram* et *Les Fourberies de Scapin.*

« Le 11 novembre

« J'écris ceci à 6 heures du soir. Je sais depuis midi que la représentation de ce soir est annulée. Les Allemands en effet franchissent la ligne de démarcation et marchent sur Marseille où ils vont arriver. Couvre-feu général imposé à 8 heures.

« Hitler vient de violer les conditions de l'armistice, " la protestation formelle " de Pétain n'y change rien. Nous allons vivre des journées dont dépend le sort de la guerre. Comment penser à nos petites histoires pendant ce temps ? Et pourtant c'est à elles que nous avons affaire.

« Nous jouerons demain en matinée si les choses ne changent pas dans la ville à ce moment-là. Peut-être vingt ou trente égarés constitueront-ils notre public. Ce sera intime et burlesque. Mais pourquoi ne pas faire cette représentation si elle permet d'offrir un cachet aux acteurs et de payer les frais de publicité engagés ? Demain soir, sans doute, nous serons encore obligés d'annuler ce spectacle. Téléphoné à Gantillon

1. Directeur du Théâtre du Gymnase.

pour annuler les séances de Lyon, samedi et dimanche, car si nous sommes zone interdite, nous ne pourrons prendre le train samedi matin.

« Le 17 novembre

« Lyon a pu avoir lieu. Rentrés hier soir après trois représentations encore triomphales bien que la pièce ait été jouée l'an passé vingt et une fois dans cette ville. Public de tout genre, galeries pleines, public de cinéma ; fou rire dans la salle d'un bout à l'autre de la représentation.

« A Marseille nous n'avons pu jouer que jeudi en matinée, environ deux cent cinquante personnes.

« Nous voici revenus maintenant. Mais que va-t-il se passer à Marseille ? Ces jours-ci on parlait d'évacuer une partie de la ville.

« Me suis réveillé fourbu. Trop de fatigue depuis un mois. Besoin de quelques jours de détente, mais je sens venir d'affreux moments de panique si je ne trouve pas de quoi me mettre au travail très vite. J'hésite entre la suite de mon roman et refaire *La Jeune Fille enchantée* qui finalement ne me plaît pas. Suis tourmenté aussi pour *Icare* et surtout cela : une certaine peur à me lancer dans quoi que ce soit. Fatigue sans doute.

« Le 19 novembre

« Pas bougé depuis deux jours. Passé ce temps à prendre des notes sur Molière. Depuis quarante-huit heures je suis très emballé par l'idée d'écrire une pièce sur lui et de la jouer. »

Cette « peur de me lancer dans quoi que ce soit » était sans doute un besoin d'entreprendre au contraire quelque chose le plus tôt possible. Ce fut cette pièce que j'appelai *Jean-Baptiste le Mal-Aimé* contrairement à l'avis de Cocteau qui lorsqu'on la monta au Vieux-Colombier en 1945, assista à de nombreuses répétitions, dessina l'affiche et la couverture du programme et me dit qu'il aurait préféré comme titre « Jean-Baptiste Molière ». Aujourd'hui, je suivrais son conseil car ce titre résume bien les rapports homme privé-homme public. Mais à l'époque je tenais à la notion de mal-aimé qui est le centre d'une scène importante entre Molière et Boileau.

Au lieu donc de jouer *Am-Stram-Gram* à Alger, je me passionnais pour Molière, dévorais tout ouvrage le concernant, relisant *L'École des femmes, Le Misanthrope, Tartuffe,* etc., cherchais l'angle sous lequel j'envisagerais le personnage et comment je découperais la pièce. Après une semaine de documentation, de plans et d'errements, j'entrevis les lieux et dates de l'action et écrivis en quelques jours le premier acte dont je fis aussitôt des lectures, comme à mon habitude. Enhardi par l'accueil qu'elles recevaient je me jetais dans le deuxième, affolé par un coup de téléphone de Nice tout à fait inattendu. Marcel L'Herbier me demandait d'y venir faire des essais pour jouer le rôle de Marcel de *La Vie de Bohême*. Le film était déjà commencé. Le rôle devait être primitivement tenu par Claude Dauphin, lequel on le sait n'était plus là. Si les essais se révélaient concluants, j'en aurais pour deux ou trois mois de tournage dans les studios de la Victorine. C'était inespéré. Ce cinéma où j'avais avant guerre tant essayé de me faire une petite place, voilà qu'il venait à moi maintenant. Autrefois, je frappais à des portes qui ne s'ouvraient même pas pour voir à quoi je ressemblais et ce jour-là Marcel L'Herbier en personne, metteur en scène réputé, me tenait dix minutes au téléphone, insistant pour que j'accepte de venir jusqu'à Nice. Car, curieusement, cette proposition qui aurait dû me faire bondir de joie et me précipiter à Nice par le premier train, m'empoisonna. J'écrivais ma pièce sur Molière et voilà qu'on voulait m'interrompre dans ce travail essentiel. Le mépris que je nourrissais pour les activités cinématographiques n'avait d'égale que l'estime dans laquelle je me tenais moi-même écrivant mon *Jean-Baptiste.* Si bien qu'au lieu de dire à L'Herbier combien j'étais heureux de son offre, je lui fis valoir que j'écrivais une pièce qui comptait beaucoup pour moi, que j'étais en plein travail et que l'interrompre m'ennuyait énormément. J'étais, disant tout cela, absolument sincère et je ne me rendais pas compte qu'en tenant ce genre de propos, je disais exactement ce qu'il fallait pour qu'on me désirât davantage. Qui eût boudé ce qui m'était proposé ? Or je boudais. Sans jouer le moindre jeu ma réponse était celle de quelqu'un qui voulait surtout qu'on le laissât travailler. Alors on déroula le tapis rouge, on me promit que, on s'engagea à, on viendrait me chercher à la gare de Nice où je serais raccompagné après les essais qui ne dureraient que l'après-midi, on me faisait entendre enfin que Dauphin n'aurait pas tourné pour rien et que par conséquent, bien que n'étant pas Dauphin, je pourrais compter sur un beau contrat. Je donnai mon accord pour être à Nice le lendemain, mais la mort dans l'âme. A la Victorine ce fut de la part de L'Herbier et du producteur Paulvé le grand jeu de la séduction. Je fus entouré de tous les égards et une fois habillé, frisotté et maquillé je passai devant les caméras en donnant quelques répliques de mon rôle. Le soir il fut entendu en me raccompagnant que je serais tenu au courant par téléphone du résultat de mon essai. Cela dans les quarante-huit heures. L'essai fut considéré comme bon et je fus engagé. Mais on était le 23 novembre et j'étais prévenu que je ne tournerais pas avant le 7 décembre. Je profitai goulûment de cette semaine. En quatre jours j'écrivis le deuxième acte. Comme pour *La Sainte Famille* ce deuxième acte eut auprès de mes auditeurs cobayes encore plus de succès que le premier. Cette fois Christian Bérard voulait faire décors et costumes. On pense si j'avais hâte d'écrire le troisième. J'étais à la fois heureux du coup du sort de *La Vie de Bohême* qui m'assurait un confortable gagne-pain pendant trois mois et qui me laisserait quelque argent, mais furieux d'être interrompu, ayant encore ce troisième acte à écrire. Cela d'autant plus que j'y avais déjà beaucoup pensé ; il se passerait dans les coulisses du Palais-Royal et en partie dans la loge de Molière avant une matinée des *Fourberies de Scapin*. Je connaissais trop et *Les Fourberies* et cette atmosphère de coulisses d'un théâtre avant une représentation pour ne pas m'y sentir à l'aise. Ce troisième acte me brûlait les doigts. Je partais cependant m'installer à Nice où je devais être à la disposition des spécialistes pour maquillage et costumes. J'y fus le temps voulu. Le retard sur le plan de travail étant cependant le fait de la plupart des films, on m'avertit que je pouvais rester à Nice si je le désirais mais que je ne tournerais pas avant quarante-huit heures. Je rentrais à mon hôtel me disant que si je m'y mettais tout de suite je pouvais écrire mon acte avant le tournage, ce qui me libérerait d'un grand poids. Je m'enfermai dans ma chambre, m'y fis servir un petit dîner et commençais à faire les cent pas avec le trac des acteurs qui vont entrer en scène. Mais je compris que je n'écrirais rien de bon. J'appelais le concierge et demandai à être réveillé le lendemain à

7 heures. Fatigué je m'endormis malgré mon inquiétude et ma nervosité. Le lendemain j'étais sous une douche à 7 heures, je déjeunais rapidement. A 7 h 30 je me mettais au travail. Je m'arrêtais à 9 heures du soir en écrivant le mot « Rideau ». Je dus me rendre à l'évidence plus tard, lorsque la pièce fut représentée : cet acte écrit en une journée est le meilleur de la pièce et je n'eus pas à en couper une réplique ; ce ne fut pas le cas des deux autres. Je vérifiai là, une fois de plus, qu'au théâtre, le jaillissement dû à l'urgence vaut quelquefois mieux que vingt fois remettre sur le métier...

Jamais je n'avais écrit une pièce dans ces conditions de bousculade et de précipitation et jamais je n'avais été plus heureux. J'étais vacant après notre débarquement forcé. Un hasard m'avait mis en mains l'excellent *Molière* de Pierre Brisson qui venait de paraître et cette lecture m'avait déclenché, mais je crois n'avoir écrit cette pièce si vite et si passionnément que par suite d'un vieux compte à régler à propos de Molière. A l'époque où, douze ans plus tôt, je préparais à Aix un certificat de licence j'avais pris en grippe un de nos professeurs qui m'horripilait par sa façon de commenter Molière et particulièrement *Le Médecin malgré lui.* A propos de répliques comme « J'ai cinq enfants sur les bras ! » — « Mets-les à terre ! » il roulait des yeux et se gargarisait du « pur génie de Molière ». J'avais envie de hurler : « Mais fichez-nous la paix ! C'est un calembour qui viendrait sous la plume de n'importe quel chansonnier ! Une réplique de bonne humeur et de blagueur ! Laissez donc au vestiaire votre " pur génie " et vos yeux blancs. » Je rêvais déjà d'une scène où Molière descendant de son socle viendrait dire leur fait à ces professeurs pions qui examinaient chaque mot à la loupe comme des chiures de mouches et qui semblaient ignorer que le dialogue de théâtre est fait de rythme, d'humeur, de situation, autant que des mots et de leur drôlerie. Dès cette époque je sentais la Faculté respectueusement figée devant la statue de Molière et si, pour ma part, j'aimais tant le cher grand homme c'était parce que je refusais précisément sa statue. En lisant le livre de Brisson, le personnage de Molière s'était ranimé. Plus je me documentais, plus je me sentais en outre proche de ce garçon qui avait rompu avec son milieu originel pour se lancer dans l'aventure théâtrale. Je courais la province depuis longtemps comme il l'avait fait lui-même avec sa troupe ; j'avais écrit *Am-Stram-Gram,* ma première pièce, et je l'avais jouée à Lyon comme lui *L'Étourdi* ; j'avais en fait la même formation professionnelle, et écrivant et jouant, je menais la même vie que lui. Je ne me prenais pas pour Molière, comme on me le dit plus tard, mais je me sentais bien dans sa peau et je venais de m'y mettre tout mon saoul. Je me promettais aussi d'avoir un jour à Paris, des succès comme les siens. Cette pièce que je venais d'écrire sur mon grand homme, ferait partie, je n'en doutais pas, de ces succès-là et me donnerait une place de choix dans la jeune génération d'auteurs dramatiques. A la date du 12 décembre 1942 je notais dans mon journal : « Ai terminé ma pièce ce soir. Bonheur. Hâte de la lire à mes amis et de savoir leur opinion. Ah ! jouer cette pièce un jour ! »

J'étais certain du succès que remporteraient *Am-Stam-Gram* et la *Grande Fille* à Paris, car ces deux pièces avaient été largement éprouvées en province, mais cela ne serait pas important à mon sens ; les deux pièces qui me classeraient vraiment, seraient *Jean-Baptiste* et *La Sainte Famille.* On verra qu'il n'en fut rien ; le contraire, en fait, se produisit. Ce qui tendrait à prouver que, dans ce sacré métier, l'auteur lui-même n'y connaît rien.

Pour l'instant, si je rêvais du jour où Paris saurait enfin que j'existais, je passais de Molière à Murger au studio de la Victorine. Je mesurais à longueur de journée en tournant *La Vie de Bohême* le peu d'intérêt que présente le cinéma pour un acteur, comparé à la joie que lui donnent la scène et l'irremplaçable contact avec le public. Le seul charme des trois mois que je vécus là — mais il était grand — fut la camaraderie journalière avec les principaux interprètes du film, Louis Salou, Louis Jourdan, Giselle Pascal, Alfred Adam avec qui je sympathisais énormément. Nous formions un groupe joyeux et nous nous amusions volontiers de tout ce qui constitue le tournage d'un film et de ce qui quotidiennement met les prises de vues en péril (la pluie quand on attend le soleil, les défaillances de mémoire de tel ou tel, incapable soudain de dire devant la caméra les quatre lignes qu'il vient de débiter sans erreur deux minutes plus tôt, le grillon introuvable qui se manifeste ironiquement sitôt le silence obtenu pour tourner, etc.).

La journée terminée, nous nous retrouvions dans les restaurants de marché noir de Nice qui n'avaient pas de secret pour nous. La fin du tournage prévue pour le début mars n'eut lieu qu'à la mi-avril. Pendant ces quatre mois mon rôle m'avait souvent laissé des loisirs ; je partais alors pour Marseille retrouver mes amis, faire des lectures de mon *Jean-Baptiste,* mettre en chantier d'autres pièces. Sitôt le film terminé, j'y revins pour les répétitions de *La Part du diable,* pièce que Louis Ducreux venait d'écrire. Je retrouvais dans cette pièce — mais mûri et étoffé — le personnage de Klapotermann que je jouais déjà dans *Musique légère.*

Comme Beaumarchais écrivant *Le Mariage* avec les personnages du *Barbier,* Ducreux gardait son Figaro des Karpathes dans sa nouvelle pièce. Mais l'histoire dans laquelle celui-ci se débattait — écrivain génial dépouillé de son œuvre et qui assistait impuissant au triomphe de celle-ci sous le nom d'un autre — donnait au sacrifice accepté du juif Klapotermann un caractère d'actualité assez bouleversant. Le premier acte n'était pas sans lenteur ni faiblesse, mais la pièce montait ; le troisième acte était des meilleurs.

La Part du diable fut créée à Lyon le 14 mai et magnifiquement accueillie. Devant le succès incontestable Ducreux partit pour Paris bien décidé à trouver un théâtre. Je l'y rejoignis trois jours plus tard, Démarches, visites, espoirs, désespoirs, lueur nouvelle... Grâce à l'entremise de Georges Maratier au courant de ce qui se passait au Studio des Champs-Élysées (une pièce y faisait un four noir et la responsable du spectacle cherchait à sous-louer au plus vite) Ducreux put traiter.

Ici, mon journal dira en quelques pages ce qu'il en fut de ces jours-là.

« Le 24 mai 1943

« Ça y est ! Ducreux m'apprend ce soir que c'est fait pour le Studio. Il doit signer demain. (Il va arriver quelque chose d'ici là, c'est probable !) En principe nous passerions les tout premiers jours de juin. Mais il n'a pu avoir le Studio que pour trois semaines ! Allons-nous, comme après le succès de *La Duchesse d'Amalfi* en 1937, être obligés de rentrer encore une fois à Marseille ? Pour moi c'est ma cinquième tentative depuis douze ans d'intéresser Paris et le théâtre à ma petite personne. Si cette fois ça ne colle pas ! — Attendons.

« Le 28 mai

« Encore une terrible frousse pendant quelques jours *because* censure. Après beaucoup de difficultés la pièce est acceptée. Ducreux a su dorer la pilule à l'officier chargé de ce service, lui " prouvant " que Klapotermann n'est pas un nom juif mais une divinité aztèque et assurant que le pays neutre où se passe la pièce est un pays d'invention et non la Suisse ! La connerie de ces gens-là est grande comme Wagner. Donc : générale le 2 juin. — Ouf !

« Le 29 mai

« Pu joindre Volterra, directeur du Théâtre de Paris. Marcelle Praince m'écrivait récemment : " Il vous attend. Il m'a écrit : J'attends toujours ton auteur et ses pièces [1]. "

« J'arrive à le joindre au Lido, cabaret qu'il dirige aussi. Je demande M. Volterra, un garçon me désigne un personnage qui se trouve dans mon dos et qui, ayant entendu qu'on le demande, disparaît aussitôt dans une petite pièce voisine. Je le suis donc mais je le vois déjà en grande conversation avec trois hommes. Je reconnais Carpentier, l'ancien champion de boxe, aujourd'hui lui aussi directeur de cabaret. Je m'assieds et j'attends. Après dix minutes, Volterra me surveillant du coin de l'œil me dépêche un des trois hommes.

1. Marcelle Praince jouait le personnage de Lily Pastré dans *La Grande Fille*. Elle s'était fait fort de m'introduire auprès de Volterra.

» — C'est à quel sujet ?

» — Je suis envoyé à M. Volterra par Marcelle Praince. J'ai une pièce à lui remettre.

« L'homme retourne vers celui qui est visiblement son patron et transmet. Je vois le groupe se tourner vers moi. Volterra assis sur un coin de table regarde dans ma direction sans enthousiasme. Je m'avance vers lui. “ Vous désirez, monsieur ? ” Les sourcils épais, le corps lourd, il me dévisage sans sympathie particulière.

» — Marcelle Praince vous a écrit à mon sujet, monsieur. J'ai deux pièces dont elle vous a parlé pour le Théâtre de Paris.

» — Oui. Elle m'avait dit en effet qu'elle m'enverrait une pièce. Je ne l'ai jamais reçue.

« Le quatuor me considère avec indulgence comme un petit garçon.

» — Seulement voilà, répond Volterra, avez-vous un rôle pour Popesco ?

» — Non. Pas dans ces pièces-là.

» — Moi, j'ai un contrat avec elle, alors il me faut des rôles pour elle.

» — Il n'y en a pas dans ce que je voulais vous proposer.

« Alors très indifférent, il laisse tomber :

» — Donnez toujours, je lirai.

» — Entendu. Au revoir, monsieur.

« Le 30 mai

« Hier, je rencontre Willemetz [1] qui toute gentil-

1. Albert Willemetz était directeur des Bouffes-Parisiens et, en l'absence de Jouvet, du Théâtre de l'Athénée.

lesse, me dit qu'il adore *Am-Stram-Gram* et *La Grande Fille* dont je sais qu'il les a refusées toutes deux il y a huit jours. Je lui demande pourquoi, aimant à ce point ces pièces, il ne veut pas les monter.

» — Je voudrais quelque chose qui n'ait pas été joué ailleurs.

» — Mais ces pièces-là ne l'ont pas été à Paris.

» — Sans doute, mais le véritable " inédit ", cela a sa valeur, vous savez. C'est mon métier de découvrir. On m'a dit que vous aviez d'autres pièces.

« Il est donc entendu que je lui donnerai à lire la pièce sur Molière.

« Mais il ne veut pas que je la lui lise moi-même :

» — Vous savez, moi je lis très bien les pièces, me dit-il, et je sais très bien glisser sur les passages longs. Je couillonne admirablement mes auditeurs, alors je me méfie.

« J'attends maintenant son opinion de directeur lecteur non couillonné.

« Le 2 juin

« Depuis trois jours, démarches incroyables pour arriver à meubler le décor pour la générale d'hier soir. Avant-hier matin toujours pas un meuble. Prise de contact avec la scène du Studio des Champs-Élysées qui est deux fois moins grande que celle d'un théâtre normal.

« Panique de Nadine Vogel devant les changements à apporter à la mise en scène après les représentations au Théâtre des Célestins. Comme toujours dans ces cas-là le miracle opère : en vingt-quatre heures échevelées on trouve les meubles, on arrive à accommoder les choses. Hier soir, nous répétions encore la dernière scène de la pièce, Ducreux et moi à rideau fermé, alors que le public entrait déjà dans la salle. Atmosphère étouffante de cette salle minuscule archicomble par cette chaleur de juin. Six et sept rappels dès le premier acte. Succès éclatant. Longs et chaleureux applaudissements à la fin quand je dis le nom de l'auteur. Unanimité sur le succès de la soirée. Espoir qu'après une générale aussi brillante, on va pouvoir trouver les fonds pour une publicité suffisante.

« Voilà un grand succès, net, indiscutable, avec une pièce en veston et avec un seul décor, ce qui réagit heureusement contre la tendance de nos amateurs de " spectacle " où l'auteur cède le pas au couturier. Peut-être cette fois sommes-nous partis du bon pied depuis dix ans que Paris se fait inaccessible. Impossible avant-hier, après cette générale et cette foule d'amis nous félicitant chaudement de ne pas se rappeler la soirée équivalente à cinquante mètres de là, à la Comédie des Champs-Élysées lors des représentations de la *Duchesse d'Amalfi* en 1937. J'y repensais sans cesse en sortant du théâtre. Est-ce que ce deuxième succès sur cette avenue Montaigne à laquelle il semble que nous soyons voués pour débuter, va cette fois encore, ne rien apporter ?

« Le 4 juin

« Le succès de *La Part du feu* se confirme depuis deux jours [1]. Énorme réussite. En quarante-huit heures, cinq théâtres se sont offerts à prendre le specta-

1. A cause d'un film sorti peu avant et intitulé *La Part du diable* Ducreux avait rebaptisé sa pièce *La Part du feu.*

cle. Hébertot me demande *Am-Stram-Gram* et Rasimi voudrait *La Grande Fille* pour la rentrée.

« Le 5 juin

« Ça y est, on a l'Athénée. D'accord depuis hier soir. Willemetz est venu trouver Ducreux dans les coulisses et lui a offert de passer dans le théâtre de Jouvet sitôt que nous aurons terminé nos vingt et un jours au Studio.

« Le 10 juin

« Coup de téléphone de Willemetz à l'heure du déjeuner.

» — J'ai lu votre pièce sur Molière. Elle est admirable, monsieur Roussin ! Admirable !

» — Je suis bien heureux que vous ayez cette opinion. La prenez-vous ?

» — Je vais vous demander la permission de remettre le texte au ministre des Beaux-Arts. Je dois le voir ce soir. Je crois que, pour une pièce sur Molière, je pourrai avoir une subvention.

» — Vous ne la monteriez qu'avec une subvention ?

» — Pourquoi ne pas la demander ?

» — Acceptez-vous la distribution que je vous ai proposée ?

» — Vous savez pour une pièce pareille il faudrait une distribution du tonnerre de Dieu !

» — Pour le quatuor principal vous savez mes intentions. En tout cas pour les rôles de Molière et Boileau.

» — Oui. Mais c'est votre première pièce. Si encore vous en aviez joué une avant.

» — Ce n'est pas ma première pièce, c'est ma quatrième. Je ne demande pas mieux qu'on joue les autres avant. C'est vous qui ne voulez pas.

» — Vous ne pouvez pas me reprocher ça, cher monsieur, moi, je vous tends la main, je dis à tout le monde tout le bien que je pense de vos pièces.

» — Oui. Mais vous ne voulez pas les jouer.

» — Ne me le reprochez pas, je vous ai dit que je voulais une pièce inédite.

» — Alors, attendons que les autres aient été jouées.

» — Non. Si le ministre me donne une subvention, je voudrais monter votre *Jean-Baptiste* cette année.

» — Alors, attendons la réponse du ministre [1].

« Le 14 juin

« Le succès de la pièce prend des proportions de triomphe. Nous avons commencé avec 300 francs de recette et vingt et une personnes dans la salle, le lendemain de la générale. En dix jours, nous faisons salle comble à chaque représentation et atteignons 8 000 à 9 000 francs par séance.

« Le 16 juillet

« Vie sans histoire. *La Part du feu.* Depuis le 25 juin nous avons passé à l'Athénée. Salle comble tous les soirs. Le succès s'est maintenu dans cette salle beaucoup plus grande et il est maintenant acquis pour de longs mois. J'ai dû refuser maintenant *Am-Stram-Gram* au Théâtre Saint-Georges. »

Juillet, août, septembre, octobre, novembre, ces mois passèrent dans le succès constant de la pièce. Nous avions enfin, Ducreux et moi, ce qui s'était fait

1. Il n'y en eut jamais.

attendre si longtemps : lui, un triomphe d'auteur, moi un succès d'acteur dépassant ce que j'avais pu espérer, grâce au merveilleux rôle de Klapotermann. Chaque soir je voyais arriver dans ma loge des personnalités aussi célèbres que Fresnay et Printemps, Raymond Rouleau, Elvire Popesco qui me comblaient de leurs compliments, j'aurais dû être satisfait et cependant je ne l'étais pas. Je me sentais en attente de quelque chose de mieux : la réussite de mes propres pièces. Ma nature en outre est ainsi faite que sitôt installé dans un état, fût-ce celui du succès, je m'y ennuie et aspire à d'autres émotions. Je ne suis pas fait pour la stagnation mais pour la quête et la nouveauté.

Après six mois de salles pleines, *La Part du feu* donna des signes d'essoufflement et Willemetz envisagea en prévision des fêtes de fin d'année, de lui substituer *Am-Stram-Gram* dont nous resterions, Ducreux et moi, les interprètes, reformant avec Micheline Presle le trio de la création à Aix-en-Provence en 1941. Écrite en 1934, refusée en 1938 par six directeurs ou metteurs en scène, après tous les contretemps que j'ai racontés plus haut — le ratage du Théâtre Saint-Georges et le ratage d'Alger — la générale eut lieu à l'Athénée le 21 décembre 1943 et elle fut ce que j'attendais depuis dix ans : un éclat de rire continu et de scène en scène, de telles manifestations de gaieté dans la salle que nous ne pouvions nous faire entendre. C'était une aussi brillante générale que celle de *La Part du feu* avec cet élément supplémentaire d'une pièce comique où le public hurlait sa joie. A Marseille, à Lyon, à Genève, j'avais déjà mesuré l'impact de cette comédie-farce que Ducreux animait prodigieusement mais l'accueil de Paris dépassait tout ce que nous savions déjà. Henri Michaux vint nous dire en coulisse qu'il était « électrisé ». Le public n'aurait pas trouvé le mot, mais il l'était aussi. Les choses se savent vite à Paris, en matière théâtrale. Sans qu'un article ait paru, dans les trois premiers jours, la salle fut louée pour une semaine. Cette fois, ça y était. Après le succès de *La Part du feu* celui de ma pièce nous installait. La longue marche de dix ans, de Marseille à Paris, semblait terminée, — ce qui nous permettait de souffler et de marquer le pas. Mais qu'en serait-il de cette étape avec les événements prévisibles de la guerre ?

⁂

Sitôt que le train des recettes maximales fut sur ses rails et que chaque soir nous apporta les mêmes massifs éclats de rire et les mêmes ovations finales, la même insatisfaction me saisit assez vite, comme au temps des représentations de *La Part du feu.* L'idée que ce succès nouveau durerait peut-être plus longtemps que le précédent parce que succès comique m'emplissait d'inquiétude ; je risquais d'être bloqué par *Am-Stram-Gram* et ne pouvoir donc jouer mes autres pièces ailleurs.

Je n'en essayais pas moins de trouver des théâtres prêts à les monter. C'est ainsi que je lus *La Sainte Famille* à Mary Morgan, nouvelle directrice du Théâtre Saint-Georges et à trois de ses associés. Le lendemain Mary Morgan me téléphonait que tout mon auditoire avait été très ému par cette pièce dont le ton général l'avait frappé. Elle était prête à signer un bulletin de réception sans date et à monter la pièce quand je le souhaiterais. Une question se posait en effet. On se rappelle que la censure vichyssoise avait interdit *La Sainte Famille* jusqu'à la fin des hostilités. Or le cachet de la censure allemande était indispensable pour être joué à Paris. Je ne voulais pas solliciter — et certainement obtenir — de la Propagandastaffel une autorisation que les Français m'avaient refusée. Mary Morgan le comprit, partagea mon point de vue et nous convînmes d'attendre des jours meilleurs. Je m'engageai à lui réserver ma pièce ; elle s'engagea à la représenter quand nous le déciderions. Je me félicitais de ce projet, de ce théâtre et du fait que la première direction à laquelle je m'étais adressé avait aussitôt reçu la pièce, sur unique lecture. Étant donné que je jouais *Am-Stram-Gram* et ne pouvais jouer ailleurs, je n'étais pas mécontent d'avoir assuré les représentations de *La Sainte Famille,* mais à long terme. Dès le mois de mars un décret parut qui ordonna la fermeture des théâtres quatre jours par semaine. Nous n'avions plus le droit de jouer que les mercredi, samedi et dimanche.

Un après-midi, attendant quelqu'un qui n'arrivait pas, je commençai à écrire une petite pièce en un acte sur une idée qui m'amusait et que je terminais le lendemain : *Le Tombeau d'Achille.* Je mis bientôt en train une autre comédie, sans aucune idée cette fois, sinon celle de faire un beau rôle pour François Périer. Je le trouvais charmant, poétique et merveilleux comédien. Je me jurais de l'avoir pour interprète. Toute une nuit je cherchai une histoire où il aurait le rôle principal. Finalement, quand, vers 5 heures du matin, je sentis venir le sommeil et voulus dormir, je n'avais pas trouvé de sujet mais j'avais vu le rideau se lever sur mon Périer faisant l'arbre droit, les pieds en l'air. Pourquoi ? — Parce qu'il avait une bosse sur la tête. Pourquoi ? — Parce que sa nourrice l'avait laissé tomber quand il était petit. Pourquoi l'arbre droit ? — Parce qu'il était naïf et parce que la femme qu'il aimait lui avait persuadé que s'il faisait l'arbre droit tous les jours en comptant de 1 à 100, sa bosse finirait par disparaître. La pièce s'appellerait *Bobosse* et Bobosse ce serait lui. C'était son surnom à cause de cette petite bosse qu'il touchait toujours étant enfant en disant : « bobosse ».

Le matin, je téléphonai à François Périer :

— Est-ce que tu sais faire l'arbre droit ?

— Non.

— Eh bien, il faudra que tu apprennes. Je vais écrire une pièce pour toi et quand le rideau se lève tu es au milieu de la scène dans cette position.

Il rit, me répondit :

— D'accord ! J'apprendrai !

Et nous en restâmes là.

Je cherchais ma pièce à tâtons, je la voulais gracieuse, amusante et d'une certaine façon poétique comme l'était le personnage rêveur et un peu médium que j'imaginais pour Périer. Une nuit (le 17 avril) je travaillais et Paris eut droit à une heure d'alerte et à un terrible bombardement de la région. J'écoutais ce vacarme et mesurais mon ridicule d'écrire *Bobosse* quand le ciel était en effervescence sur des kilomètres et que la mort tombait.

Un ami décorateur Raymond Faure et un comédien Jean Ozenne me demandent le lendemain un rendez-vous. Ils arrivent. C'était pour savoir si je n'aurais pas une pièce en un acte « dans mes cartons » pour faire spectacle au théâtre Charles de Rochefort avec l'*Antigone* de Garnier adaptée par Thierry Maulnier. Je leur réponds que le hasard est grand car je viens d'en écrire une il y a quatre jours à peine. Je lis *Le Tombeau d'Achille* plus encore pour voir l'effet de cette lecture que pour le projet en question. Ils rient tout au long de la pièce et s'écrient à la fin : « C'est exactement ce qu'il nous faut. » Un décor facile à réaliser avec deux paravents, quatre personnages et une durée de lecture de vingt-cinq minutes, tout cela convenait à merveille. Les théâtres en effet n'avaient droit qu'à deux heures de courant électrique. *Antigone* durait une heure et demie. Il fallait donc que le lever de rideau ne dépassât pas vingt-cinq minutes et pût s'enchaîner sans véritable entracte avec la tragédie de Garnier.

Tout cela était bien drôle : j'avais attendu dix ans pour être joué à Paris et voilà qu'on allait représenter prochainement un acte qui n'était pas écrit cinq jours plus tôt. Ce phénomène d'accélération ne s'arrêta pas là en ce qui concerna *Le Tombeau d'Achille.* Répété pendant deux semaines et fort bien distribué, la générale du spectacle eut lieu en mai. L'horaire étant impératif le rideau se leva à 8 heures précises. Le public des générales ne se croit jamais obligé d'être exact, c'est bien connu ; il entra et s'installa, très étonné de voir des acteurs en scène, lesquels essayaient en vain de se faire entendre. Quand le dernier invité s'assit le rideau tomba. Personne ne pouvait savoir de quoi il avait été question en scène. Le lendemain pour la première, il n'en fut pas autrement ; le surlendemain la direction nous fit savoir que c'était le dernier soir où les théâtres auraient droit à deux heures de courant. Dès le jour suivant le temps de lumière serait réduit à une heure et demie. Ce fut le tombeau du *Tombeau.* Si ma petite pièce n'avait pas attendu longtemps pour être jouée, elle n'avait pas attendu non plus pour quitter l'affiche [1].

Je n'en fus pas affecté car il était évident que,

1. On l'avait jouée trois fois et personne, d'ailleurs, ne l'avait entendue.

dès les jours qui allaient suivre, toute vie théâtrale serait interrompue. On était en juin 1944. Le 6 avait eu lieu le débarquement allié qui annonçait la dernière phase de la guerre et nous étions rivés à nos théâtres dans des conditions incroyables. Nous n'avions plus droit qu'à deux jours de spectacle par semaine et une heure et demie de courant. Or ce temps minimum pour jouer une pièce (sans entracte et à toute vapeur) était constamment coupé lui-même par des alertes où acteurs et public devaient gagner les abris prévus dans les caves avoisinantes. Il arrivait d'être quatre fois interrompus et de renoncer par conséquent à reprendre le spectacle, faute de temps pour le terminer. Certains spectateurs nous lançaient : « On reviendra voir la fin un autre jour ! » En ce qui concerna *Am-Stram-Gram* Willemetz se décida à fermer l'Athénée le 2 juillet, les représentations devenant impossibles. Pendant ces semaines, je finissais d'écrire *Bobosse* et commençais aussitôt cet *Icare* auquel je pensais depuis 1941. J'avais enfin vu comment l'action moderne qur j'envisageais pouvait se rattacher au mythe du premier homme-oiseau. En racontant cela aujourdhui, m'appuyant sur mon journal et sur ces dates précises, je me demande comment la vie à Paris à cette époque put être ce qu'elle fut alors que la guerre était à 200 kilomètres, en Normandie. Car ce fut tout de même en ce mois de juin 1944 qu'eut lieu au Vieux-Colombier la création de *Huis-Clos,* la pièce de Sartre qui fut un si grand succès théâtral. Je n'oublierai jamais cette générale étouffante, par une température d'été. Dans la salle exiguë et comble, chacun ruisselait et s'épongeait; ce qui donnait à l'action de la pièce une réalité particulière puisqu'elle se situait en enfer. On investissait Sainte-Mère-l'Église et les combattants tombaient en masse au pied des falaises normandes, mais l'événement du mois était la pièce de Sartre. Comment d'ailleurs cette création était-elle possible quand tous les théâtres fermaient leur porte, faute de courant et d'autorisation de jouer ? Parce qu'elle avait lieu au Vieux-Colombier et que ce théâtre avait pour directeur un certain Anet Badel, mari de Gaby Sylvia. Il est rare que lorsqu'un homme d'affaires est amoureux d'une jeune actrice et se trouve de surcroît son mari, il ne s'approprie pas un théâtre pour complaire à celle qu'il aime et favoriser sa carrière. Capgras avait acquis pour Cocéa le bail des Ambassadeurs, Badel pour Gaby Sylvia celui du Vieux-Colombier. Anet Badel s'apparentait d'ailleurs au personnage de Capgras, bien que d'un style très différent. Si Capgras (qui n'était pas avocat) avait une voix de tribun et une jactance toute méridionale dans ses propos autant que dans son vocabulaire, Badel, avocat de son état, parlait à voix feutrée, sans jamais d'éclat, un charmant sourire permanent aux lèvres et fascinant son interlocuteur par un très beau regard d'où celui-ci ne pouvait que très difficilement se détacher. De sa carrière au barreau la rumeur publique ne rapportait pas grand-chose de marquant sinon des dîners somptueux aux chandelles, dans le luxe de quelque satrape oriental. Cela ne surprenait nullement car il eût facilement passé pour un Libanais aux yeux de velours et au charme parfumé. Il semblait envisager son activité théâtrale comme une sorte de mécénat et ses moyens financiers, apparemment importants, avaient disait-on comme source un gros trafic de charbon de bois. Avec qui ? Toujours est-il qu'une installation personnelle lui permettait grâce à ce combustible de fabriquer sur place sa propre électricité et que le Vieux-Colombier se trouvait le seul théâtre de Paris à avoir du courant et à jouer tous les soirs. La salle ayant par ailleurs un toit ouvrant, il était possible de jouer en outre l'après-midi, à la lumière du jour.

C'est ainsi que Badel nous engagea pour représenter régulièrement en matinée notre spectacle des *Fourberies de Scapin.* Mais cela se fit par un biais très inattendu et grâce à la mésaventure récente de mon *Tombeau d'Achille.*

A bicyclette un certain après-midi dans la rue de Varenne je croisais Alain Duchemin qui s'occupait de la publicité du Vieux-Colombier. Un bonjour réciproque de la main, puis Duchemin stoppe brusquement et me lance : « Vous n'auriez pas une pièce en un acte prête à jouer ? » Je stoppe à mon tour, nous nous rapprochons l'un de l'autre. Duchemin m'expliqua que *Le Souper interrompu* de P. J. Toulet qui se jouait avant *Huis-Clos* en lever de rideau, ne plaisait pas du tout au public et que Badel voulait changer cette fantaisie un peu laborieuse qui nuisait au succès de Sartre. Je pensais aussitôt au *Tombeau* qui n'avait eu que trois représentations un mois plus tôt au Rochefort. Libérés d'*Am-Stram-Gram,* Ducreux et moi nous pouvions jouer la pièce avec Madeleine Geoffroy et Tony Jacquot.

— Venez cet après-midi au théâtre. Vous lirez la pièce à Badel.

Mon auditoire s'amusa franchement à cette lecture.

— Quand pouvez-vous être prêt à jouer ? me demanda aussitôt Badel.

— Disons huit jours.

Et la semaine suivante *Le Souper interrompu* au nom prédestiné, céda la place à mon *Tombeau.* Dès le premier soir les rires du public ne laissèrent aucun doute sur le succès de ce petit acte. On y voyait un vieillard (Achille) refuser pour sa belle-sœur décédée la place qu'il se réservait à lui, dans son caveau familial. Il se débarrassait de cette belle-sœur importune en la casant dans le tombeau spacieux d'un vieil ami. Un détail nous avait à tous échappé. *Huis-Clos* qui se jouait après *Le Tombeau* se passait, je l'ai dit en enfer. Or, au cours des cent cinquante représentations du spectacle ainsi composé, des spectateurs s'étonnèrent de n'avoir pas revu le vieil Achille dans la pièce de Sartre. Ils n'avaient pas compris que l'on jouait deux pièces et que la seconde n'était pas, coupée par un entracte, la suite de la première. Il leur paraissait normal que cette histoire d'enfer fut la suite d'une histoire de caveau. Ils attendaient Achille en enfer !

Présents Ducreux et moi au Vieux-Colombier, grâce au *Tombeau d'Achille,* Badel nous demanda donc notre Scapin pour ses matinées à la lumière du jour. Nous remontâmes donc le spectacle qui fut présenté peu après et que presse et public accueillirent encore plus chaleureusement qu'autrefois en province. Nous jouions donc *Les Fourberies* tous les jours en matinée et le soir *Le Tombeau d'Achille.* Les deux spectacles ne furent interrompus qu'une semaine environ pendant les événements de la Libération. Dès le 12 août le canon commença à se faire entendre et ce fut dans Paris cet incroyable va-et-vient de camions allemands surchargés de matériel, d'ambulances, de mini-tanks, de véhicules de toutes sortes filant rapidement dans toutes directions. Tous ceux qui ont vécu cette semaine-là à Paris se rappellent cette panique allemande dès l'instant que l'arrivée des troupes françaises, et américaines, ne fît plus de doute. Mais je ne raconterai pas ici ce qui le fut si souvent depuis, de ces journées à la fois bouleversantes par la liberté retrouvée et ignobles à certaines heures de basse vengeance. Le comique côtoyait l'héroïsme et parfois l'odieux : on pouvait voir une ménagère invétérée donner quelques coups de plumeau sur une barricade et des femmes rasées — croix gammées au rouge à lèvres sur le front et les joues — livrées aux crachats, aux insultes, aux bousculades de la foule.

Paris se secoua de quatre ans d'occupation et réduisit au silence les derniers nids de résistance allemande. On vit tout pendant ces temps insurrectionnels et particulièrement l'empressement que mirent ceux qui n'avaient pas la conscience très tranquille, à faire étalage d'une « résistance » insoupçonnée. La France paraissait le pays des héros inconnus. Qui n'avait pas appartenu à quelque organisation clandestine ? Celles-ci fleurissaient d'autant plus qu'elles étaient secrètes et par conséquent ignorées. Se comptaient sur les doigts ceux qui n'avaient pas, dans une clandestinité héroïque, servi la noble cause. S'ils n'en étaient pas les martyrs, il n'y avait vraiment pas de leur faute. Ils ne pouvaient exprès se faire fusiller !

Durant le temps de nos représentations des *Fourberies* je fis au Vieux-Colombier une lecture de mon *Jean-Baptiste.* J'avais pensé que Gaby Sylvia serait une exquise et redoutable Armande Béjart et que le rôle la tenterait, encore que limité à un seul acte. Ma lecture eut le succès que j'en espérais et Badel ravi de voir Armande jouée par Gaby décida de monter la pièce à la rentrée d'octobre, une fois épuisé le succès de *Huis-Clos.* A l'époque point si lointaine où, grâce à l'amitié de Charles et d'Emmy Peignot j'en avais fait la lecture pour Édouard Bourdet, celui-ci m'avait dit : « C'est évidemment une pièce pour la Comédie-Française mais je comprends que vous veuillez la jouer vous-même. Cependant c'est une pièce lourde à monter. Trouverez-vous un théâtre qui en aura les moyens ? Trois décors et vingt acteurs, c'est beaucoup ! » Il avait évidemment raison. On se rappelle que Willemetz n'envisageait de recevoir la pièce d'une main que s'il recevait dans l'autre une subvention des Beaux-Arts. C'est que Willemetz était un directeur professionnel et Badel un amateur. Lui, montait ce qui lui plaisait ou ce qui plaisait à Gaby Sylvia. Et c'est bien pour cela que ma pièce fut représentée. Engager les frais qu'elle impliquait (décors, costumes et troupe) et dans une salle de moins de trois cents places, cela prouvait que la rentabilité de l'entreprise n'était pas le souci majeur de ce directeur. C'était proprement fou. La chance m'avait conduit chez le seul directeur fou (ou mécène) de Paris. Il faut toujours se méfier des époques de « pureté ». Celle de la Libération en fut une et on sait à quel point. J'appartenais à plusieurs de ces commissions qui, à longueur de journée, cherchaient à établir des impératifs professionnels, garants de haute moralité autant que de valeur artistique. Désormais, pour avoir droit à la direction d'un théâtre il faudrait être « de la partie », à savoir auteur dramatique (déjà joué), acteur (déjà connu), metteur en scène (ayant monté au moins trois spectacles), décorateur, etc. Il était évident que ces commissions étaient en majorité composées de cœurs de grande pureté battant dans la poitrine d'auteurs, d'acteurs, de metteurs en scène et de décorateurs qui voulaient simplement mettre hors de chez eux des directeurs en place et occuper le plus rapidement possible leur fauteuil. J'étais mal vu dans ces commissions car je soutenais, contre l'avis général, qu'un homme d'affaires riche et amoureux d'une actrice était plus souhaitable pour la vie théâtrale qu'un auteur, un acteur ou un metteur en scène sans argent et dont rien ne prouvait au départ qu'il fût malgré son talent professionnel, un bon administrateur. En somme, je défendais Badel et Capgras qui semblaient se moquer de perdre de l'argent au théâtre contre les Trébor ou Rasimi qui ne pensaient qu'à en gagner. Je ne devais pas avoir tellement tort car la plupart des théâtres qui échurent à ceux qui se jugeaient désignés pour y faire merveille furent rapidement en faillite, leur brillante exploitation se terminant — parfois au bout d'un mois — par un dépôt de bilan et un triste concordat. Il n'y eut par ailleurs jamais autant de sous-locations de théâtres qu'une fois les mesures prises pour les empêcher.

Avec Anet Badel cependant une question se posait pour moi puisqu'il voulait monter ma pièce en octobre. Rien n'était prouvé en ce qui concernait l'acquisition de sa fortune mais la rumeur publique voulait qu'elle fût due à un trafic d'importance avec l'occupant. Si cela était, il aurait donc des ennuis à la Libération, laquelle n'allait pas tarder. Je me disais parfois qu'il n'avait si vite accepté de représenter *Jean-Baptiste* que par une certitude intime de n'avoir jamais à le faire. Mais Badel jouait Sartre et celui-ci présidait le Comité national des écrivains de la Résistance et quand arriva la Libération on vit à la surprise générale que Badel était ami intime avec tel ou tel colonel résistant ; Gaby Sylvia poussant une voiture d'enfant fut appréhendée par des F.F.I. qui la relâchèrent avec force excuses : sous les couvertures brodées, elle transportait des mitraillettes pour la Résistance. L'anecdote courut Paris. On apprit ensuite qu'elle était marraine d'une compagnie d'aviateurs alliés et le champagne coulait chez Badel où les vainqueurs étaient princièrement traités. Lui, gardait son sourire immuable, qui était celui de Talleyrand et son regard devenait de plus en plus levantin. Personne n'eut jamais moins que lui l'air de s'inquiéter de quoi que ce fût. Il semblait que tout se passât selon ce qu'il avait calmement préparé. Dès la reprise des spectacles il me demanda de prévoir ma distribution et de commencer mon travail puisque je devais assurer la mise en scène. Un épisode amusant, dont j'ai souvent ri depuis, se situa au moment du choix d'un maquettiste pour les costumes. Wakhévitch avait été naturellement accepté pour les décors, mais Badel ne voulait pas pour ce nouveau spectacle retrouver la même équipe que pour Scapin, c'est-à-dire Wakhévitch-Jacques Manuel. Je n'ai d'ailleurs jamais compris pourquoi, étant donné le talent de Manuel et sa réussite avec Scapin. Sans rancune et voyant mon embarras vis-à-vis de lui, Jacques Manuel me recommanda lui-même chaleureusement un jeune maquettiste de chez Lucien Lelong et nous fit faire connaissance. Provisoirement sans travail et ayant lu la pièce, celui-ci était tout disposé à en dessiner et faire exécuter les nombreux costumes. Nous devînmes très amis et je parlai de lui à Badel qui sans le recevoir, me pria de lui apporter deux ou trois maquettes, dont celle de la robe que porterait Gaby-Armande. Mon nouvel ami trouva un peu cavalier de lui demander des maquettes à l'essai et sans contrat. Par gentillesse à mon égard il m'en remit trois cependant, qu'il avait « indiquées » à la gouache, un peu comme le faisait Bérard, sans en préciser outre mesure le dessin. Badel et son état-major firent la moue. Cela ne leur parut pas très convaincant. On me demanda de remercier beaucoup ce garçon mais de lui dire que ça n'irait pas. On voulait des maquettes mieux dessinées.

C'est ainsi que « le garçon » ne fit pas les costumes de *Jean-Baptiste.* Il s'appelait pourtant Christian Dior. Mais Badel, en l'occurrence, n'eut pas le nez de Boussac.

Je commençai donc à faire répéter la pièce que j'avais eu tant de bonheur à écrire. J'en attendais autant à la jouer. J'avais pour l'instant celui de la voir s'animer de jour en jour et de scène en scène à travers mes interprètes. Quelques mois plus tôt, j'en avais adressé le texte à Pierre Brisson, lui demandant si je pouvais lui dédier cette pièce puisque la lecture de son livre sur Molière me l'avait en quelque sorte inspirée. J'avais reçu en réponse une lettre très aimable où Brisson m'écrivait que trop spécialiste il se sentait peut-être mauvais juge, mais qu'il me dirait cependant son sentiment : le premier acte lui semblait trop « tableau de chevalet », le deuxième quelque peu composition de concours (« Imaginez une visite de Boileau à Molière quand celui-ci, malade, écrit *Le Misanthrope* ») ; le troisième acte seul lui plaisait franchement car « on y sentait une juste animation de coulisses » et que « le sang y circulait bien » (l'acte écrit en une journée !). Cette lettre m'avait évidemment inquiété mais j'avais fait tant de lectures, et mes auditeurs avaient réagi si différemment aux premier et deuxième actes ! Brisson le disait d'ailleurs lui-même : était-il bon juge ? Bourdet avait aimé la pièce, Bérard aussi et Cocteau venait assister aux répétitions, dessinait l'affiche et la couverture du programme, se passionnait pour le spectacle comme s'il se fût agi d'une de ses propres pièces. Il me disait : « Molière, tu comprends, nous l'adorons tous, il est à nous tous, il est toujours resté un enfant. On ˋ sent dans ta pièce. Ne l'oublie jamais en le jouant. C'est un enfant qui se cogne partout, qui n'en peut plus et qui nous fait pitié en nous faisant rire. »

Et maintenant que je répétais, je sentais bien que tous mes personnages vivaient, et que même au premier et au deuxième acte « le sang circulait » pour parler comme Brisson. Je reprenais courage. Et puis chacun aimait son rôle et on s'amusait en répétant. C'était bon signe. Donc : on verrait bien !

La générale eut lieu le 11 novembre. C'était la sixième représentation après un gala (et un grand succès), une première (guindée et fraîche) et trois représentations payantes où l'impact sur le public était évident. La générale nous laissa l'impression d'un vrai succès final si le premier acte avait été moins bien accueilli. La presse ne fut pas bonne. On me servait un peu partout le devoir de rhétorique et que « l'on n'apprenait rien sur Molière ». Mais à chaque représentation j'avais dans ma loge des visites chaleureuses et souvent enthousiastes d'acteurs, de gens de théâtre (sauf d'auteurs) et d'inconnus qui venaient me remercier de leur donner l'occasion « d'aimer Molière encore plus qu'ils ne l'aimaient et de le sentir un de leurs familiers ». C'était là exactement ce que j'avais voulu. Ces visites étaient régulières ; elles me réconfortaient mais je sentais confusément que je n'aurais pas avec cette pièce ce que j'en attendais. Là-dessus Claude Dauphin et Jean-Pierre Aumont, combattants de la 2e D.B. du général Leclerc eurent deux mois de permission. Ils s'entendirent avec le Théâtre des Ambassadeurs et, réunissant une éblouissante distribution dont ils étaient les vedettes avec Madeleine Robinson, mirent sur pied en quinze jours *Une grande fille toute simple.* Le retour de ces deux comédiens adorés du public et tous les deux sous les drapeaux fit le triomphe de la générale où l'entrée de chacun d'eux fut saluée comme on l'imagine. Le spectacle en outre retrouva l'efficacité de la création à Cannes. La presse fut dithyrambique pour la pièce et ses interprètes. Dès les premiers jours les salles furent combles. Je touchais du doigt un des mystères du théâtre : la pièce dont j'attendais qu'elle me valût une certaine estime et où j'avais mis tout mon cœur faisait demi-recette, et celle que je considérais comme une vache à lait remportait un triomphe. J'arrivais à cette situation paradoxale : je me faisais concurrence à moi-même. Je rencontrais même des gens qui, n'arrivant pas à avoir de places aux Ambassadeurs, étaient persuadés qu'il n'y en avait pas davantage au Vieux-Colombier. Je me voyais obligé de ne pas les détromper, pour garder la face. Entre ses enthousiastes et ses détracteurs *Jean-Baptiste* fut représentée 99 fois et retirée de l'affiche. Je ne gardais pas le sentiment d'un échec car trop de gens à l'estime de qui je tenais (dont Jouvet) m'avaient manifesté leur chaleur à propos de cette pièce. Je n'étais pas fâché en outre de m'arrêter car le rôle de Molière était épuisant et je sentais un certain besoin de détente. Depuis mai 1943 jusqu'à ce mois de février 1945, j'avais joué *La Part du feu, Am-Stram-Gram, Les Fourberies, Le Tombeau d'Achille* et enfin *Jean-Baptiste.* Cela totalisait plus de six cents représentations, interrompues seulement pendant les deux semaines de la Libération. Je ne pensais qu'à partir me reposer quelque part pour terminer *Bobosse* et refaire *Icare* qui ne me plaisait pas. Mais je ne le pus. Ducreux avait écrit une nouvelle pièce, l'Athénée l'avait reçue ; nous avions quitté le Vieux-Colombier le 5 mars, le 16 nous commencions à répéter *Les Clés du ciel.* Pour un certain nombre de raisons ce fut un échec. La pièce n'eut droit qu'aux trente représentations syndicales. Après les grands succès de *La Part du feu,* d'*Am-Stram-Gram,* des *Fourberies* et de la *Grande Fille,* le demi-échec de *Jean-Baptiste* et celui plus cuisant des *Clés du ciel* ne manquaient pas de satisfaire certains. Paris à cet égard reste toujours Paris : on aime autant y enterrer qu'y découvrir. Aussi pouvait-on lire à propos de la saison : « Faut-il parler de MM. Ducreux et Roussin ? — Je ne crois pas. On peut dire qu'ils faisaient des choses bien en 1937 et que, depuis, ils se sont noyés dans leurs œuvres. Leur amour du théâtre, le théâtre ne le leur rendra pas. » Petite consolation à ce jugement péremptoire, la *Grande Fille* malgré le départ et le remplacement de Dauphin et de J.-P. Aumont faisait toujours et pour longtemps encore des salles pleines aux Ambassadeurs. Là du moins, le théâtre me rendait parfaitement mon amour pour lui. Je me disais d'autre part, que la saison prochaine avec *La Sainte Famille* prouverait que je n'étais pas si noyé que ça. Je ne soupçonnais pas que cette saison-là serait la pire de ma vie.

Après-guerre

Pour que l'Alsace renoue avec le théâtre français et avec notre langue même, après quatre ans à l'heure allemande, Mlle Laurent qui dirigeait la décentralisation artistique choisit notre compagnie du Rideau gris pour la première tournée dans cette province redevenue française depuis peu. Nous y passâmes donc tout le mois de novembre, jouant de ville en ville et en alternance *Les Fourberies* et *La Part du feu* devant des publics dont on imagine la sympathie et l'enthousiasme. Depuis cinq ans ils n'avaient plus entendu parler français sur une scène. La dernière représentation de cette tournée se donnait un après-midi, au Grand Théâtre de Colmar devant une salle comble d'écoliers et d'étudiants. C'était une matinée classique spéciale à leur intention. Nous donnions *Les Fourberies.* Jamais nous n'avions entendu de tels hurlements de joie, ni mesuré une telle densité de rires. Je pensais en jouant que je n'oublierais jamais cette dernière séance. Je ne soupçonnais pas que j'aurais une autre raison de ne jamais l'oublier et que, de ma vie, je ne jouerais plus Scapin. En effet comme je tourbillonnais autour de Géronte dans la scène où Scapin joue à lui tout seul l'arrivée d'une troupe de soldats, je sentis brusquement une douleur suraiguë dans mon pied gauche. Comme d'un clou enfoncé d'un violent coup de marteau. J'en eus le souffle coupé mais la douleur avait passé comme une décharge électrique ; je finis la pièce en pensant que je m'étais fugitivement froissé un nerf. Après la représentation nous prenions le premier train pour Paris, je ne souffrais plus spécialement et ne me souciais donc pas davantage de cet incident. Nous devions passer quelques jours à Paris avant d'aller jouer cinq fois *La Part du feu* à Marseille. L'avant-veille de ce nouveau départ je ressentis en me couchant le clou qui me transperça le pied gauche comme à Colmar. Cette fois je souffris toute la nuit et ne pus dormir. Au matin, impossible de me mettre debout sans hurler. Et pas de téléphone dans le petit deux-pièces meublé que j'avais loué provisoirement avant la tournée, pour coucher quelque part à mon retour. Je me rappelai qu'heureusement notre administrateur devait venir m'apporter ce matin même mon billet pour l'avion du lendemain. Je l'attendis, cherchant le moyen de lui ouvrir la porte quand il sonnerait. Il n'y en avait qu'un : me traîner par terre à trois pattes jusqu'à cette porte dont un couloir me séparait. Ce que je fis, non sans mal à son arrivée. Un médecin put donc venir et me dit simplement :

— C'est très clair. Vous commencez une crise de rhumatismes.

— Mais, docteur, je dois partir demain pour cinq représentations à Marseille.

— Si vous n'avez pas de fièvre, faites-le en prenant des cachets d'aspirine. Et en dehors de la scène, restez allongé. Mais ne vous attardez pas à Marseille, vous risqueriez d'y rester longtemps. Faites-moi signe dès votre retour.

— Convenons plutôt d'un rendez-vous. Je n'ai pas de téléphone pour vous appeler.

Le médecin parti, la phrase qu'il avait prononcée sur la durée probable de cette crise me remit en mémoire tous les rhumatisants de ma famille. Je me rappelai qu'à trente ans, mon père avait été cloué au lit six mois par une crise analogue sans doute à celle qui me frappait.

A coups de cachets je pus assurer non sans mal les représentations prévues et je revenais à Paris pour me coucher. Hiver terrible. Peu à peu toutes mes articulations furent prises. Une arthrose du genou gauche transformait celui-ci en melon ; il me fallut des arceaux pour soutenir le poids de mes couvertures qui ne m'était pas supportable. Sur le dos, comme une tortue retournée sur sa carapace je ne pouvais remuer que la tête et admirer le plafond. Je demandais en consultation un célèbre professeur de rhumatologie. Il me confia aux soins d'un de ses disciples et me laissa espérer être debout un mois plus tard. Il savait peut-être qu'il n'en serait rien ; car nous étions en décembre et je ne devais mettre un pied à terre qu'au mois de mai, m'appuyant sur deux cannes.

Dès mon retour à Paris, Mary Morgan était venue me voir, désirant, comme convenu entre nous, monter *La Sainte Famille.* Mon état la convainquit rapidement que je ne pourrais ni jouer ma pièce ni la mettre en scène. A cette époque de l'année les comédiens connus sont rarement vacants. Nous fîmes plusieurs tentatives de distribution des rôles principaux, mais sans résultat satisfaisant. Nous tombâmes d'accord pour reporter notre projet au mois d'avril. D'ici là, dans l'impossibilité de gagner ma vie, ayant à payer d'autre part, des impôts correspondant aux gains importants de l'année précédente, je verrais fondre en soins de toutes sortes l'argent dont je pouvais disposer et commencer à se creuser le puits des dettes. Ma femme et mon fils habitaient toujours Marseille. Je n'avais pu jusque-là les installer à Paris et le moment s'y prêtait moins que jamais, logé où j'étais et dans mon état lamentable. Dès février (ma guérison ne s'annonçait nullement), avec Jean Meyer que nous avions choisi comme metteur en scène, Mary Morgan et moi nous fîmes à nouveau le tour des acteurs de Paris. A la fin mars nous étions arrivés à réunir Marguerite Pierry, Robert Murzeau et Suzet Maïs pour les trois rôles principaux, ainsi qu'une jeune actrice belge qui avait joué *La Part du feu* en tournée, Marcelle Dambremont. Il y avait dans la pièce deux rôles de jeunes gens de vingt ans ; nous avions choisi deux comédiens qui sortaient du Conservatoire. Ils s'appelaient Jean Piat et Louis Velle. Les répétitions commencèrent dès avril pour passer début mai. Je ne pouvais naturellement pas y assister. La phase aiguë de ma crise était cependant en régression grâce à un traitement de choc que l'on pouvait aussi dire de cheval. Trois fois par semaine mon médecin ou une infirmière venait en fin de journée me faire une piqûre intra-veineuse à la suite de quoi j'avais en dix minutes une fièvre de 41° qui me secouait comme un arbrisseau dans le vent. Je claquais des dents et mes jambes pédalaient comme sur un vélodrome, sans qu'il me fût possible de maîtriser leur agitation. Cela durait une demi-heure puis j'avalais je ne sais quoi et la tempête dans mon lit s'apaisait lentement. Ce n'était pas douloureux mais éprouvant. Mon médecin croyait beaucoup à ces chocs aux sels d'or. De fait, mes douleurs, de semaine en semaine, s'atténuaient, je pouvais maintenant m'asseoir dans mon lit et éventuellement écrire. Une chance m'arriva dans mon malheur. Le producteur Schlossberg voulut faire un film de la *Grande fille toute simple* pour sa femme Madeleine Sologne. Il fallait donc faire l'adaptation de la pièce pour l'écran, ce dont se chargea un spécialiste, mais je m'étais réservé les dialogues additionnels et ceux de la pièce à remanier entièrement. Je pus donc me livrer à ce travail et sa rémunération me fut pour un temps une bouée de sauvetage. On me tenait au courant de la marche des répétitions. La date de la générale fut fixée au 10 mai. Je voulais absolument assister à la dernière semaine des répétitions de *La Sainte Famille.* Mon médecin m'autorisait à prendre jusqu'à six cachets de corydrane par jour. J'avais constaté que ce produit pharmaceutique me soulageait totalement pendant quelques heures sitôt l'absorption de deux cachets. On vint donc dès le 2 mai me chercher en voiture, je prenais mes deux cachets, on me faisait la chaise à mains croisées pour descendre de chez moi, puis pour monter les escaliers du Théâtre Saint-Georges assez importants ; j'assistais à la répétition et l'on me raccompagnait chez moi de la même façon ; un jour sur deux mon infirmière arrivait et dix minutes plus tard j'avais mes 41° de fièvre et ma danse de Saint-Guy. Curieuse façon d'aborder une générale. Je pesais 51 kg, je marchais à la corydrane et avec deux cannes mais j'étais plein d'optimisme car le travail de tous était bon et la pièce sortait très bien. Le triomphe que j'en attendais depuis quatre ans allait me payer de cet hiver catastrophique. Après des nuages si épais je voyais le ciel s'éclaircir. Il me semblait que, passé une horrible traversée, j'arrivais enfin au port, un peu amoché mais le cœur heureux.

La générale eut donc lieu le 10 mai. La veille je vis dans la salle un homme que je ne connaissais pas.

Je l'entendis qui disait en sortant : « Quelle bonne pièce ! » Je demandai qui était ce personnage. On me le dit, mais je ne m'en souviens plus aujourd'hui. Il était journaliste. Cette réflexion me fit bien augurer du lendemain.

Ce soir-là restera pourtant mon plus noir souvenir d'auteur. Mis à part les conditions particulières dans lesquelles je me trouvais, j'étais anxieux. J'avais cru à *Jean-Baptiste* et j'avais eu tort ; c'était maintenant dans cette pièce-là que je mettais mon avenir tout entier — en tout cas mon avenir immédiat. Dans l'impossibilité physique d'exercer mon métier d'acteur avant longtemps, couvert de dettes, n'ayant plus de pièce prête, je jouais ma dernière carte.

Je ne me souviens guère de mes impressions au premier entracte. Je pense qu'elles ne devaient pas être mauvaises car je me rappelle la visite dans ma loge de Mary Morgan venant me rapporter les propos d'un confrère, lesquels étaient plus que laudatifs. Mais je n'oublierai jamais le deuxième entracte. C'était sur lui que je comptais. J'avais fait tant de lectures de cette pièce. Je connaissais si bien le silence ému qui accompagnait toujours ce deuxième rideau ! A la scène finale de cet acte, le héros, seul en scène, dialoguait avec une voix qu'il prenait pour celle de Dieu et qui était celle d'un oncle fantôme circulant tout le temps dans le cauchemar de Michel. Cette voix lointaine qui soudain sortait des murs arrivait naturellement par le truchement d'un micro. Celui-ci avait été savamment réglé ; on avait répété vingt fois cette scène pour être sûr de la bonne intensité de la voix et que s'établirait le dialogue émouvant que je souhaitais entre ce vivant et ce mort. Le micro ne marcha pas. Et j'entendis Robert Murzeau donner ses répliques une à une sans que la seconde voix fût jamais perceptible. Je crus m'évanouir. De réplique en réplique (chacune restait sans réponse) je sentis la pièce s'effondrer. Le rideau tomba sur un brouhaha. On avait compris qu'un « accident technique » venait de se produire mais tout le deuxième acte croulait à cause de lui et cela, moi seul, je m'en rendis compte.

Maurice Rostand vint gentiment dans ma loge pendant cet affreux entracte ; il m'avertit que j'allais avoir une mauvaise presse. Il ajoutait que la pièce le touchait profondément.

A part un ou deux articles, la presse fut en effet des plus sévères. Malgré elle — et sans doute sur le nom de mes interprètes — le théâtre réalisa du 10 au 30 mai le maximum de ses recettes.

Tout semblait donc sauvé. La pièce obtenait chaque soir un énorme succès ; les acteurs qui la jouaient, Marguerite Pierry en tête, recueillaient de chaleureux applaudissements. Le 20 mai, dans l'état que l'on imagine, j'arrivais à Aix-les-Bains avec mes deux cannes, marchant à peu près à la vitesse d'une tortue qui n'aurait pas été tortue de compétition. Mais le moral était bon malgré le peu d'estime que m'avait valu la pièce auprès des critiques.

Aix-les-Bains au mois de mai, pour un curiste quasi impotent et sans auto, n'est pas un lieu très distrayant. Sorti de l'établissement où je subissais douches et bains de vapeur, je passais mes journées allongé sur mon lit. Je m'ennuyais ferme et cherchais un sujet sur lequel je pus travailler. Une idée me vint, mais qui ne me parut pas propre à la scène : le drame que peut représenter dans une famille bourgeoise la présence d'un fils homosexuel.

Je décidai donc d'écrire une nouvelle que je commençai une certaine nuit vers 2 heures du matin. Cette nouvelle, je l'ouvrais par un dialogue. Peu à peu ce dialogue s'allongea. Comme narrateur je n'arrivais pas à placer un mot, les personnages vivaient leur histoire et n'avaient nul besoin de mes commentaires. Je compris qu'à mon insu je venais de commencer une pièce et je l'intitulais *L'Autruche*. Quand le premier acte fut écrit, je me dis que je m'étais lancé là dans une drôle d'aventure, car jamais je ne pourrais sur ce sujet délicat trouver la matière de trois actes, tout au moins dans le ton que j'avais pris jusque-là. Je mis alors cet acte de côté et je renonçai à y donner suite pour l'instant.

Les nouvelles m'arrivaient journellement de Paris. Après vingt soirs de salles combles *La Sainte Famille*, dès les premiers jours de juin, tomba à la moitié de ses recettes. Arrêtées en juillet les représentations reprirent le 6 septembre, mais sans dépasser jamais les demi-recettes de juin.

J'étais à Nyon en Suisse dans une maison de santé où je poursuivais mon rétablissement quand Mary Morgan m'informa qu'elle devait retirer la pièce de l'affiche. La décision était normale et raisonnable. J'eus pourtant l'impression d'un assassinat. Juin et septembre sont souvent de mauvais mois. On arrêtait ma pièce la veille du Salon de l'auto, période bénie pour les théâtres. Mais que dire ? Que faire ? La distribution était lourde et le théâtre perdait de l'argent. Une direction avisée devait sauter sur l'occasion d'un spectacle nouveau prêt à passer pour le Salon. Je ne pouvais que m'incliner.

Sur les rives du lac Léman, je méditais mélancoliquement. Après l'insuccès de *Jean-Baptiste*, cette *Sainte Famille* était mon espoir, la pièce qui me donnerait la place que j'espérais. Non seulement elle ne m'avait valu aucune considération mais elle échouait elle aussi et quittait l'affiche après cent vingt représentations sans gloire. Des quatre pièces que j'avais fait représenter en trois ans et qui constituaient mon capital, deux avaient remporté un grand succès — les deux autres, auxquelles je tenais le plus, étaient tombées. Je me rappelais les heures de travail, parfois d'enthousiasme, passées avec elles, cette époque 1941-1943 dont on a lu plus haut des pages témoins — les lectures de ces pièces — tout ce que je me croyais en droit d'attendre d'elles, et voilà. Le résultat, la somme était là. Un double échec. Rien n'était fait. Il fallait repartir à zéro. Le succès même des deux autres pièces était maintenant étouffé par l'échec de *La Sainte Famille.* C'est dans cette période d'abattement et de déception que, sous les arbres d'un parc suisse, entouré de fous et de grands nerveux, j'écrivis une comédie que j'intitulai : *La Petite Hutte.*

Je raconterai maintenant l'histoire de *La Petite Hutte* parce qu'elle est amusante, parce que cette pièce fit quinze cents représentations à Paris, fut traduite en toutes langues, y compris l'espéranto, et me valut par surcroît un procès.

A l'époque où je me trouvais couché dans les conditions que j'ai dites, Marguerite Pierry qui allait être la principale interprète de *La Sainte Famille* vint un jour avec Marcel Simon prendre une tasse de thé chez moi.

Marcel Simon qui fut l'intime ami de Georges Feydeau et qui interpréta nombre de ses pièces, me dit ce jour-là :

— Je connais une pièce que Feydeau a commencée et qu'il n'a pas achevée. Voulez-vous que je vous en raconte l'histoire ? Je crois qu'elle pourrait être pour vous un bon sujet.

Il me raconta donc un scénario admirablement découpé en quatre actes, qui, sur le moment, ne me produisit pas un effet extraordinaire.

Je voyais bien là le découpage à la Feydeau, ce que Feydeau eût fait de cette histoire mais j'avoue que je me sentais peu enclin à traiter ce sujet tel qu'il m'était présenté.

Pourtant le deuxième tableau du deuxième acte se passait sur une île déserte entre mari, femme et amant ayant échoué là à la suite d'un naufrage. Peu de temps après, la situation de ce deuxième tableau me revint en mémoire ; je me mis à y penser et je trouvai là l'occasion d'une excellente « économie » offerte par la situation elle-même. Déjà il n'était plus question pour moi d'envisager d'écrire la pièce que m'avait racontée Marcel Simon mais d'en inventer une en partant de cette situation.

Quelques mois passèrent. Après ma cure à Aix-les-Bains, je prolongeai à Talloires mon séjour de convalescence pensant toujours à ce sujet et cherchant comment je pourrais m'en sortir pendant trois actes avec mes trois personnages sur leur île déserte.

J'avais bien senti la nécessité de faire entrer un quatrième personnage au milieu de la pièce, un sauvage habitant l'île et que l'héroïne de mon histoire prendrait automatiquement pour le roi de cette île, mais cela ne m'apportait pas de péripéties possibles pour un troisième acte et je voyais mal où je pouvais aller.

Un soir, pendant que je dînais à Talloires dans les jardins de l'hôtel, je vis soudain un des cuisiniers du restaurant traverser le jardin.

Est-ce le côté insolite d'un cuisinier sous les arbres qui me frappa ? Je pensai immédiatement à mon pseudo-roi de l'île et l'idée me vint qu'il pourrait n'être que le cuisinier du bateau naufragé, échoué lui aussi sur cette île.

Je tenais le troisième acte et en même temps une pièce absolument nouvelle par rapport au scénario rapporté par Marcel Simon.

Ce qu'il y a d'amusant dans cette histoire, c'est que je venais de faire, sur la pièce rêvée par Feydeau, ce que lui-même avait fait sur un vaudeville (dont les fils Feydeau me remirent plus tard le texte) qui lui avait été apporté par un de ses confrères. Celui-ci ne parvenait pas à se faire jouer et d'ailleurs n'avait pas terminé sa pièce.

Les manuscrits que j'eus plus tard entre les mains m'amusèrent beaucoup. Ce furent d'une part celui du vaudevilliste en question, d'autre part celui de Feydeau qui, sur cette première pièce, avait, comme moi sur la sienne, imaginé une autre histoire.

C'est ce qui donna au procès que m'intenta par la suite Jean de Létraz, un tour bien curieux. Il me reprochait de lui avoir pris son sujet, ou plus exactement il prétendait être propriétaire de ce sujet, c'est-à-dire de la situation mari, femme, amant sur une île déserte, alors qu'en fait, j'avais déjà lu deux pièces qui toutes deux avaient, dans une histoire différente, utilisé cette situation et que moi-même, partant d'elle, j'avais inventé une troisième pièce.

Après l'échec de *La Sainte Famille*, pièce où j'avais le sentiment d'avoir tant mis de moi-même, ce sujet que je pouvais traiter d'une façon tout à fait objective me tentait particulièrement.

Il m'apparaissait que la personnalité d'un auteur devait émaner de sa pièce sans que l'on y sentît sa propre personne.

Ici, je n'avais qu'à regarder de haut mes trois personnages et tâcher de vaincre les difficultés que me posait au départ la situation, celle d'une pièce qui, jusqu'au bout, devait conserver son intérêt avec ses quatre seuls personnages. Problème technique, difficulté qui m'effrayait et me ravissait en même temps. Je dois dire que je n'eus jamais plus de plaisir qu'en écrivant cette pièce.

Je l'écrivais évidemment dans des conditions assez particulières ; si mon moral n'était pas très haut à cause de l'échec de *La Sainte Famille* et de la maladie que je traversais encore à cette époque, les conditions de vie dans lesquelles je me trouvais (un repos absolu, me couchant très tôt et bénéficiant de traitements remontants) me donnaient un équilibre dont je trouvais le bénéfice en travaillant. Jamais les choses ne furent moins nerveuses, moins bousculées, j'avançais lentement et sûrement dans cette comédie que je considérais comme un exercice et comme une sorte de pari que je me faisais à moi-même étant donné les difficultés qu'elle présentait. La situation elle-même m'amusait, je jouais donc avec mes personnages et bien souvent dans mon parc suisse, un promeneur étranger eût pu se demander, à me voir éclater de rire tout seul sous mes arbres, si je n'étais pas le fou le plus caractérisé de la maison.

La pièce fut écrite le 10 octobre. Je devais rentrer à Paris le 30, mais je ne pus guère attendre. Sitôt les trois actes terminés je les adressais à Pierre Fresnay, j'interrompais ma convalescence et je partais pour Paris.

J'avais donné à quelques amis suisses une ou deux lectures de la pièce. Ces lectures m'avaient convaincu que les auditeurs s'amusaient franchement d'un bout à l'autre sans défaillance. J'avais le sentiment qu'avec son décor unique et ses quatre personnages, cette pièce, faisant rire du début à la fin, n'allait avoir aucune difficulté à se faire représenter. J'étais donc sauvé.

La Sainte Famille venait de mourir beaucoup plus tôt que je ne le pensais. Une chance inespérée m'avait permis d'écrire rapidement cette *Petite Hutte* qui, j'en étais certain, allait dans les deux mois renflouer ma situation assez lamentable.

Pierre Fresnay ayant lu ma pièce me dit aussitôt qu'il était prêt à la recevoir mais que les engagements pris pour la saison ne lui permettaient guère de me donner d'assurance avant le début de la saison prochaine. Il me proposa même très gentiment une avance sur mes droits d'auteur, mais je ne pouvais me permettre ce luxe. Il fallait que je fusse joué très vite. Pierre Fresnay le comprit fort bien, me dit qu'il restait le premier preneur de la pièce mais que, si je trouvais un théâtre prêt à me la monter plus vite, il ne pouvait que me laisser ma liberté.

Quarante-huit heures plus tard Raymond Rouleau me téléphonait pour me proposer un rôle dans une pièce qu'il montait au Théâtre de l'Œuvre dont il avait pris la direction. Je lui dis que je venais d'en écrire une et que je devais m'occuper d'elle et lui trouver un théâtre.

— Je ne peux pas la lire ?

— Bien sûr !

Je lui faisais remettre un manuscrit. Le soir même il m'appelait enthousiaste.

— Vous au moins vous ne faites pas de littérature, vous faites du théâtre. Vous avez écrit un petit chef-d'œuvre et je suis sûr d'un éclat de rire d'un bout à l'autre. Je riais moi-même aux éclats en la lisant. Je reçois la pièce tout de suite !

— Mais vous montez celle de Michel Duran.

— Je vous jouerai en second tour.

Comme à Fresnay je dus répondre que je ne pouvais pas attendre. Il me comprit aussi en ajoutant : « Retenez que je reste preneur. »

Que Fresnay et Rouleau, deux hommes de théâtre aussi avertis, aient eu la même réaction chaleureuse à la lecture de la pièce, me laissait tout espoir de trouver rapidement un directeur qui pourrait me jouer dans la saison. Je ne connaissais pas Bernstein, mais la *Grande Fille* avait eu dans son théâtre le succès que l'on sait, alors qu'il vivait encore en Amérique ; je pensai donc que ce célèbre confrère me serait favorable au départ. Je lui demandai un rendez-vous ; il m'invita à dîner. Il vint m'attendre lui-même à la porte qui conduisait à son appartement — bureau des Ambassadeurs. Il me mit aussitôt une énorme patte sur l'épaule : « Vous m'avez fait gagner beaucoup d'argent mon cher. Vous êtes un confrère comme je les aime ! » Et un rire tonitruant secoua sa carcasse gigantesque, découvrant une denture de carnassier. Ce rire effrayant de vieux Méphisto dilatait les énormes narines de son énorme nez. Ses gros yeux bovins à moitié recouverts par de lourdes paupières s'allumaient ensemble ou séparément selon ses propos d'un éclat ironique ou lubrique, l'œil droit surtout, qui de temps en temps semblait prêt à s'échapper de son orbite et à tomber dans une assiette. On sentait ce vieux géant encore redoutable, animé d'une vitalité assez surprenante, combatif en diable, ne parlant que de « tirer les oreilles » (comprendre : provoquer en duel), et distribuant les « petit coquin », « jeune imbécile » ou « fieffé incapable » avec un écrasant mépris, qu'il s'agît de « traîtres », de « piètres littérateurs » ou d'« horribles critiques ».

Je m'amusais sans pouvoir placer un mot, à écouter ce bretteur mettre à mal la terre entière d'autant qu'il s'exprimait très drôlement, émaillant ses jugements ou ses anecdotes de mots à l'emporte-pièce souvent cocasses. Il passait brusquement de son jeu de massacre à un numéro de vénération pour les grands personnages de l'époque, Roosevelt « ce grand homme, ce génie », de Gaulle, « ce grand Français, cet homme de caractère auquel nous ne serons jamais assez reconnaissants, cet homme qui nous a permis de croire et d'espérer pendant cinq ans ». Grande admiration aussi pour les Anglais, « les aristocrates du monde ». A propos d'un dîner au Maroc avec Lyautey vers 1925, dîner auquel assistait Pétain « absolument charmant d'ailleurs » il voulut me rapporter cette confidence faite à lui par Lyautey en sortant de table : « Ne vous laissez pas prendre au charme de Pétain ! Sous cet air bon enfant cet homme est férocement avide de pouvoir, gonflé de vanité et j'en connais peu qui soient moins faits pour jouer un vrai rôle de chef. »

Avec Henri Bernstein, le temps passait vite, mais après trois heures de son monologue, il fallait trouver un prétexte pour le quitter, ce qu'il n'appréciait pas, car ne pouvant dormir que très tard, quand il tenait un auditeur il envisageait volontiers de le saouler de paroles jusqu'à 5 heures du matin. Je me servis de mon état de santé encore fragile pour prendre congé à une heure convenable, lui laissant mon manuscrit. Il me serra la main en me disant : « Je vais vous lire tout de suite. Si jamais vous m'endormez, je vous en serai plutôt reconnaissant ! » Et le rire qui m'avait accueilli en arrivant salua mon départ.

Le lendemain j'avais son premier appel : « Je ne me suis pas endormi mon cher. Je n'ai même pas pu interrompre ma lecture. C'est bien. Je me suis beaucoup amusé. Vous écrivez de bonnes pièces mon cher. Je m'en réjouis pour notre corporation. Mais aux Ambassadeurs... j'ai peur que... je crois qu'il vous faut un petit cadre. Laissez-moi la relire voulez-vous. » Trois jours plus tard : « Je l'ai relue deux fois. C'est très charmant et sûrement drôle mais voyez-vous, au deuxième acte... » Suivit une série de considérations d'où il ressortait que la situation où mari et amant étaient attachés à un poteau, ne pouvant éviter que leur femme et maîtresse couche avec le Noir dans la hutte, n'était pas suffisamment exploitée. Cela pour Bernstein devait être plus « bandant ». Je me récriais.

— Mais oui mon cher ! Nous sommes entre hommes, n'est-ce pas ? Ça doit être beaucoup plus cochon !

— Cochon ? !

Je n'en croyais pas mes oreilles !

— Mais je ne veux surtout pas que ce soit cochon ! C'est le contraire que je veux !

— Alors je vous dis une chose et croyez-moi je n'ai pas de moi une opinion exagérée, soyez-en persuadé, mais je suis sûr d'être l'homme qui a le plus juste esprit critique au théâtre. Ici je vous dis que ce n'est pas assez cochon et que vous auriez tort de vous entêter. Et j'ajoute ceci : Votre fin est très immorale. Ça n'est pas bien. Il faut que le public en rentrant ait entendu de jolies choses sur le couple. C'est joli un couple uni. Il faut y penser mon cher, Molière faisait des dénouements moraux, ne l'oubliez pas.

J'abrégeais la conversation et demandai simplement à faire reprendre mon manuscrit. Je renonçai donc aux Ambassadeurs, affolé rétrospectivement à l'idée que Bernstein eût pu recevoir la pièce et m'obliger ensuite au cours des répétitions à la faire bifurquer dans la direction qui lui était chère : cochonne au deux et morale au trois.

J'ai souvent entendu cette question : « Pourquoi n'a-t-on jamais rejoué Bernstein depuis sa mort ? » Et il n'est pas étonnant qu'on se le demande car cet homme assez extraordinaire fut incontestablement un authentique et considérable auteur dramatique. Je crois que la réponse à cette question est dans l'anecdote que je viens de rapporter : son œuvre est entachée de ces deux soucis, exciter sexuellement son public bourgeois au deuxième acte et rassurer sa morale conventionnelle au troisième. Il y a là une impureté de base qui me paraît la cause de l'oubli où il est tombé. C'est le jugement du ciel. Il est sévère car, pour un auteur dramatique, l'oubli est le nom de l'enfer.

Après Bernstein, deux directrices lurent *La Petite Hutte* et s'en montrèrent très choquées, la refusant par conséquent. Le sixième directeur à qui je proposai la pièce fut Benoît-Léon Deutsch, directeur des Nouveautés. Il voulut la recevoir aussitôt mais, comme Fresnay et Rouleau, un engagement antérieur ne lui permettait que de m'offrir un second tour. Il me proposa aussi une avance d'argent que je refusai comme les autres. Une avance, cela doit se rembourser ; mes dettes étant déjà suffisantes, je ne pouvais pas me permettre d'attendre. J'y fus bien obligé. Mais il fallait passer l'hiver qui s'annonçait. J'allais sans doute beaucoup mieux depuis ma cure d'Aix-les-Bains et mon mois de repos en Suisse, mais j'avais encore obligatoirement recours aux cachets de corydrane sitôt que je me sentais poindre quelques douleurs, celles-ci surtout sensibles aux chevilles sitôt que je me dépensais un peu trop. Mon médecin me conseilla de ne pas rester à Paris et de partir pour Cimiez si la chose m'était possible. Je pus trouver un appartement à louer pour quatre mois et début décembre je m'y installais avec ma femme et mon petit garçon. Il y avait là une bonne bibliothèque, je me promettais de bouger peu, de lire beaucoup et de travailler à des pièces en cours. Je n'avais pas commencé ce programme depuis quinze jours que le directeur du Casino de la Méditerranée, Marcel Sablon, me téléphona. Il avait appris que j'étais là et me proposait de jouer *La Part du feu* dans son théâtre avec Maria Mauban qui viendrait de Paris pour ces représentations et les répétitions nécessaires. Je ne pensais pas être déjà en mesure de remonter sur une scène mais comment refuser cette chance inattendue de gagner un peu d'argent dans ce moment sans projet ? Je fis confiance à la corydrane et acceptai. Les représentations eurent du succès et j'étais ravi de retrouver à la fois Klapotermann et Maria Mauban, amie de longue date. Ayant appris la bonne marche du spectacle, Ducreux m'appela me demandant si Maria et moi nous pouvions venir jouer la pièce à Paris pour cinquante représentations qui dépanneraient Jean Darcante en difficulté provisoire au Théâtre de la Renaissance. Mon hiver de repos à Cimiez prenait une curieuse tournure mais avais-je encore le droit de refuser cet engagement et ces cachets aussi bienvenus qu'inattendus ! Et me voilà reparti pour Paris et pour cinquante représentations, laissant à Cimiez ma petite famille, mes lectures et mes projets de travail personnel. Il fallait vivre avant que *La Petite Hutte* trouvât enfin le théâtre de sa création. Deux occasions se présentèrent mais il fut impossible de distribuer deux rôles sur trois, les acteurs et actrices pressentis n'étant pas libres. Nous étions arrivés au mois d'avril et de directeur en directeur je n'avais toujours pas un projet sérieux pour la rentrée de septembre. La lumière arriva en ce début de printemps en la personne de René Reding ancien directeur du Théâtre royal du Parc à Bruxelles. Il venait de créer dans son pays une association de spectacles, « Les Soirées françaises » et me demandait si je n'avais pas une création à lui offrir pour l'inauguration de ses spectacles. Après tout, pensai-je, Bruxelles vaut bien une messe. Pourquoi ne pas tenter cette chance puisqu'elle s'offrait ? Je donnai un manuscrit à Reding qui le lendemain me téléphonait son accord pour créer la pièce le 18 octobre au Théâtre des Galeries. Restait à trouver la vedette. Il pensa à Fernand Gravey pour le rôle du mari étant entendu que je jouerais celui de l'amant. L'idée me parut excellente, d'autant plus que Gravey était belge. Je lui adressai un texte et dans les vingt-quatre heures il acceptait et le rôle et la création à Bruxelle suivie d'une tournée de vingt représentations en France. Si la pièce remportait le succès que l'on pouvait espérer, un théâtre parisien serait toujours prêt à la recevoir. Nous n'aurions même qu'à choisir. Enfin je sortais une nouvelle fois du tunnel. Il m'avait fallu un an de démarches, d'espoirs et de déceptions pour faire jouer ma comédie. Elle ne le serait pas à Paris mais enfin, elle le serait. Cependant Gravey était le mari de Jane Renouardt ; les caprices et les exigences de celle-ci qui se faisait l'imprésario de son époux vedette étaient connus de tous les directeurs et aucun ne voulait avoir affaire au « couple infernal ». Cela m'inquiétait pour l'avenir et l'après-tournée. Je n'eus pas à attendre ce moment-là. Au bout de peu de temps Reding vint me dire qu'il ne parvenait pas à obtenir la signature de Gravey et qu'à chaque rencontre avec Jane Renouardt elle ajoutait une exigence aux clauses du contrat : Gravey ne voulait plus vingt représentations après Bruxelles mais trente ou trente-cinq ; d'autre part il n'acceptait pas un itinéraire lui faisant faire plus de soixante kilomètres par jour, enfin — dernière nouvelle — circulant dans sa propre voiture américaine il exigeait un jeu complet de pneus neufs qui lui seraient fournis en Belgique, seul endroit où d'après lui, à cette époque, on trouvait ceux qui lui convenait. Reding me demanda mon accord pour rompre le lendemain avec Gravey-Renouardt s'il n'obtenait pas la signature du contrat le jour même en excluant naturellement toutes ces exigences inadmissibles. Quitte à repartir à nouveau à zéro, je l'approuvai et lui donnai carte blanche. Mon opinion était que Gravey était en perte de vitesse ; plus personne ne voulait l'engager à cause de Renouardt ; le rôle était magnifique pour lui ; en nous montrant fermes et prêts à rompre, le redoutable ménage céderait. Et il céda en effet. Restait à trouver la comédienne qui tiendrait le seul rôle féminin de la pièce. Après d'autres démarches, d'autres oui et non, d'autres oui mais... on put tomber d'accord avec Sophie Desmarets. La fin mai était là, il était donc temps. Les premiers jours de juin je devais impérativement faire ma seconde cure à Aix-les-Bains si je voulais être capable de répéter en septembre et de jouer ensuite.

J'arrivai cette fois-ci sans canne dans ma ville d'eaux, mais assez épuisé par cette saison. Je m'attendais à la passer au travail dans le calme de Cimiez. J'en étais parti au bout d'un mois pour jouer *La Part du feu* à Paris, diriger ensuite à Bruxelles les répétitions de *La Sainte Famille* montée par la troupe de Claude Étienne, prendre pendant deux mois la direction de l'Apollo et courir d'acteurs en directeurs pour placer *La Petite Hutte.* Maintenant tout semblait en ordre pour la rentrée mais il fallait encore attendre octobre pour gagner quelque argent et je continuais à m'endetter. Je me demandais chaque soir quelle nouvelle le lendemain m'apporterait, qui, une fois de plus, remettrait tout en question.

⁂

Dans le chalet de montagne où je me trouvais en famille pour mon repos d'après-cure, Louis Ducreux vint passer une quinzaine de jours. Il y terminait une pièce *Le Square du Pérou*, qui devait être jouée l'hiver suivant. Moi, je n'avais guère qu'à préparer la mise en scène de *La Petite Hutte* dont les répétitions commenceraient au début septembre à Paris. Pourtant, voir travailler Ducreux chaque jour à sa pièce me remit en mémoire le premier acte de *L'Autruche* que j'avais écrit l'été précédent à Aix-les-Bains. Ducreux ne le connaissait pas ; un soir je lui lus cet acte et il s'écria :

— Mais c'est ce que tu as fait de mieux ! Pourquoi ne pas continuer cette pièce ?

Je lui expliquai mes craintes, la difficulté où je me trouvais, ayant terminé ce premier acte, devant deux nouveaux actes à écrire sur ce sujet.

Il me dit alors :

— Mais c'est une excellente pièce en un acte, garde-la comme elle est.

A quoi je répliquais que j'avais la matière d'un deuxième acte et que je voyais fort bien ce qui devait s'y passer, mais que je n'osais guère m'y lancer sans envisager ce qui pouvait avoir lieu au troisième acte.

— Écris toujours le deuxième, me dit Ducreux, tu joues sur le velours. Si le deuxième ne colle pas, tu as toujours une excellente pièce en un acte.

Je passai la nuit sur ces réflexions et le lendemain matin je compris ce que je n'avais pas vu depuis un an ; la pièce que j'avais commencée *était* une pièce en deux actes ; il fallait seulement s'en rendre compte.

Comme autrefois en écrivant *Une grande fille toute simple*, je m'étais aperçu peu à peu que la pièce initiale en trois actes était en fait une pièce en cinq actes ou cinq tableaux, je découvrais cette fois que *L'Autruche* ne devait pas avoir plus de deux actes. C'était là sa mesure, elle la portait en soi. L'erreur pour moi avait été de croire, parce que cela se fait ainsi généralement, qu'elle devait en avoir trois.

J'écrivais donc le deuxième acte pendant ces quelques jours de vacances.

Plus tard quand je répétais cette pièce à la Michodière, Romain Coolus, alors président honoraire de la Société des auteurs, me fit connaître qu'il avait écrit autrefois une pièce intitulée *L'Autruche* ; je le savais déjà l'auteur de *La Guêpe* mais j'ignorais qu'il eût aussi une *Autruche* dans son répertoire. Il me demanda s'il m'était possible, bien que ce ne fût pas un nom composé, de changer le titre de ma comédie.

Très ennuyé pendant quelques jours, je choisis finalement, étant donné l'importance des deux enfants de mon *Autruche* à moi, d'appeler la pièce *Les Œufs de l'autruche*. Je dois à Romain Coolus ce changement heureux. Je n'avais pas pensé à ce titre au début et je crois qu'il est meilleur.

La pièce terminée, il semblait que tout allait à merveille. Je me trouvais de nouveau à la tête de deux pièces inédites dont la première entrait en répétitions quelques jours plus tard. Rien n'est jamais sûr au théâtre. La tuile que je redoutais chaque soir pour le lendemain me tomba effectivement un matin sur la tête. Un télégramme arriva : Sophie Desmarests, qui n'avait pas encore signé, se trouvait dans l'impossibilité de remplir l'engagement qu'elle avait pris, par suite d'un film arrêté qui, renfloué financièrement, pouvait se poursuivre.

En vacances, à six cents kilomètres de Paris, le 10 août, il fallut chercher et trouver une autre interprète pour *La Petite Hutte.* Ce fut quasi impossible. Le 10 septembre à Paris, nous commençâmes les répétitions, Fernand Gravey et moi, sans partenaire féminine. Une jeune comédienne fut engagée mais, hélas, après quinze jours de répétitions, il ne sembla pas possible de la conserver pour ce rôle. Excellente dans une pièce où je l'avais vue peu avant, je ne sais quoi la paralysait ici, qui l'empêchait de traduire ce que nous souhaitions.

A dix jours de la générale, nous nous trouvions sans interprète féminine. C'est alors que Suzanne Flon pressentie dès le début, mais retenue par les représentations de la pièce d'Audiberti *Le Mal court*, put se dégager peu avant les dernières représentations et accepter de tenir le rôle. Elle le joua personnellement mille fois ; on sait le succès qu'elle y remporta ; à la millième représentation elle jouait son personnage avec la même fraîcheur, la même vérité qu'à la première.

Cette première eut lieu à Bruxelles le 17 octobre au Théâtre des Galeries. Un an presque jour pour jour après que, manuscrit en main, j'eus quitté la Suisse pensant être dans les trois mois joué à Paris. Dès cette première représentation les rafales de rire nous surprirent, tant elles dépassaient ce que nous attendions. Gravey était savoureux et irrésistible de drôlerie, Suzanne Flon qui avait réalisé le tour de force d'apprendre et de mettre au point en dix jours un rôle long et difficile, se révéla grande comédienne, apportant à son personnage la fraîcheur, l'innocence, le charme, qui lui étaient indispensables. Ducreux assistait à cette représentation et en sortant du théâtre il télégraphia à Benoît-Léon Deutsch : « Roussin un triomphe. Soyez ici demain sans faute. » Il savait que la pièce que Deutsch avait montée aux Nouveautés ne marchait pas. Devant le succès éclatant, Ducreux avait compris qu'il fallait faire vite. Le lendemain ce furent Deutsch et Fresnay qui par des trains différents arrivèrent à Bruxelles. Fresnay, par un autre canal, avait appris l'accueil de la première. En difficulté lui aussi à la Michodière, il accourait pour tâcher de prendre le spectacle. Pendant quelques jours, eut lieu un savoureux ballet Deutsch-Fresnay-Jane Renouardt, d'autant plus drôle que celle-ci était fâchée depuis vingt ans et avec Deutsch et avec Yvonne Printemps. Les inimitiés entre actrices sont plus tenaces ; c'est avec Deutsch que Jane Renouardt se réconcilia et qu'elle traita. Il fut entendu qu'à la fin de notre tournée nous passerions aux Nouveautés. Je ne savais pas à quel point la préférence donnée par Jane Renouardt à Benoît-Léon Deutsch allait être pour moi bénéfique et, plus tard, je bénis souvent la mésentente avec Yvonne Printemps. Si la pièce avait été représentée à la Michodière il y aurait eu mille accrochages entre la direction et le fameux couple et jamais elle ne serait restée si longtemps à l'affiche. Or ce fut cette durée exceptionnelle pour l'époque qui en fit la réputation. Cette durée, c'est à Benoît-Léon Deutsch que je la dus. Souple et diplomate envers Jane Renouardt, il sut satisfaire à beaucoup de ses caprices sans toutefois se laisser manœuvrer. Sitôt qu'il fut en présence des quinze jours de location d'avance il se passionna pour ce spectacle que les circonstances l'avaient empêché de produire lui-même, comme il l'eût souhaité dès la lecture de ma pièce. Pour Deutsch, une seule chose comptait : la recette. La vie de son théâtre se ramenait d'abord à elle et son goût pour une pièce dépendait d'elle. Les recettes maximales réalisées chaque soir par *La Petite Hutte* firent d'elle pour ce cœur réaliste une sorte de fille chérie envers qui il n'avait pas assez de soins. Dans les deux premières semaines quelque chose le chagrina : il y avait au balcon du théâtre deux petites colonnes qui rendaient peu souhaitables les deux fauteuils qui se trouvaient derrière chacune d'elles ; le prix de ces fauteuils mal placés était de quelques centaines de francs moins cher que ceux qui les entouraient. Signalés donc par leur prix réduit comme suspects, ces maudits quatre fauteuils ne se vendaient pas. Deutsch en souffrait dans sa chair. Avoir un triomphe et ne pas faire le maximum lui était intolérable. Il n'attendit pas un changement dans l'humeur du client : il changea de préférence le prix des fauteuils. Il supprima la réduction. Dès le jour où ils furent aussi chers que les autres, les quatre fauteuils furent achetés tous les jours et nul jamais ne protesta parce qu'il avait une colonne devant le nez. J'aimais beaucoup Benoît-Léon Deutsch. C'était un homme discret et de bonne éducation qui prenait drôlement des colères tonitruantes, celles d'un être sensible qui a peur de paraître faible. Là, on l'entendait hurler des jurons qui surprenaient dans sa bouche, tant on était habitué à l'amabilité de son discours et à sa correction mondaine. Il passait pour dur en affaires et il est vrai que son cerveau était une admirable machine à calculer et qu'il ne s'en laissait guère conter dans la discussion d'un contrat, mais c'était un homme juste et je l'ai dit, sensible. Le soir de la générale des *Glorieuses* il admira Claude Gensac dans son rôle et à l'issue de la représentation, il vint lui dire : « Vous n'êtes pas assez payée. Passez demain à mon bureau nous referons votre contrat. » Le lendemain le cachet de Claude Gensac était agréablement augmenté. A l'époque d'une reprise d'*Hélène* les recettes fléchirent après quelques mois. Pierre Dux avait un contrat au pourcentage sans minimum garanti. Deutsch vint lui dire : « Votre part sur nos recettes actuelles ne correspond pas à votre talent. Nous perdons de l'argent mais je vous propose un minimum supérieur à ce que vous gagnez. » Et le chiffre qu'il proposa était en effet nettement supérieur.

Je n'ai pas connu beaucoup de directeurs offrant des augmentations au moment où les recettes baissaient.

L'obsession de Deutsch pour sa caisse était légendaire. Assistant à quelque dîner que ce fût, sitôt sorti de table il téléphonait au théâtre pour avoir le chiffre exact de la soirée. Au cours d'un cocktail un certain mardi, c'est-à-dire le lendemain du jour de relâche de la majorité des théâtres — mais non des Nouveautés qui fermait lui, le jeudi — chacun parlait de la pièce vue la veille, ou de ce qu'il avait fait de distrayant pour son jour de repos. Benoît-Léon se mêla au groupe et quelqu'un lui demanda :

— Et vous cher ami qu'avez-vous fait hier soir ?

— Six cent mille ! répondit Deutsch, dans un éclat de rire général.

Il avait une joie enfantine à faire état de ses recettes, au point qu'il exprimait en francs nouveaux les chiffres des autres théâtres et ceux du sien en anciens francs. Ainsi les Bouffes « faisaient 30 000 francs » et la Madeleine à recette égale, trois millions ! Son personnage m'enchantait par ce qu'il avait parfois de moliéresque dans sa passion pour le succès. En outre, cet homme apparemment coriace avait les yeux pleins de larmes sitôt qu'un mot ou une attention le touchaient. Curieusement, lui qui avait une écurie mais qui ne jouait jamais aux courses « parce que non joueur » était joueur au théâtre. Non certes, pour monter une pièce de valeur qu'il ne jugeait pas susceptible de succès, mais pour établir des records tant qu'il tenait, si j'ose dire, le bon cheval. Ce fut ainsi qu'après cinq cents représentations à bureau fermé de *La Petite Hutte* il se jura d'atteindre la millième et finalement la quinze centième. J'étais l'heureux bénéficiaire de son goût pour les performances. On comprendra qu'après *La Petite Hutte*, je lui offris volontiers *Lorsque l'enfant paraît.*

La première parisienne de *La Petite Hutte* eut donc lieu aux Nouveautés le 19 décembre 1947. A la fin de la représentation un de mes confrères participant à la joie générale vint me dire : « Vous allez jouer ça deux cents fois ! » Très sincèrement je répondis : « Le ciel vous entende ! » me sentant alors sauvé financièrement. *La Petite Hutte* allait se jouer quinze cents fois en série continue et à bureau fermé pendant les six cents premières représentations. Le jour où j'étais parti créer la pièce à Bruxelles je me savais huit cent mille francs de dettes et j'avais laissé en viatique à ma femme tout ce qu'il me restait comme liquidité : quatre mille francs.

⁂

Le succès de *La Petite Hutte* marqua une frontière dans ma vie. Il dépassait de loin ceux d'*Am-Stram-Gram* et de la *Grande fille,* il rejetait dans l'oubli les échecs de *Jean-Baptiste* et de *La Sainte Famille*; pour la majorité du public c'était là ma première pièce et ma première apparition dans le monde du théâtre, ce qui faisait dire à la personne que j'ai citée au début de ce récit : « Vous au moins, on peut dire que vous êtes allé vite ! » On comprend, si on a lu tout ce qui précède, que cette réflexion m'ait paru assez cocasse et que je ne l'aie pas oubliée. En fait, cette comédie écrite en m'amusant et en trois semaines m'apportait soudain ce que j'avais attendu de mes autres pièces, un coup de projecteur subit sur moi et une sécurité matérielle après laquelle je courais depuis des années, toujours obsédé par le manque d'argent et la peur du lendemain. Pour moi, « réussir » n'était pas tellement me faire prendre en considération que réussir à gagner ma vie, ce qui malgré mes succès précédents n'avait jamais été que sporadique. Après *La Petite Hutte* je n'eus plus à m'en inquiéter. Je passais donc cette saison 1948 à jouer tous les soirs ma pièce fétiche, à signer des contrats pour tous les pays où à travers le monde elle serait représentée et à écrire une nouvelle pièce, ne prévoyant pas que celle-ci se jouerait jusqu'en octobre 1951. J'avais tout de même en réserve mon *Autruche* et je cherchais un théâtre qui la recevrait, craignant là une difficulté. La pièce n'était en effet qu'en deux actes, ce qui supposait un complément de programme et les directeurs des théâtres (comme le public) n'aiment guère en général les spectacles coupés. C'est pourquoi je lus en priorité ma pièce aux Renaud-Barrault qui avaient su en imposer parfois à leur public. Ils furent plus que chaleureux à cette lecture et j'ai raconté dans *Le Rideau rouge* comment Barrault jugeant lucidement qu'il ne pouvait jouer le rôle de mon héros, trop loin de son physique et de son âge, Madeleine Renaud m'aiguilla sur Pierre Fresnay à qui je n'avais nullement pensé. J'ai raconté aussi après quels scrupules et atermoiements Fresnay, très chaud pour la pièce, mais hésitant à en interpréter le rôle principal, accepta en fin de compte de le jouer lui-même. L'année précédente, je répétais *La Petite Hutte.* En ce même mois de septembre ayant renoncé à y tenir mon rôle et m'étant fait remplacer par André Bervil, je faisais cette année répéter *Les Œufs de l'autruche* dont Fresnay avait trouvé le complément en demandant à Curzio Malaparte un acte où Yvonne Printemps pourrait se produire. C'était *Du côté de chez Proust* où la célèbre créatrice de *Mozart* et de *L'Amour masqué* chantait plusieurs romances 1900. On sait le triomphe personnel que remporta Fresnay dans ce rôle du père imbécile et grossier des *Œufs de l'autruche* qu'il avait si peur de jouer. Quant à la pièce, si on y riait autant qu'à *La Petite Hutte* elle provoquait des réactions d'un tout autre ordre de la part de la critique. Celle-ci, unanime, trouvait là une vraie comédie de caractère, rejetant la *Hutte* dans le camp mineur du vaudeville et tel critique n'hésitait pas à écrire qu'après cette nouvelle pièce on attendait de moi un ou deux chefs-d'œuvre. Je riais en lisant cela et m'imaginais mal me mettant à ma table en me disant : « Et maintenant, écris un chef-d'œuvre ! » Ce qui m'amusait aussi, c'était de voir que certains, qui avaient contribué au succès de *La Petite Hutte* puisqu'ils l'avaient chaudement louée, minimisaient maintenant la pièce, étant donné qu'elle remportait une adhésion de plus en plus populaire. C'est une curieuse tendance de l'intelligentsia française — qui n'a que le « populaire à la bouche » — de mépriser aussitôt ce qui précisément touche le grand public. Certains critiques oubliant le plaisir qu'ils ont pris eux-mêmes à une œuvre, ils méprisent celle-ci dès qu'ils s'aperçoivent que d'autres — certainement de moindre qualité qu'eux — y prennent aussi du plaisir. C'est dire à quel point ce qu'ils méprisent en réalité, c'est le public et précisément ce « peuple » qu'ils mettent toujours en tête de leurs nobles préoccupations mais avec qui il ne faut surtout pas les confondre. Mille cinq cents représentations — pouah !

Si *Les Œufs* triomphaient, l'accueil réservé à la pièce de Malaparte sur Proust fut plutôt frais. Le charme d'Yvonne Printemps, pourtant grand, ne suffit pas au cours des représentations à sauver cet acte de l'ennui qui s'en dégageait malgré Fresnay aussi qui, dans le rôle de Marcel Proust, était hallucinant après le personnage vulgaire de ma pièce. Après quelques semaines, Fresnay me demanda en tapinois si je n'aurais pas un acte susceptible dans quelque temps de remplacer celui de Malaparte. Il souhaitait naturellement un acte inédit. Comme il fallait attendre un temps décent vis-à-vis d'Yvonne Printemps et ne pas avoir l'air de marquer pour elle un échec personnel, je dis à Fresnay que j'allais y penser mais que pour l'instant je n'avais aucune idée de pièce en un acte. Je travaillais alors à *Dieu le veut*, pièce sur le purgatoire commencée pendant que je jouais *La Petite Hutte* et où j'avançais difficilement. A quelques jours de là deux jeunes comédiennes me demandèrent de les entendre. Elles vinrent chez moi pour cette audition et jouèrent un long extrait d'un acte amusant de Courteline *Gros Chagrins* dont le rythme des premières répliques me frappa. Je leur demandai de rejouer le tout début de leur scène puis les arrêtai et leur dis ce qu'un auteur peut dire quand il ne voit pas de suite immédiate à donner à une audition. Sitôt ces jeunes femmes parties, je notai les trois premières répliques de Courteline car une idée m'était venue en les entendant : conserver ces trois répliques identiques et partant d'elles, continuer un dialogue personnel sans savoir où il me mènerait. Quelque chose me disait qu'en écrivant, je trouverais peut-être un sujet nouveau. C'était un exercice. Tout ce que je risquais était de n'aboutir à rien. J'étais un peu comme un musicien qui prend son départ sur deux mesures d'une œuvre quelconque et qui improvise ensuite. C'est évidemment un exercice pour lequel il ne faut choisir comme tremplin ni les deux premiers vers du *Misanthrope,* ni les trois mesures célèbres de la Ve Symphonie. *Gros Chagrins* n'était pas *Le Misanthrope*; personne ne ferait jamais le rapprochement et je m'amusais du clin d'œil que je faisais à Courteline. J'écrivis donc pendant une heure environ ; les deux femmes que je faisais parler commencèrent à m'apprendre quelque chose ; j'eus, comme toujours dans ce cas, la curiosité de la suite. Pour la connaître il suffisait d'écrire. En quelques jours d'un va-et-vient de bonnes et de mauvaises idées, de scènes faites et refaites je trouvai mes personnages et mon sujet. En fin de semaine je téléphonai à Fresnay que je pouvais lui lire l'acte qu'il m'avait demandé. Un petit décor et trois acteurs : deux femmes et un homme. Cette comédie s'appelait *L'École des dupes.* Elle me semblait propre à remplacer celle de Malaparte, mais cette fois en lever de rideau. Fresnay s'amusa beaucoup à ma lecture et me dit que nous allions attendre le moment propice où Yvonne Printemps pourrait interrompre ses représentations. Ce moment fut trouvé peu de temps plus tard : une certaine « fatigue vocale » bien venue permit à la Diva d'abandonner Malaparte avec les honneurs de la guerre. Mon petit acte fort bien joué par Jacqueline Gauthier, Jandeline et Jean Hebey n'impliqua évidemment pas de générale mais le public s'y amusa et lui fit un bon sort. Je n'attendais pas ici qu'on criât au miracle. Ce qui me plaisait, c'était d'avoir presque aussitôt répondu à la commande de Fresnay directeur. Il avait besoin d'un acte ; il me l'avait demandé ; je l'avais écrit dans les huit jours et on le jouait : j'avais fait mon métier, j'en étais heureux. Je ressentais là non une humiliation absurde de « fabricant », mais une petite fierté de professionnel. Quand Michel-Ange et Molière recevaient leurs commandes de Jules II et de Louis XIV, et qu'ils les exécutaient, ils faisaient simplement leur métier, et rien de plus. Avec cet aiguillon favorable à la création : satisfaire celui qui vous a fait confiance. Je ne prenais pas néanmoins *L'École des dupes* pour le plafond de la Sixtine ou *Le Bourgeois gentilhomme.* Dans le même esprit j'acceptais ainsi d'écrire des scènes pour une revue que Maurice Lehmann et Benoît-Léon Deutsch montaient à l'Empire avec Arletty comme vedette. Tous ces travaux me conservaient en activité. Après un an de représentations de *La Petite Hutte* j'avais renoncé à jouer pour écrire car je m'étais aperçu depuis longtemps que jouer tous les soirs mobilise l'acteur en quelque sorte pendant tout le jour. Qu'il le veuille ou non il pense à la soirée qui va venir, il se veut en forme, il ne se sent pas disponible. Inversement quand je travaillais à une pièce la représentation quotidienne qui demande une forte dépense psychique me coupait de mes autres personnages et de leur état, me réservait des lendemains parfois somnolents et sans véritable présence dans ce que j'écrivais. J'avais donc renoncé à la scène pour me réserver entièrement à mes projets, aux plans ébauchés, aux pièces commencées et en attente de leur deuxième ou dernier acte, aux nouvelles aussi, que j'écrivais quand j'avais une idée qui ne me semblait pas une idée de pièce. Je voulais encore pouvoir quitter Paris de temps en temps et partir travailler seul dans quelque coin agréable et si possible ensoleillé. Ce fut ainsi que pendant cette saison, une fois ma petite pièce à l'affiche avec *Les Œufs*, je partis chez mon ami Jacques Manuel à Saint-Tropez écrire une pièce qui me tentait. Je ne lui avais pas tout de suite donné son titre puisque le personnage destiné à Elvire Popesco prit une telle importance que je donnai à cette comédie le nom de ce personnage : *Nina.* J'ai raconté dans *Le Rideau rouge* les étapes de cette nouvelle pièce, celles de son écriture d'abord, puis celles de son cheminement vers la scène.

Tout fut enfin mis au point courant juin : les répétitions commenceraient dès le 15 août, la pièce serait créée le 22 septembre à Gand, puis jouée à Bruxelles et à Lyon avant de passer en générale le 8 octobre au Théâtre des Bouffes-Parisiens. Ce théâtre était celui d'Albert Willemetz qui avait obtenu l'accord d'Elvire Popesco pour jouer *Nina.* A diriger les répétitions et à mesurer de jour en jour l'impact comique de Popesco, Vattier et Teynac, la drôlerie de certaines situations et la percussion des répliques lancées par Elvire avec la force et la gaieté qu'on lui connaît, je m'attendais très franchement à un grand succès. Dès le premier soir à Gand il fut éclatant. Pour ma part, j'entendais les rafales de rire de la salle, accroupi dans le trou du souffleur où Popesco m'avait supplié de rester pour la soutenir en cas de défaillance de mémoire. Elle n'en eût aucune et il semblait que le public et elle se mesuraient dans une épreuve de force : elle hurlait pour se faire entendre d'un public qui hurlait lui-même sa joie. A Bruxelles il fallut donner une seconde dernière, le public ayant fait chorus à une presse enthousiaste ; celle de Lyon ne le fut pas moins ni l'accueil des salles archicombles. C'était toujours dans mon trou de souffleur que je jouissais de ces triomphes successifs, commençant à en avoir assez de respirer chaque soir au vrai sens du mot, la poussière sacrée des planches. Paris suivit dans la foulée. Il me semblait en écoutant la salle qu'on ne pouvait pas rire davantage dans un théâtre. Je savais pourtant comment on riait aux Nouveautés et à la Michodière. Je croyais cependant n'avoir jamais entendu ça. Cette troisième saison, après celle de la *Hutte*, et celle des *Œufs* et de *L'École des dupes*, faisait donc de moi, avec ce nouveau succès, l'auteur qui avait quatre pièces à l'affiche en même temps à Paris, lesquelles faisaient salle pleine. Les directeurs d'autres théâtres m'appelaient à tout moment me demandant de prendre date pour la création de ma prochaine production.

Mon lecteur trouvera peut-être abusif et de mauvais goût de ma part cet étalage de mon heureuse fortune. Je le préviens tout de suite que ce n'est pas fini ; je l'accablerai encore d'autres succès. Je le prie seulement de croire que je ne mets ici aucune vanité. J'ai entrepris de raconter dans cet ouvrage mon aventure théâtrale. Je n'en ai pas caché les moments difficiles, mes déboires et mes échecs et je ne les cacherai pas davantage par la suite ; je ne vois pas pourquoi, par fausse modestie, je minimiserais mes jours de triomphe. Je tiens au contraire à bien marquer que mon cas était unique. Et j'emploie volontairement ce mot parce qu'effectivement, j'étais le seul dans ce cas-là. Alors, que dire d'autre ? Je tiens aussi à ce que celui ou celle qui jusqu'ici se sera intéressé à ce récit soit vraiment au fait de ce qui se passa pour moi et qu'il mesure comme moi-même à cette époque, ce qu'il m'advenait de miraculeux et d'assez incroyable. Je voudrais que devant cette accumulation de succès éclatants, interprétés ensemble dans trois théâtres par des acteurs aussi prestigieux qu'Elvire Popesco, Pierre Fresnay, Fernand Gravey et Suzanne Flon, mon lecteur ressente l'ahurissement que je ressentis moi-même en ce temps-là. Il est vrai que malgré des heures de doute et de découragement, les espoirs déçus et les blagues du destin, j'avais toujours gardé cette certitude intime que j'aurais un jour dans le monde du théâtre, la place dont je rêvais. On se rappelle peut-être cette phrase de mon journal de guerre citée plus haut : « Je réussirai ce que j'ai espéré. Dans dix ans je connaîtrai le bonheur et l'accomplissement de ce que j'ai voulu. » J'écrivais ceci en 1940 pendant mon triste hiver vosgien. Or nous étions en 1950 et ma prophétie se réalisait jour pour jour. Mais ce qui m'arrivait dépassait de beaucoup ce que j'avais espéré et poursuivi. Dans mes jours les plus optimistes je n'avais jamais imaginé un bouquet comparable à celui que le destin m'offrait. Quel auteur était aussi comblé que moi en cette saison 1950 ? La considération dont je faisais soudain l'objet me gênait d'ailleurs et je ne me sentais pas celui que l'on faisait de moi. En outre, il m'arrivait autre chose d'extraordinaire ; moi qui vivais de meublé en meublé et de chambre en chambre depuis des années, ne possédant rien, sinon trois valises où je trimbalais à chaque changement de domicile mes livres et ma (légère) garde-robe, moi qui n'avais pas un meuble et que la fin du mois inquiétait en permanence, je devenais soudain « riche ». Les fameux « millions de Pagnol » dont mon père doutait que je fusse jamais capable de les acquérir — voilà que je les gagnais ! Je n'étais évidemment pas l'Aga Khan mais je touchais chaque mois néanmoins une petite fortune en droits d'auteur. J'avais l'impression qu'un certain jour un bon ange m'avait subitement pris en charge et qu'il me tenait désormais par la main. Aussi, pour ne pas le décevoir je n'avais qu'une idée (mais qui était une angoisse) : continuer sur cette lancée inespérée à écrire des pièces et à les voir triompher pour ne pas déchoir. Si bien que dans un temps où j'aurais pu me reposer sur mes lauriers, je ne pensais qu'à la pièce en cours, aux problèmes qu'elle me posait, avec — lancinante — la quasi-certitude qu'un de ces autres soirs j'allais par un brusque retour des choses, juste ou pas, m'offrir un four si éclatant lui aussi, que mes succès en seraient effacés. Il ne me paraissait pas normal de gagner à tous les coups à ce jeu de roulette du théâtre. Le succès, si établi fût-il, ne me paraissait que provisoire. Si par ailleurs, je continuais à le remporter d'année en année, ma vie me paraissait bouchée à l'avance. Je trouve dans mon journal de ces années-là cette phrase révélatrice de mon état d'esprit : « Comment sortirai-je maintenant, du désert qui s'ouvre devant moi ? » C'est dire que je ne considérais pas le succès comme un but en soi et que l'idée de m'y installer me paraissait sinistre. Où seraient l'inattendu et le surprenant qui font de la vie une aventure passionnante ? Or ma nature veut que, sitôt dépassionné, je retombe comme un sac vide. Par bonheur, si le théâtre lui-même est, dans son ensemble, aventureux, chaque pièce à écrire est aussi une aventure particulière. C'est cela sans doute qui, d'année en année, m'en fit écrire vingt autres.

Entre mes moments de travail j'allais voir représenter mes pièces à Londres, Rome, Vienne, Amsterdam ou Athènes, je recevais des photographies de celles jouées à Tokyo ou à Buenos Aires. J'en étais heureux bien sûr, mais était-ce le « bonheur » que je me prédisais dix ans plus tôt ? Je crois qu'il n'existe pour les créateurs que de petits bonheurs de courte durée, ceux où s'accomplit ce qui a été désiré avec ferveur ; mais très vite l'inquiétude reprend le dessus : de quoi demain sera-t-il fait ? Pour moi, la question était toujours de choisir entre mes multiples pièces commencées ou projetées ou de partir soudain à l'aveuglette sur une nouvelle idée excitante.

Pour la prochaine comédie qu'on allait me jouer, je n'eus pas à chercher de théâtre. Pierre Fresnay après quinze mois de représentations des *Œufs* me dit qu'il n'aimait pas jouer trop longtemps la même pièce, qu'il voyait bien que la carrière des *Œufs* n'était pas finie mais qu'il souhaitait partir en voyage avec Yvonne Printemps et qu'il s'engageait à faire une reprise de la pièce dans les trois ou quatre ans. « D'ailleurs, ajouta-t-il, si je vous demande d'interrompre cette pièce-ci, je vous propose de vous succéder à vous-même : j'ai eu une conversation avec François Périer (qui était son associé à la Michodière), il a très envie de jouer *Bobosse*, la pièce que vous avez écrite pour lui. Je l'ai relue. Je crois que vous aurez avec François un très beau succès. Périer cependant ne sera libre qu'en février. Nous ferons en attendant une reprise limitée de *L'Homme de joie* avec Jean-Pierre Aumont. » Voir *Les Œufs* remplacés quatre mois plus tard par *Bobosse* ne me déplaisait nullement. Quelque chose de neuf allait se passer. Je relus moi-même cette comédie qui m'avait posé tant de problèmes quand je l'écrivais quelques années plus tôt. Comme je l'avais totalement oubliée, ma lecture fut presque d'un œil neuf. La pièce ne me parut pas tellement comique mais « jolie » et susceptible de faire un bon spectacle. Il me sembla évident aussi que François Périer trouvait là un rôle sur mesure où il avait des chances d'être remarquable. Fixé sur les dates des répétitions que je devais diriger, ne commençant qu'au début janvier, je partis pour le Midi venant de commencer une pièce dont l'action se situait en Provence, *La Main de César.* J'avais aussi dans la tête un thème qui me semblait bon : les naissances non désirées... et un titre auquel j'avais pensé tout naturellement, empruntant l'hémistiche de Hugo : *Lorsque l'enfant paraît...*

Deux mois dans le Midi à écrire et une pièce à faire répéter ensuite, voilà un programme qui valait la peine de vivre. Je m'installai aux Baux-de-Provence à l'Oustaou de mon ami Raymond Thuillier que j'avais connu à Lyon en 1941, avant qu'il vienne acheter Baumanière et s'y installer pour le bonheur des gastronomes — et pour le sien.

Je m'amusais énormément à écrire le premier puis le deuxième acte de cette *Main de César* dont tous les personnages avaient le langage et l'accent de la région. L'action se passait en effet dans une sorte de Vaison-la-Romaine que j'avais baptisée Vardon-l'Antique. On y voyait un pharmacien, maire de la ville et fou de romanité, aller dans sa folie jusqu'à se séparer de la femme qu'il aimait par imitation de l'empereur Titus et par le sentiment de son « honneur municipal ». A la fin de ce deuxième acte que je trouvais excellent et que j'avais écrit en quelques jours dans un plaisir et un amusement constants, je notais dans mon journal : « Ça devient vraiment trop facile... » Et plus loin, la question leit-motiv : « Vais-je continuer toute ma vie quelque chose d'aussi simple que d'écrire des pièces ? La barbe ! » J'avais cependant commencé celle-ci dans un élan particulièrement heureux, certain de tenir là un bon sujet et plein de sympathie à l'avance pour cette histoire où le drame sentimental d'un pauvre homme devrait faire rire par le langage, l'accent et l'outrance du caractère de mon héros. Parvenu aux deux tiers de la pièce, c'est-à-dire celle-ci pratiquement terminée, car je savais où j'allais au troisième acte, je me sentais déjà les mains vides. Aussi j'écrivis cet acte en quelques jours pour pouvoir m'attaquer au plus vite à mon histoire de naissances, qui me changerait les idées et dont — si j'ose dire — j'avais envie d'accoucher. Ce dernier acte me parut bien ce que j'attendais de lui, il était fait d'une part du ridicule comique de mon héros dans son obsession d'attitude romaine, d'autre part, de son déchirement authentique. On verra plus loin les tribulations ultérieures de ce troisième acte.

Une raison particulière me poussait à entreprendre ma nouvelle comédie. Roger Capgras après avoir, comme on sait, abreuvé en Afrique du Nord les troupes du débarquement allié, avait refait surface à Paris. Toujours plein de projets il avait acheté un immeuble rue de Ponthieu dans lequel... il faisait construire un théâtre ! Au hasard d'une rencontre, il m'avait entraîné voir son chantier déjà avancé. Un escalier de marbre était même en place avec une rampe genre argent massif, copiée d'une rampe de Versailles. Son projet me paraissait fou mais je savais que Capgras voyait toujours grand. Il pensait ouvrir cette salle un an plus tard et une idée lui vint, peut-être à la suite de notre rencontre : inaugurer son théâtre avec une pièce dont Anouilh, Achard et moi-même écririons un acte chacun. Il allait s'occuper de ça sans retard. Effectivement, rendez-vous pris, Capgras, Anouilh et Achard arrivèrent un après-midi chez moi et nous cherchâmes à mettre au point le projet fantaisiste de notre futur directeur. Ce n'était pas facile. Qui écrirait le premier acte ? Qui le deuxième ? Qui le dernier ? Le premier auteur ne serait-il pas privilégié par rapport aux deux autres ? Il est facile de commencer une action en laissant à d'autres le soin de la poursuivre. En outre les différences de style et de ton n'allaient-elles pas amener fatalement à une pièce hétéroclite ? — Mais c'était cela justement pour Capgras l'intérêt et l'amusement de l'entreprise. Et puis sur quel sujet ? Je proposai de lire le premier tableau de *Tout est bien qui finit mal* auquel je n'avais jamais donné de suite.

— Parbleu ! s'écria Achard, je peux t'en donner aussi des premiers actes ! C'est jouer sur le velours. Je suis même prêt à me charger d'écrire celui de notre pièce, tu écriras le second et Anouilh terminera par un troisième acte au vitriol où mes personnages du début seront devenus des monstres ! La-dessus tu réécriras ton second acte pour permettre la transition !

Tout cela, on le voit, était plein de bonne humeur et de gaieté mais ne faisait guère avancer les choses. Finalement je dis que j'avais une idée de pièce ; je proposais d'en écrire le premier acte et de leur en donner lecture quand il serait écrit ; on verrait à ce moment-là ce qu'on déciderait ; du moins y aurait-il commencement d'exécution. Ravis de n'avoir pas à se mettre au travail mes deux confrères et compères adoptèrent ma proposition. Le sujet dont j'avais parlé c'était celui de *Lorsque l'enfant paraît.* En quelques jours je compris que j'avais mis le doigt sur un excellent sujet de comédie et je riais beaucoup en écrivant ce premier acte dont j'entrevoyais plus ou moins le développement mais que je sentais riche de possibilités. Je rentrai donc à Paris et je dis d'emblée à mon trio d'auditeurs, le jour de ma lecture : « Je vais vous lire ce premier acte, mais je vous dis tout de suite que mon intention est d'en écrire la suite tout seul. » Anouilh et Achard furent ravis de cette déclaration liminaire. Capgras le fut moins : « Tu fous mon projet en l'air si je comprends bien ! » bougonna-t-il. Je lui répondis que si ma pièce était bonne il pourrait toujours la prendre pour son inauguration et qu'une bonne pièce signée par l'un de nous valait peut-être mieux qu'une mauvaise signée de nous trois. Ils rirent comme des gosses à ma lecture et Anouilh s'écria : « C'est la comédie des révélations ! Il faut à chaque acte l'arrivée d'un nouvel enfant ! » Je me souvins par la suite de cette réaction d'un grand auteur dramatique. Ma pièce devint ce qu'il avait souhaité et très justement pressenti.

Le projet Capgras fut donc abandonné et son théâtre n'ouvrit jamais ; il devint un garage. Je me suis souvent demandé quel avait été le sort de la rampe versaillaise et de l'escalier de marbre.

Le temps des répétitions de *Bobosse* était venu ; je pris un grand plaisir à la mise en scène de ce spectacle et la présence rayonnante de François Périer me laissait bien augurer de l'avenir. La performance exceptionnelle d'acteur qu'il accomplissait dans son monologue de vingt minutes avant le second entracte m'assurait en tout cas que, si la pièce ne recevait pas l'accueil des autres, lui du moins aurait un triomphe d'interprète.

Les représentations données à Bruxelles et Lyon avant d'affronter Paris m'avaient paru très bénéfiques lors des créations de *La Hutte* et de *Nina.* Ces pré-créations permettent aux comédiens de prendre plusieurs fois contact avec le public, de s'habituer à ses réactions, de donner à la pièce sa véritable respiration ; cela permet d'autre part à l'auteur de sentir les temps faibles, les longueurs, les erreurs de ton dans certains cas et d'y remédier le mieux possible avant la générale parisienne, d'où dépend souvent la carrière de la pièce. *Bobosse* fut donc aussi créée au Théâtre du Parc de Bruxelles et (pardon, lecteur !) ce fut encore une fois un accueil triomphal. On sait l'opinion que je m'étais faite de ma comédie en la relisant, je ne m'attendais donc pas à des rires si copieux tout au long du spectacle. La joie était celle des incontestables réussites. J'étais revenu aux beaux soirs de mes deux premières à Bruxelles. A Lyon, il en fut de même. Il n'y avait aucune raison pour que Paris fût plus réticent — et il ne le fut pas. Dans les quarante-huit heures on sut que François Périer était prodigieux dans la nouvelle pièce de Roussin. Roussin gardait donc le sourire ; ça continuait à marcher bien pour lui.

Fresnay et Printemps revenus quelque temps après de leur voyage assistèrent à une représentation, n'ayant vu aucune répétition. Leur enthousiasme dépassa encore celui du public, sans doute pour cette raison personnelle que ce succès avait lieu dans leur théâtre et que le maximum de la recette y était atteint tous les soirs. Fresnay me dit : « Je sens que je ne jouerai pas ici avant longtemps ! Mais je m'en accommoderai fort bien ; avec Périer, vous allez faire gagner une fortune à la Michodière ! » Il attendit en effet deux ans et la Michodière dut effectivement faire son beurre.

Pour moi, je repartis dans le Midi continuer ma « comédie des révélations ». La presse de *Bobosse* avait reconnu le grand succès. Il est difficile de faire autrement quand on a entendu une salle hurler de rire et applaudir frénétiquement les interprètes, voire le nom de l'auteur. Néanmoins dans l'ensemble, le triomphe mérité de Périer incitait la critique à accorder à l'interprétation le pas sur la pièce. Ce n'est pas surprenant.

Un grand acteur donne à ce point l'impression qu'il invente le texte, que facilement on oublie qu'un autre l'a écrit. On était donc gentil pour la pièce mais sans plus et j'eus droit naturellement dans un grand nombre d'articles, au couplet sur Pirandello. Ce grand et respectable aîné venait régulièrement me plonger dans l'ombre quand j'abordais un thème théâtral. A Lyon autrefois, lors des représentations de la *Grande Fille,* j'avais déjà lu que ma pièce témoignait d'un « pirandellisme abâtardi », aujourd'hui avec *Bobosse* on pouvait voir « tout ce que l'auteur devait à Pirandello, en en restant très loin naturellement ». Or à cette époque-là, je ne connaissais de Pirandello — pour l'avoir jouée à New York — que *Chacun sa vérité,* pièce qui n'a aucun rapport avec le théâtre ni les dédoublements de la personnalité. Je faisais donc du pirandellisme sans le savoir. Quand je connus mieux l'œuvre du célèbre Sicilien, je compris tout naturellement que Shakespeare avait fait du pirandellisme dans *Hamlet,* Molière dans *Amphitryon* et Rostand lui-même, puisque Roxane aime un homme à travers le langage d'un autre. Où est la vérité de cet amour ? Dans le profil de Christian ou le babil de Cyrano ? Thème essentiellement pirandellien, si surprenant qu'il soit de rapprocher Rostand de Pirandello. Pirandellisme aussi dans *Mon double et ma moitié* et plus encore dans *Quand jouons-nous la comédie ?* de Sacha Guitry, lequel n'a jamais dû de sa vie lire ou voir une pièce de Pirandello. La vérité est que tout auteur sitôt qu'il touche à la dualité de l'individu, à la fuite dans l'imaginaire ou dans la folie, fait du pirandellisme. Or tous les auteurs dans une pièce ou une autre ont abordé ces thèmes-là. Pirandello, lui, a centré toute son œuvre sur eux et, par la force de son génie dramatique, les a marqués de son nom. Mais tout auteur, avant ou après Pirandello, a été, dans l'une ou l'autre de ses œuvres, pirandellien à sa façon. Je me demandais donc si *La Main de César* serait elle aussi due à Pirandello. Avant de m'en inquiéter, je me replongeai dans ma pouponnière. Je compris assez vite que contrairement aux *Œufs de l'autruche,* l'action ici supposait nombre de rebondissements et que la pièce aurait quatre actes copieux si je voulais aller au bout du sujet et de mes intrigues. J'y travaillai donc pendant deux bons mois, en donnant des lectures après chaque acte terminé. Pendant ces entractes, je partais pour le Maroc ou l'Italie, changeant d'ambiance, me distrayant et laissant en même temps se faire en moi cette sorte de recherche silencieuse et quasi permanente, qui soudain apporte une idée utile, quelquefois précieuse, que l'on n'aurait pas eue devant sa table. Je terminai donc *Lorsque l'enfant paraît...* et en en revoyant la construction rigoureuse, la série de coups de théâtre et de retournements, le comique des personnages dans leur inconscience et un dialogue qui me semblait très drôle, je me dis que je venais peut-être d'écrire ma meilleure pièce. Mais il m'apparut aussi que si *La Petite Hutte* avait choqué des esprits pudibonds (et même Bernstein par son immoralité !), si le sujet des *Œufs* avait scandalisé certains censeurs et fortement inquiété Fresnay au départ (d'où ses hésitations à la jouer), cette nouvelle pièce risquait de me valoir une volée de bois vert étant donné son thème délicat (l'avortement) et son anticonformisme. Je destinais la pièce aux Nouveautés pour succéder le jour venu à *La Petite Hutte*; or Benoît-Léon Deutsch était très chatouilleux et sur les questions de vocabulaire et sur la morale traditionnelle. Il avait toujours peur de choquer le public et moi je ne cherchais que ça, en l'obligeant par le rire à accepter ce que je voulais lui faire entendre. Il est rare que l'on sorte furieux d'un théâtre où l'on vient de s'amuser puissamment. D'autre part, *Les Œufs* m'avait enseigné que le spectateur qui trouve un personnage choquant ou stupide ne l'identifie jamais à lui-même mais à quelqu'un de ses proches. Mon Hippolyte Barjus, bourgeois aveugle et borné, gueulard et de mauvaise foi, personne jamais ne m'a dit : « C'est moi », mais cent fois j'ai entendu : « Vous avez fait là le portrait criant de mon père » — ou de mon frère, — ou de mon ami un tel...

Benoît-Léon Deutsch tiqua évidemment sur certaines répliques d'un style un peu cru, souligna qu'il était peut-être gênant de mettre en scène un ministre, pour le montrer sous ce jour si peu flatteur, mais les rires de ceux qui écoutaient mes lectures emportèrent sa décision. La chaleur avec laquelle Gaby Morlay et André Luguet acceptèrent leur rôle le conforta ; ils signèrent tous les deux un contrat qui les liait pour deux ans au minimum, ce qui prouvait un optimisme général. Comme *La Petite Hutte* approchait de mille quatre cents représentations, Deutsch décida d'aller jusqu'à la mille cinq centième ; ces cent dernières représentations conduiraient au mois d'octobre et à la création de *L'Enfant.*

A la date du 11 août où je faisais en Engadine, à Vulpéra, une cure pour mes rhumatismes toujours lancinants, je lis dans mon journal. « Le docteur W. trouve mon foie mal fichu et mon sacré pied gauche à soigner de très près (je le sais bien parbleu ! Je le sens tout le temps !). Il me trouve aussi “ fatigué ” dans l'ensemble. » Je l'étais. L'année avait été active. J'avais écrit trois pièces : *La Main de César, L'Enfant* et *Hélène,* écrit deux conférences que j'avais faites à Paris et baladées en Belgique, puis préparé les quatre pièces qui partiraient bientôt en tournée. Certaines comportaient des changements de distribution : metteur en scène, je devais donc en assurer les répétitions. C'étaient *La Hutte, Nina,* la *Grande Fille,* et *Bobosse.* Ce travail ébauché reprendrait à la rentrée. Je lis : « La saison s'annonce chargée : le 3 octobre, création à Bruxelles de *L'Enfant* ; du 10 au 20 création à Leeds, Manchester et Londres de *Bobosse* ; du 20 au 30 création de *Nina* à New York avec Gloria Swanson ; retour à Paris le 2 novembre pour mettre en scène *La Main de César* qui passera le 11 décembre à Lausanne puis à Lyon, avant Paris. Je soufflerai à la Noël. »

Dès mon retour de Vulpéra ce furent donc les répétitions de *L'enfant paraît.* J'avais demandé à Louis Ducreux de mettre en scène, ayant trop de pain sur la planche. En outre je pouvais avoir confiance dans son talent et j'étais heureux d'une collaboration retrouvée après tant de travail ensemble autrefois. J'assistai donc en quasi-spectateur aux répétitions et ce fut un régal. Vint le soir de la première à Bruxelles. La pièce en quatre actes était coupée par un seul entracte après le deuxième. Les rires étaient partis dès la seconde réplique ; ils n'avaient pour ainsi dire pas cessé jusqu'à l'entracte qui fut évidemment triomphal ; le même rythme des rires reprit au trois et pendant les deux tiers du quatre. A ce moment de la pièce, j'avais fait entrer le personnage d'une femme modeste et pauvrement vêtue. C'était la femme qui avait difficilement et courageusement élevé seule un fils sans père. Ce dernier, autrefois, apprenant de sa maîtresse qu'elle était enceinte, lui avait donné de l'argent « pour ne plus entendre parler de cet enfant », autrement dit, pour payer son avortement. La jeune fille avait pris un train, était revenue en province chez sa mère et avait gardé son enfant pour elle. Vingt ans plus tard, elle venait s'adresser à son ancien amant, devenu ministre de la Famille et champion de la lutte contre l'avortement. Pour que mon lecteur comprenne bien les choses, je dois rappeler que ma comédie, pendant trois actes, présentait tous les cas où l'arrivée d'un enfant n'est pas souhaitée. Mais, obéissant à la loi du genre, cela ne prenait à aucun moment un caractère de gravité. Les choses chaque fois s'arrangeaient au mieux pour la grande joie du public qui frôlait toujours le drame sans y tomber jamais. Au dernier acte, pour donner à la pièce la dimension que je souhaitais, j'avais donc voulu montrer le cas où une femme avait sacrifié ses études et l'avenir qu'elle se promettait à l'obligation d'élever un enfant. Le cas où « les choses ne s'étaient arrangées » qu'au prix de la vie d'une femme. La scène entre cette femme sacrifiée et son ancien amant avait une tout autre tonalité que le reste de la comédie. C'est à cette tonalité que, précisément, je tenais. Chaque sujet comique a son envers dramatique ou tragique. C'était cela que je voulais faire sentir au spectateur. Je n'avais pas tout à fait prévu que les trois premiers actes déchaîneraient de telles rafales de rire. La comédie roulait tambour battant et l'hilarité du public était presque constante. Le soir de la première à Bruxelles, j'attendais d'acte en acte avec plus d'appréhension l'entrée de Madeleine Lonant, ma femme pitoyable au quatrième acte. Lorsque la femme de chambre annonça au ministre « qu'une dame était là qui était déjà venue trois fois et qui insistait pour voir Monsieur », un immense éclat de rire secoua l'assistance et j'entendis chuchoter : « Encore un enfant ! » Je n'avais pas prévu qu'après une heure et demie de fou rire le public, mis sur une piste où il roulait bien, n'allait pas en changer en deux secondes. Madeleine Lonant entra. Son aspect imposa presque le silence. Le ministre s'inclina : « Madame »... Il suffit à Madeleine Lonant de répondre : « Bonjour... Charles. Vous ne me reconnaissez pas ? » La salle fut de nouveau secouée d'un grand rire. En un instant le public avait compris la situation : une ancienne maîtresse, totalement oubliée, venait annoncer au ministre qu'elle avait un enfant de lui. Et le public, pris dans la comédie, ne voyait pas de raison d'en sortir. Pendant toute la scène une partie de la salle lança des « chut ! » furieux à l'autre partie qui n'entrait pas dans mon jeu. Cela se répéta pendant trois représentations. Les pressions se faisaient chaque fois plus grandes sur moi pour que je modifie la scène. Cela me semblait me trahir moi-même et d'autre part infaisable. Tout le quatrième acte reposait sur cette scène et c'était elle qui donnait à la pièce le sens que je voulais. Pourtant la réaction partagée du public continuait et je compris que je ne devais pas m'entêter. Puisque ce public était avec moi autant qu'on pouvait l'être — et d'une seule masse — j'avais sûrement commis une faute pour qu'une partie me lâchât tous les soirs au même endroit. Dans la nuit de la dernière représentation à Bruxelles je trouvai une solution qui pour moi ne changeait pas tellement les choses et qui peut-être éviterait ce qui se produisait jusqu'ici.

J'habillai Madeleine Lonant, comme une femme aisée, je la mariai à un médecin et je ne modifiai à peu près rien à ce qu'elle disait. Je lui ajoutai simplement cette réplique : « Je pourrais être la femme méritante qui a sacrifié sa jeunesse et sa vie pour un enfant. C'est un personnage émouvant et qui existe. Mais ne nous attendrissons pas : cela n'a pas été. » Ce fut tout. Et tout en fut changé. Nous le constatâmes lors de la première à Paris où nous inaugurions la nouvelle version. Le public ne se sépara plus en deux. Il réagit où il fallait jusqu'à la fin, qui fut saluée de façon exceptionnelle. *L'Enfant* succédait à *La Hutte*; certains espéraient bien que le succès serait moindre mais l'opinion de cette générale fut qu'il risquait de le dépasser. Il le dépassa en effet : on avait joué *La Hutte* quinze cents fois ; on joua *L'Enfant* mille six cent cinquante en série continue. La presse fut chaleureuse. Certains critiques boudaient évidemment (« comique de mots et de situations ») mais reconnaissaient que le rire emportait tout ce qui était critiquable. A Bruxelles cependant, un journaliste catholique m'avait refusé cette indulgence ; il écrivait : « Il foule délibérément aux pieds tous les sentiments les plus nobles. Il tourne en dérision les actes les plus sacrés. Même si l'on ne se place pas pour juger cette pièce dans le strict point de vue de la morale chrétienne, *Lorsque l'enfant paraît* soulève les plus expresses réserves au simple point de vue de la morale naturelle. Et la meilleure façon de n'être pas induit en tentation sera de s'abstenir de l'aller voir. » Ce fut, de tous, l'article qui me fit le plus de plaisir. Si d'autres parlaient pour noyer le poisson, de ficelles et de vaudeville, de facilités et de mots d'auteur, lui au moins avait compris ce que la pièce voulait dire. Et ça ne lui plaisait pas. J'étais ravi.

L'Enfant s'installa donc à son tour dans ses recettes maximales. Moi je pris désormais le chemin du Théâtre de Paris pour mettre en scène *La Main de César*. Cela roulait très bien jusqu'à la fin du deuxième acte et sortait très drôlement. Le troisième acte je l'ai dit, c'était *Bérénice* à la blague et en même temps dans la vérité d'une séparation douloureuse. Il fallait donc que cet acte fût drôle par l'expression et émouvant en même temps, puisqu'un homme souffrait effectivement, se faisant son propre sacrificateur. Pierre Blanchar m'inquiétait. Il était mal à l'aise dans ce double registre. Ni vraiment drôle, ni vraiment émouvant. Cela venait-il de lui ou de mon texte ? Pierre Dux et moi nous nous consultions, sans être sûrs de nos réponses. Et le jour venu nous partîmes pour Lausanne qui je ne sais pourquoi avait été cette fois préféré à Bruxelles. Les deux premiers actes furent traversés à tout moment des rires joyeux du public et salués chacun par de chaleureux applaudissements. Au trois, le public décrocha carrément. La fin de la représentation fut terne : il n'y avait pas de doute, c'était triste et seulement triste. L'émotion ne passait pas. La drôlerie, à peine. Après les rires des deux actes précédents, le public était surpris et déçu. Réflexions à la sortie : « Ça finit mal. »

Devant une pièce à laquelle on croit et où l'on sent brusquement une chance d'échec, on s'affole et l'on s'en prend aux acteurs. Le lendemain, je cravachai et galvanisai chacun et principalement Pierre Blanchar dont il me semblait que, la veille, il avait joué le trois au-dessous du ton.

A la deuxième représentation, le troisième acte fut joué en farce et l'accueil final fut quasi triomphal. Mais moi j'étais furieux. Joué dans ce ton, plus rien ne tenait debout. Le public avait ri mais la pièce perdait son sens ; Blanchar en fut bien d'accord. On rejoua le lendemain comme il le fallait et l'accueil redevint celui du premier soir. De là, quatre nouvelles représentations nous attendaient à Lyon avant d'affronter Paris. A chacune, je constatais l'abattement du public à la sortie, alors qu'il riait fermement pendant deux actes.

Le Théâtre de Paris où la pièce serait représentée quatre jours plus tard était dirigé par Marcel Karsenty et Pierre Dux. Nous ne nous quittions pas et conférions longuement après chaque représentation. Une publicité importante attendait la pièce, je venais de remporter avec *La Petite Hutte, Nina, Les Œufs de l'autruche* et *Lorsque l'enfant paraît* quatre énormes succès et celui de cette dernière pièce ne datait que de trois mois. Le souvenir de cette générale des plus chaleureuses était présent à l'esprit de tous les amateurs de théâtre et surtout à celui des professionnels. N'allait-on pas à un échec ? Que pouvait-on faire en quatre jours ? Comment égayer ce troisième acte ? Et je me demandais surtout *pourquoi*? N'était-il pas ce que j'avais voulu, la séparation de deux êtres attachés l'un à l'autre et pourtant obligés de briser leur vie ? Que changer à cela ? C'était la pièce ! J'avais eu tort d'écrire deux actes comiques et de les terminer par le cinquième acte de *Bérénice,* mais je n'y pouvais plus rien.

Le matin du départ de la troupe pour Paris (le train était à 13 heures) je discutais dans la chambre de Pierre Dux ; nous échangions des solutions possibles sans aboutir à quoi que ce fût de positif. Soudain une phrase dite par l'un de nous (lui ou moi, je ne sais plus) apporta un rayon de lumière. Je sais que, brusquement, j'entrevis une solution qui permettrait à l'acte d'être ce qu'il était et de se terminer bien, par un retournement qui serait très cocasse après que toute la scène de la séparation fut jouée comme si elle devait avoir lieu. Caligula trouverait qu'il y avait plus de grandeur d'âme à garder sa femme qu'à la renvoyer. Le raisonnement et les motifs qui l'amèneraient à cette conclusion étaient drôles. Cela restait dans le ton de mon héros et lui donnait encore plus de taille en amenant à son insu une gaieté certaine dans toute la fin de l'acte.

Il était 9 heures du matin. Je décidai de laisser rentrer la troupe à Paris et de me mettre au travail. J'y fus jusqu'à 10 heures du soir sans interruption, car je m'aperçus que le changement envisagé m'amenait, en fait, à remanier presque entièrement l'acte. A 10 heures, j'avais fini. Je téléphonai à Paris qu'une dactylo vint prendre le manuscrit à ma descente du train. Je quittai Lyon à 2 heures du matin, arrivai à 8 heures à Paris ; à 14 heures je lisais le nouveau troisième acte à mes interprètes.

Cette journée reste un de mes plus grisants souvenirs. Avoir l'impression que l'on va sauver brusquement une partie presque perdue et que l'on peut en douze heures récrire, avec une bonne idée, un acte manqué, est une excitation extraordinaire. C'est dans ces expériences-là que l'auteur dramatique se sent utile à quelque chose et, brusquement, homme du métier.

Mais ce genre d'expérience est moins excitant pour les acteurs. Apprendre un texte qui est à peu près celui qu'on a déjà étudié, répété et joué et où pourtant tout est différent, changer l'ordre des scènes et aussi de tonalité dans son personnage, représente pour les comédiens un tour de force. Cela était impossible en quarante-huit heures. La générale fut reculée d'une semaine. Le bruit d'un remaniement après expérience s'était répandu dans Paris. Huit jours plus tard une curieuse ambiance fut celle de la salle, dès le début. Mais la pièce l'emporta jusqu'à la fin du deuxième acte. Celui-ci fut très chaudement applaudi. Mais devant le troisième remanié, le public se retrouva le même qu'à Lausanne et Lyon. Le troisième acte ne plut encore pas. Un hebdomadaire important titra en gros caractères et signé par Roger Nimier que c'était là ma meilleure pièce, mais il fut le seul de cet avis (et ce n'est d'ailleurs pas le mien).

Dans l'ensemble ce fut la curée. Je lus dans *France-Soir* que « las de mes succès » j'avais voulu prouver que j'étais « capable d'écrire une très mauvaise pièce » et « qu'une fois de plus, j'avais prouvé ma virtuosité ».

Refait trop vite, le troisième acte péchait en bien des endroits. Le public rit plus tard de bon cœur, contrairement à celui de la générale, pourtant sa satisfaction n'était pas celle qui ne se discute pas.

Et moi qui écrivais dans mon journal, avant de m'être attaqué à ce fameux acte : « C'est vraiment trop facile ! » Mon troisième acte s'est vengé ; il a voulu rabattre mon caquet et me rappeler à l'ordre : rien n'est facile au théâtre et c'est quelquefois au moment où l'on croit le mieux faire qu'on se trompe. Cependant le soir de la générale, où l'on sentit l'échec au dernier rideau, je pouvais me dire qu'en tout cas, je faisais quelques heureux. Un de mes amis entendit derrière lui une invitée murmurer non sans satisfaction : « Eh bien, pour cette année au moins, on ne parlera plus d'Anouilh ou de Roussin. Ça suffit pour ces deux-là ! » Anouilh venait d'avoir avec *La Valse des toréadors* une générale du même ordre. Le moins qu'on pouvait dire de cette pécore était qu'elle ne nourrissait pas pour Anouilh et moi une sympathie exagérée. Je me suis toujours demandé ce que je lui avais fait. Pendant les quatre mois où l'on joua la pièce, j'eus souvent en me mêlant au public qui sortait du théâtre l'impression que la pièce lui avait plu, mais quand au départ, tout le monde a tiré dessus, il est bien rare qu'un spectacle s'en relève, surtout si cette pièce est lourde de frais. Un moment vient vite où il est sage de les arrêter. Le

Théâtre de Paris les arrêta donc après cent vingt-cinq représentations, ce qui n'était donc pas un succès mais non plus un four. C'était un demi-échec. Comme je m'étais dès longtemps habitué à l'idée d'un échec cuisant, je n'en fus pas trop cuit. Je me redisais la phrase de Jouvet lors de l'échec des *Clés du ciel* à l'Athénée : « C'est la vie du théâtre ! » Jusqu'ici mes pièces m'avaient toutes amusé ou passionné dans le temps que je les écrivais. A l'exception de *Jean-Baptiste, La Sainte Famille* et maintenant *La Main de César*, le public m'avait donné la joie de se plaire à ce qui m'avait plu. Il m'avait répondu qu'il s'intéressait et s'amusait à ce que je lui racontais. Je n'avais jamais attendu du théâtre que cette réponse. L'avoir obtenue si souvent et de façon si évidente m'avait comblé. Et je n'ai jamais compris que l'on m'ait dit parfois : « Pourquoi, un jour, ne pas vous offrir un échec en écrivant *vraiment* ce que vous aimeriez ? » Peut-on penser que j'aie jamais écrit autre chose ? Pourquoi s'imagine-t-on que le succès ne vient, pour l'obtenir à tout prix, qu'en sacrifiant ce que l'on veut dire ? Je suis persuadé, au contraire, qu'il ne va qu'à ceux qui ne le cherchent pas. Et franchement, je suis de ceux-là. La question du succès possible de la comédie que je suis en train d'écrire ne me tourmente jamais pendant que je l'écris. Dans bien des cas, j'ai même été persuadé qu'avec telle ou telle pièce, j'allais sans doute à un échec.

Si *Am-Stram-Gram, Une grande fille toute simple, La Petite Hutte, Les Œufs de l'autruche* m'ont été d'abord refusées par plusieurs directeurs, directrices ou comédiens, c'est que ceux-ci en avaient également la crainte. Quand une pièce a triomphé personne ne voit plus les risques qu'elle présentait avant le succès. Celui-ci a plusieurs fois été ma surprise. Et les pièces qui n'ont pas « réussi » étaient celles sur lesquelles je fondais le plus d'espérances. Que ceux qui nous croient des fabricants sûrs de nous, sachent bien que nous sommes des débutants à chaque œuvre nouvelle. Sans incertitude et sans mystère, je me demande s'il me serait possible de commencer une pièce.

Incertitude quant aux moyens. « Il est constant qu'il y a des préceptes puisqu'il y a un art, écrivit Corneille, mais il n'est pas constant quels ils sont. » Ce qui a été juste et vrai pour une pièce précédente ne le sera plus pour la prochaine. Il faut chaque fois inventer la technique propre à une pièce que nous ne connaissons pas. Celle-ci est en nous et cela nous le savons. Mais quelle est-elle ? C'est là le mystère. Cette curieuse question m'a aussi été posée : « Pourquoi n'écrivez-vous pas un jour un *vrai* drame ? » La réponse m'était facile : « Parce que les comédies sont des drames. » Lorsque je fis représenter *Un amour qui ne finit pas,* ce ne fut qu'une réflexion dans la presse comme dans le public : « Changement de ton. C'est un drame. » Et l'on s'étonna de ce « tournant » de ma part. Pourquoi le « drame » était-il plus perceptible dans cette pièce que dans *Nina* ou *L'Amour fou* ou *Les Œufs de l'autruche*? Peut-être parce que le sujet de l'amour impossible est plus sensible à chacun et ne permet pas tant de gaieté... Pourtant c'était une comédie. Pour moi, pas plus triste que les autres — ni moins.

Avec *La Voyante* ce fut pire. Que m'arrivait-il ? Cette fois j'avais écrit un mélo ! Non. J'avais écrit volontairement une tragi-comédie. Pourquoi ? Parce que le monde des voyantes est comique d'un certain côté et qu'il se meut pourtant dans le drame ou la tragédie. La vie est faite de ce mélange constant de personnages comiques et d'événements tragiques. Shakespeare aussi. J'imaginais dans ma pièce une voyante qui prédit à une femme la mort de son amant, sans se douter que cet homme est son propre fils. Et cet homme meurt. La voyante prend conscience de la fragilité de son « don ». Elle perd ses deux raisons de vivre, son fils et sa foi en elle. C'est tragique, mais nullement « mélodramatique ». Lorsque le président Kennedy et sa femme arrivent à Dallas et traversent la ville parmi les ovations, nous sommes dans la comédie politique. Deux coups de feu éclatent et c'est la tragédie. Jacqueline Kennedy n'a qu'un cri et un mot : « Non ! » Un mois plus tôt c'était exactement le cri et le seul mot de mon héroïne au moment où la radio lui annonçait brutalement l'accident mortel de son fils. Je n'ai entendu personne parler de mélodrame à propos de la mort du président Kennedy, mais chacun l'a dit pour *La Voyante* à l'exception de M. Gabriel Marcel qui intitula sa chronique : « Une tragédie. » Pourquoi donc m'étais-je laissé aller sur cette pente ? « Mon public » n'est-il pas habitué à ce que je le fasse rire ? Pourquoi ce coup de barre qui risquait de le décevoir ou de le surprendre désagréablement ? Que n'ai-je entendu sur ce thème ! Je n'ai qu'une réponse : la pièce qui nous habite ne dépend pas de nous. Sur le monde des voyantes je sais bien que l'on pouvait écrire une comédie comme *Ces dames aux chapeaux verts,* et sans doute plus drôle que ma pièce, mais je n'ai voulu écrire que celle qui s'était formée en moi après lecture de la *Lettre aux voyantes* d'André Breton. J'eusse été honteux pour mon inspirateur d'aboutir à un vaudeville quand je frôlais grâce à lui l'Invisible et la Mort. Jamais un auteur dramatique ne pourra s'expliquer autrement. Le théâtre est un don. Mais la pièce que l'on écrit en est un autre. « Les sujets viennent de la Fortune et non de l'art », disait

Aristote. Car la Fortune fait arriver les choses et l'art les imagine. Ainsi sommes-nous à la fois maîtres d'œuvre et tâcherons aux ordres d'un collaborateur essentiel mais fantasque.

— Pourquoi n'écrivez-vous pas une pièce en ce moment ? m'entends-je dire souvent.

— Parce qu'il faut être deux et qu'en ce moment je suis seul.

***

On se rappelle que parallèlement à *L'Enfant* et *La Main,* j'avais écrit une comédie intitulée *Hélène ou la joie de vivre.* C'était une adaptation à la scène d'un ravissant roman de John Erskine, américain féru de mythologie grecque. Cette adaptation m'avait été proposée par Madeleine Grawitz, éminente juriste et sociologue, amie d'enfance à moi et qui sous le nom de Madeleine Gray signa aussi cette pièce après un travail commun. André Brulé, directeur du Théâtre de la Madeleine, voulait monter *Hélène.* Après quatre ou cinq mois où le rôle fut refusé par plusieurs comédiennes sous des prétextes divers, une distribution fut mise sur pied avec Pierre Dux et Sophie Desmarets dans les rôles de Ménélas et d'Hélène, Louis Ducreux dans un personnage comique de vieux portier et Anna Gaylor dans celui d'Hermione. Je demandai encore à Ducreux d'assurer la mise en scène du spectacle, lequel remporta la saison suivante un succès des plus vifs qui effaça la désillusion de *La Main de César.* On joua la pièce six cents fois. Au cours des représentations André Brulé mourut et Madeleine Lély sa femme, qui approchait de quatre-vingts ans, rajeunit de dix ans en quelques semaines. Je le lui fis remarquer un jour ; elle me répondit sans masquer ses sentiments : « Vous savez, quand on n'a plus l'impression brusquement d'être tenue en laisse comme un toutou, c'est rafraîchissant. » Je compris que la disparition de celui qui avait été son partenaire, son amant puis son mari, et en somme l'homme de sa vie, n'était pas une catastrophe dont elle ne se consolerait jamais.

La lecture d'un fait divers me donna une idée de pièce. En Italie, une paysanne avait par deux fois payé quelqu'un pour tuer son mari ; par deux fois elle avait été flouée, le mari vivant toujours. Alors, furieuse, elle avait tout raconté à son mari, lequel ne voyant en bon paysan que l'argent perdu, avait attaqué en justice l'escroc mauvais tueur, ne tenant aucun compte en cela des intentions initiales de sa femme. C'était moliéresque. Il y avait là le sujet d'une bonne pièce. J'écrivis les deux premiers actes. Cette pièce allait me ramener au cher Bernstein. Depuis son refus de *La Petite Hutte,* nous ne nous étions pas revus et je m'étais souvent amusé à imaginer ses réflexions intimes devant le succès qu'elle avait remporté. Il avait dû de ses grandes dents, s'en mordre souvent ses grands doigts. Ce vieux loup de théâtre savait évidemment que ce succès-là avait eu plusieurs lendemains heureux. Il me fit demander un jour par Benoît-Léon Deutsch « d'avoir la gentillesse de venir le voir en toute confraternité ». Il croyait que je lui en avais voulu de son refus d'autrefois et je trouvais cocasse que ce grand ogre n'osât s'adresser à moi que par Deutsch interposé. S'il avait su à quel point son refus m'avait fait plaisir, après nos conversations si particulières ! J'étais donc allé le voir « en toute confraternité ». Il m'avait accueilli par cette phrase somptueuse : « Mon cher, notre époque n'a que deux auteurs dramatiques : vous et moi. » Avaient suivi une énumération et un commentaire de tous mes succès, omettant diplomatiquement l'échec de *La Main de César*. Je ne pouvais naturellement placer un mot, submergé sous le flot de ses compliments. Ils se terminèrent par cette déclaration : « Vous êtes en progrès à chaque pièce sur la précédente. » Cela laissait entendre que *La Petite Hutte* qui avait été mon premier grand succès était une moins bonne pièce que toutes les autres (et qu'il n'avait donc pas eu tort de la refuser) mais que la prochaine surpasserait encore la dernière, ce qui l'amenait à me la demander. Car c'était là, finalement, le but de cet entretien. Après cinq succès remportés dans d'autres théâtres que le sien, le vieux renard s'était dit : « Pourquoi pas chez moi ? » Cela tombait bien : je pensais justement à mon fait divers italien. Je lui dis que je quittais Paris pour écrire cette pièce.

— Vous m'en réserverez la première lecture ?

— Si vous voulez.

— Je peux vous dire que je m'y connais tout de même mieux en théâtre que votre ami Deutsch.

Ce coup de patte à son confrère qui avait triomphé avec *La Hutte* et *L'Enfant* était assez drôle et bien dans sa manière.

Quand j'eus écrit les deux premiers actes de cette pièce que j'appelais *Le Mari, la femme et la mort* je pris rendez-vous donc avec Bernstein pour les lui lire. Je garde fidèlement présente à l'esprit cette lecture. Nous étions tous les deux dans son bureau. Il m'invita à m'asseoir derrière la table et s'installa contre celle-ci et de profil à moi, m'offrant sans doute le pavillon de sa meilleure oreille. Il ferma les yeux : « Je vous écoute attentivement, mon cher. »

Malgré ma grande habitude de lire mes pièces et l'ayant parfois fait avec pour auditeurs des personnages considérables, je n'en étais pas moins impressionné, seul à seul cette fois avec cet extraordinaire bonhomme au caractère célèbre et donnant moi-même d'autre part, ma première lecture de cette pièce encore inachevée.

Lisant, je surveillais ce grand visage aux yeux clos sur lequel je ne pouvais rien lire. A la fin d'une scène et à la sortie d'un personnage, j'entendis cependant sans qu'un muscle eût bougé chez lui : « Joli dialogue » ; plus tard, je vis un index se lever et une mimique du visage exprimant une appréciation flatteuse ; doigt et visage retombèrent et je retrouvais ma statue de Commandeur assis. Quand à la fin du premier acte, je prononçai le mot « rideau », je levai les yeux en me détendant et m'appuyant à mon dossier. Bernstein ne bougea pas. Je me demandai s'il s'était endormi mais non, des mouvements de bouche apparurent, puis toujours les yeux fermés, se précisa une expression du visage extrêmement tendue et inquiète. Je rompis le silence et posai carrément la question :

— Ça ne vous plaît pas ?

J'entendis une voix d'outre-tombe :

— J'ai peur...

— Ah ? De quoi ?

Et toujours sur le même ton lugubre :

— J'ai peur pour la suite — (encore un temps) — c'est trop bien.

Et un formidable éclat de rire anima soudain son visage écarquillé :

— Ah ! Je vous ai bien eu ! Je vous ai fait peur ?

Et son rire énorme le secoua encore pour tomber d'un coup. Il me dit alors en me regardant bien dans les yeux :

— C'est de premier ordre. Mais après un acte aussi bon, tenez-vous le coup au deux ?

— Vous me le direz tout à l'heure, lui répondis-je, quelque peu soulagé maintenant.

Il écouta le deuxième acte avec la même intensité de concentration, marquant encore ici et là par un geste ou un mouvement de sourcils des passages qui le frappaient. Il dit seulement à la fin :

— Bravo. Vraiment bravo. Il tient le coup. Mieux que ça. Il monte. Vous savez ce que vous ferez au trois ?

Je répondis en riant :

— Je ferai... de mon mieux !

— Quand l'écrirez-vous ?

— Cet été, en vacances.

— Bon. Nous allons signer notre contrat. Car vous me donnez cette pièce, naturellement.

Je refusai tout engagement tant que la pièce n'était pas terminée.

— Mais pourquoi ?

— Si je rate le trois !

— Nous le referons ensemble ! Je suis de très bon conseil. J'ai toujours refait les scènes d'amour des pièces de Deval que j'ai jouées chez moi.

Diable ! C'était là ce que je ne voulais à aucun prix. Sa vision personnelle autrefois de *La Petite Hutte* restait présente à mon esprit. Je sus maintenir mon refus, malgré son insistance. Nous restâmes convenus que je lui lirais le trois à mon retour de vacances, s'il me paraissait digne des deux autres et qu'à ce moment-là, il me dirait s'il recevait la pièce ou pas.

— Mais c'est drôle, me dit-il, cette peur que vous avez de ne pas réussir le trois. Moi j'ai engagé Gaby Morlay, Charles Boyer et Pierre Blanchar *d'abord* et j'ai écrit *Mélo, après.*

— Ils ne demandaient pas à lire la pièce ?

— De quel droit ?

Réponse sublime et d'une autre époque. Il ajouta :

— D'ailleurs, comment auraient-ils pu la lire, puisqu'elle n'était pas écrite ?

Il était vrai que je me posais beaucoup de questions quant à ce troisième acte et que je redoutais de le rater comme celui de *La Main de César* après deux très bons actes. De là mon refus à Bernstein de vendre la peau de l'ours... Avant de partir l'écrire, un jour où je parlais de mes projets à Suzanne Flon qui triomphait à cette époque avec *L'Alouette* d'Anouilh, je lui dis que j'aimerais bien faire à celui-ci une lecture de mes deux actes et avoir son avis sur la suite que j'envisageais. Gentiment, Anouilh qui habitait Montfort-l'Amaury, nous invita tous deux à déjeuner. Je connaissais Anouilh car j'avais joué *Le Bal des voleurs* chez Barsacq et il avait vu plusieurs de mes pièces. Un soir après *Nina* nous avions soupé ensemble. En outre il y avait eu nos rencontres au moment du fameux projet Capgras qui avait abouti à *L'enfant paraît.* Je fus très touché de son accueil si spontané et si amical et très sensible au fait qu'il me traitait en véritable confrère, lui qui était déjà célèbre à sa première pièce, l'année où j'étais encore dans ma compagnie d'assurances à rêver de théâtre. Après le déjeuner, je lus mes deux actes ; Anouilh et Suzanne furent très accrochés ; je racontai ma lecture à Bernstein, son accord pour prendre ma pièce et mes hésitations sur ce que j'entrevoyais pour le troisième acte. En fait j'avais déjà trouvé sa ligne mais il y avait un point de bifurcation où l'on pouvait aller ici ou là. Anouilh passionné dès qu'il est question de métier inventa en un quart d'heure plusieurs solutions possibles : « Vous n'avez qu'à choisir ! » me dit-il le plus simplement du monde. Nous nous quittâmes chaleureusement. Cette consultation m'avait mis naturellement en grande excitation et le soir je battais la chamade. C'est ici que l'on découvre les mystérieux chemins de l'imagination : stimulé par cette conversation enrichissante avec Anouilh, par l'intérêt qu'il avait porté à la pièce et par tout ce qu'il avait proposé, je trouvai soudain dans la nuit une solution différente de celles qui m'avaient été offertes et que j'adoptais. Il est probable que sans les suggestions d'Anouilh je ne l'aurais pas envisagée. Je ne faisais rien de ce qu'il m'avait dit et j'eus le sentiment que je lui devais cependant ce que j'avais trouvé.

J'écrivis donc, pendant mon séjour estival à la montagne, le troisième acte qui est certainement le meilleur de la pièce, comprenant des scènes très violentes et d'autres extrêmement cocasses. J'en étais très satisfait et « l'essayais » avec succès sur quelques intimes. J'étais heureux aussi d'avoir réussi, par discipline, à ne pas augmenter le nombre des personnages qui se limitait donc à cinq et de m'en être tenu au décor unique des classiques. Alors je m'amusai à télégraphier au milieu du mois d'août à Bernstein : « Heureux d'avoir terminé. Stop. Mais pièce chère. » Rapidement je reçus son télégramme : « Que voulez-vous dire par pièce chère ? » Je m'amusai encore et répondis : « Vous expliquerai. Mais encore très rentable. »

En septembre à mon retour à Paris, je pris rendez-vous avec celui dont j'étais certain maintenant qu'il allait être mon nouveau directeur. Il séjournait à l'hôtel Trianon de Versailles. La porte de son appartement n'était pas refermée sur moi qu'il m'attaquait :

— Vous m'avez énormément inquiété avec vos télégrammes, mon cher ! Vous avez changé de décor ? ajouté des personnages ?

— J'aurais pu le faire justement et je m'y suis refusé.

— Alors pourquoi une pièce chère ?

— Pour ça, précisément.

— Expliquez-vous.

— Si ma pièce avait trois personnages de plus et deux décors (ou trois) et que vous la trouviez excellente, vous la monteriez quand même ?

— Probablement.

— J'ai travaillé et me suis donné du mal pour qu'il n'en soit rien. Donc la pièce a plus de valeur pour vous, à qui elle coûtera moins cher. Donc il n'y a pas de raison que vous soyez le seul bénéficiaire de mes efforts. Je vous la donnerai en touchant 15 pour cent de droits d'auteur au lieu de 12 comme il est de règle.

(Je savais qu'il s'attribuait 15 pour cent sur ses propres pièces.)

Goliath ouvrit des yeux immenses qui me semblèrent prêts à tomber tous les deux.

— Mais dites-moi, mon cher, vous êtes un homme d'affaires redoutable !

C'était vraiment la première fois (ce fut la dernière) où je m'entendais dire ça. Mais me l'entendre dire par lui (qui en était un) me fut, selon l'expression de Courteline, une volupté de fin gourmet. Il ajoutait en souriant : « Je reconnais que la formulation de votre point de vue est imparable. Eh bien, je vous donne mon accord. Je n'aimerais pas discuter gros sous avec un confrère de votre qualité. Allons dîner. Vous me ferez votre lecture ensuite. »

Lui étendu sur son lit, moi sur une chaise à son côté, je relus la pièce entière. Il écouta l'acte inconnu de lui, concentré comme de coutume, toujours les yeux fermés. Avec son visage blanc de vieillard, ses yeux clos, ses mains croisées sur le ventre et sa tête enfoncée dans son oreiller, il avait l'air de son cadavre.

Comme l'acte comprenait des moments ou des répliques très drôles, il fallut m'habituer à voir et entendre ce mort éclater soudain d'un rire tonitruant et essuyer ensuite ses larmes. Il me fit le coup à plusieurs reprises en me surprenant chaque fois.

A la fin, les lèvres avancées en cul de poule, selon une expression familière quand il allait dire quelque chose d'important, il laissa tomber comme un œuf, cette opinion qui me toucha :

— Je ne vous aurais pas cru capable de tant de force dramatique. Et les scènes de la voisine sont irrésistibles de drôlerie. Très bonne pièce. Je suis heureux de la jouer dans mon théâtre. Très heureux. Je vous félicite et vous remercie de me l'offrir.

Il réfléchit un moment me laissant penser qu'après ces sucreries il allait faire quelque restriction sérieuse. Ma surprise fut d'entendre :

— Mais, dites-moi, d'après le raisonnement que vous m'avez tenu avant le dîner, j'espère que pour votre *Petite Hutte* qui n'avait qu'un décor et quatre personnages, vous avez demandé 20 pour cent à cette canaille de Deutsch ?

Entendre Benoît-Léon Deutsch, honnête homme du théâtre par excellence, traité de canaille par Bernstein était savoureux. Et cette réflexion à ce moment-là prouvait que décidément il n'avait pas digéré le triomphe de la pièce qu'il avait refusée et l'argent que Deutsch avait gagné avec elle.

La date probable de la création du *Mari* fut fixée à la saison suivante, le théâtre ayant son programme d'ici là. Mais assez vite, certains symptômes de troubles apparurent chez Henry Bernstein. Il confondait les dates, répétait une histoire qu'il venait de raconter une heure plus tôt, se battait avec des noms propres impossibles à remémorer. Cherchant celui d'Ève Curie pour qui il avait eu un grand et long amour, il appela un jour son administratrice Gilberte Refoulé et lui lança cette phrase extraordinaire : « Rappelez-moi donc voulez-vous, le nom de cette femme que j'ai tant aimée. » Il se frottait constamment les yeux de ses énormes poings et semblait chasser ensuite des mouches devant lui. Un soir où, après un dîner, nous étions restés avec lui ma femme et moi, pour qu'il n'attendît pas seul son infirmière de nuit, il me dit soudain : « Je vais jouer dans mon théâtre pour mon prochain spectacle une pièce que j'aime énormément, de... » Là il marqua une pause, chercha, puis s'adressant toujours à moi : « Vous voyez qui je veux dire... ce garçon... je l'aime beaucoup... il a écrit quelques bonnes pièces... enfin quoi vous savez bien... »

J'étais glacé ; ma femme m'adressait des regards effarés et je ne pouvais tout de même pas dire mon nom et faire prendre conscience à ce malheureux homme qu'il ne savait plus qui se trouvait en face de lui et qu'il perdait la tête. Je répondis nettement : « Non, je ne vois pas » et je passai à autre chose pour sortir de ce malaise. En rentrant chez moi, je m'inquiétais sérieusement. Il était évident que Bernstein avait des troubles du cerveau. En s'aggravant cela ne serait pas seulement dramatique pour lui mais pour moi. Bernstein perdant la tête, mais conservant son autorité et son caractère, ses manifestations d'absence n'étant d'autre part que sporadiques et faisant place à des moments de parfaite présence intellectuelle, cela annonçait des catastrophes au moment des répétitions. Me méfiant déjà de sa tendance à intervenir dans les pièces des autres dès lors qu'il les montait chez lui, j'étais arrivé à lui imposer Louis Ducreux comme metteur en scène, mais s'il lui prenait un jour la fantaisie de trouver soudain mauvais ce qu'il avait trouvé bon, s'il s'opposait pour une raison ou une autre à ce que nous voulions, si en étant aberrant, il voulait jouer le trois à la place du deux, où allions-nous ? Et plus le temps passait, plus son mal progressait. Il n'était pas besoin d'être médecin pour diagnostiquer une tumeur au cerveau. Où cela le mènerait-il ? A la cécité ? Au gâtisme ? A la folie ? Il était terrible de penser que ce personnage — hors du commun quoi qu'on en dît — était menacé de tout cela et que ce caractère extraordinaire, cette figure théâtrale haute en taille et en couleur avec ses innombrables conquêtes féminines, ses douze duels, ses mots célèbres, ses pièces glorieuses, allait peut-être finir sa vie de bretteur combatif, en pitoyable débile aux mains des infirmiers et des infirmières, le traitant comme un enfant. Vint heureusement assez vite un moment où ses médecins décidèrent une intervention. Ce fut pour lui une douce mort que mourir sous anesthésie.

J'avais pour ce grand diable d'homme une véritable sympathie. Ses défauts étaient à sa taille mais ils m'amusaient parce qu'éclatants et j'étais très sensible à son charme, lequel était grand. Grande aussi sa drôlerie dans la méchanceté. Il assassinait quelqu'un pour faire un mot dont on put rire et il était rare qu'on en rît pas. Car cet homme qui n'écrivit jamais que des drames était extrêmement gai et provoquait tout le temps une occasion de faire rire et de rire lui-même puissamment. Son amour de l'argent était criant mais il avait les façons de quelqu'un habitué à s'en servir. Sa mort me toucha comme touche toujours la disparition d'un personnage phénoménal dans son genre, lorsqu'on l'a quelque peu côtoyé. Dans mon cas, une certaine tendresse se mêlait à mes regrets. Je ne puis cacher cependant que dans la situation où je me trouvais chez lui, et lui dans son état, cette mort me fut un grand soulagement.

Encore lucide il avait assez vite accepté la distribution que je souhaitais : Bernard Blier, Jacqueline Gauthier, Claude Nicot, puis pour les deux rôles moins importants, Jane Marken qui jouerait la voisine et Fernand René, le tueur.

Au cours des répétitions où tout baignait dans l'huile nous ne pouvions souvent entre nous, nous empêcher d'évoquer les drames qui auraient eu lieu si Bernstein avait vécu. En même temps, devant la perfection d'interprétation et de mise en scène, et la façon dont la pièce sortait, je regrettais sincèrement que le vieux maître redoutable n'ait pas vu ça chez lui.

Lorsqu'il revint à Paris quelques mois après la Libération il n'était question que de Sartre qui régnait sur l'intelligentsia française et qui avec *Les Mouches* et *Huis-Clos* s'était révélé un très grand auteur dramatique. Bernstein voulut évidemment le rencontrer mais Sartre refusa toujours de lui donner ce plaisir, le tenant sans doute pour le type de ces grands bourgeois qu'il appelait « les salauds ». Bernstein en fut très vexé. Il eût été flatté et heureux de connaître cette courte anecdote dont je fus témoin quelques années plus tard.

Sartre en séjour à l'hôtel Aïoli de Saint-Tropez y écrivait *Le Diable et le bon Dieu.* Pierre Brasseur, son futur interprète, nous invita un soir à Grimaud, où il avait une maison. Le théâtre fut naturellement notre sujet principal de conversation et je ne fus pas peu surpris d'entendre Sartre nous dire soudain : « J'ai lu cet après-midi *Le Voleur* de Bernstein. » Sartre au travail à Saint-Tropez, lisant Bernstein me parut quelque chose d'énorme. Plus surprenant encore le jugement qui suivit : « C'est magistral. Cet homme avait un grand talent ! »

Cet homme n'était plus là pour que je puisse lui répéter ce propos de celui qui avait refusé de le connaître.

La première eut lieu comme j'en avais pris l'habitude, au Théâtre du Parc à Bruxelles. Qu'allait donner en public cette histoire de femme qui n'arrivait pas à tuer son mari ? Les deux premiers actes furent suivis avec grande attention mais l'accueil resta réservé. A ce deuxième entracte où j'écoutais les réflexions dans les couloirs, je rencontrai le bâtonnier des avocats de Bruxelles. Il me dit :

— C'est une pièce terrible.

— Vous ne trouvez pas le public un peu réticent ?

— Ça vous étonne ? Moi pas. J'ai déjà repéré trois assassins dans la salle.

— Comment cela ?

— Des gens dont je sais qu'ils ont réussi ce que rate votre héroïne.

J'ouvris de grands yeux. Il ajouta :

— N'oubliez pas que, ce soir, c'est la salle mondaine.

Mais la tension dramatique du trois et le fou rire qui accueillit les scènes comiques entraînèrent tout. La représentation se termina dans le succès des beaux jours. Les quatre autres représentations données devant un public moins sélect ne marquèrent pas de réticence. Le public s'y amusa et fut chaleureux tout au long de la pièce.

Or à Paris, où le succès fut tout de suite très vif, il y eut aussi une première mondaine et le phénomène de rafraîchissement de Bruxelles se reproduisit. Cette fois, ce ne fut pas le bâtonnier mais un chirurgien célèbre qui vint me trouver en coulisses après le spectacle, pour me dire : « A chaque séance vous aurez dans la salle des gens qui riront jaune : ceux ou celles qui ont aussi essayé ! Et vous en aurez même qui ont réussi ! »

C'était peut-être le cas du couple derrière qui je me suis trouvé au cours d'une matinée où je m'étais mêlé au public. Un couple élégant. Lui et elle, de bonne société. Ils échangèrent un regard au moment où s'amorçait l'idée de l'assassinat, puis chacun l'un après l'autre, plaça une de ses mains sur le côté de son visage, comme pour mettre une cloison entre eux. Pendant les deux entractes et jusqu'à la fin ils ne se parlèrent plus.

Cela me laisse croire quelquefois que *Le Mari, la femme et la mort* est peut-être une pièce qui ne vieillira pas... J'avais raison de penser que j'avais mis le doigt sur un bon sujet. Lorsque Louis Jouvet tournait le film *Quai des Orfèvres,* un policier assistait aux prises de vues pour fournir au metteur en scène des détails utiles et pour éviter des erreurs. A la cantine, Jouvet lui demanda combien de crimes on découvrait en moyenne. « Dix pour cent », fut la réponse. Comme Jouvet s'étonnait de ce faible pourcentage le policier expliqua : « C'est qu'on tue beaucoup dans les familles ! » Oui, décidément : bon sujet.

***

Pendant cette saison 1954-1955, Madeleine Lély, aux prises avec les responsabilités et l'activité que représente une direction, sentit malgré son veuvage le poids de ses ans et décida de vendre son théâtre. Elle m'en fit informer aussitôt, se rappelant sans doute que pendant le succès d'*Hélène,* André Brulé m'avait proposé une association. J'avais alors décliné cette offre. Maintenant l'idée d'être chez moi dans ce beau théâtre me séduisait. Un élément sentimental faisait partie de cette séduction. A vingt ans, le soir même de ce jour où j'étais entré dans ma compagnie d'assurances, j'étais allé au Théâtre de la Madeleine où Sacha Guitry et Yvonne Printemps jouaient *La Jalousie.* C'était la première fois que j'entrais dans une salle de spectacle à Paris et j'avais naturellement choisi de voir mon idole d'alors, celui qui, comme Molière, écrivait et jouait ses propres pièces. J'avais gardé de cette soirée un souvenir ému. Qui m'eût dit, ce soir-là, qu'un jour ce théâtre serait le mien et que je m'y jouerais moi-même ? Et voilà que le jour était venu où cette possibilité s'offrait à moi. Je m'en ouvris à Benoît-Léon Deutsch dont j'avais apprécié aux Nouveautés la grande compétence directoriale et avec qui j'étais depuis *La Hutte* en termes de vraie amitié. Nous décidâmes une association en achetant ensemble ce théâtre dont il serait le directeur, tandis que je fournirais les pièces et en assurerais la mise en scène.

Nous signâmes donc l'acte d'achat de la Madeleine et je ne pus m'empêcher d'aller, l'après-midi même dans la salle vide, m'asseoir sur le strapontin de balcon que j'occupais vingt-quatre ans plus tôt pour voir jouer

Sacha Guitry dans toute sa gloire. Là, seul dans l'ombre et en silence, je remerciai la vie.

Ce théâtre, Benoît-Léon Deutsch et moi, nous le gardâmes dix ans. Pendant cette période j'écrivis onze pièces dont deux adaptations. Certaines furent jouées ailleurs que chez nous pour des questions de dates et d'opportunité. Je n'entreprendrai pas le récit de leurs créations successives. Je m'en tiendrai à ce qui fut particulier à telle ou telle pièce, dans sa conception ou dans l'accueil qui lui fut réservé. Rien n'est monotone comme l'évocation des succès de théâtre ou de concert. Quand on a dit que le public salua longtemps et chaleureusement œuvre et interprètes, on a tout dit et ajouter le mot triomphe, si même il est justifié, n'indique pas davantage la température particulière à une représentation. Plus intéressants me paraissent les à-côtés d'une création où se révèlent parfois des personnages surprenants.

J'ai dit avec quelle satisfaction l'échec de *La Main de César* avait été reçu et en quelque sorte salué par l'ensemble de la presse. Il fut bien vite effacé par les succès d'*Hélène,* du *Mari, la femme et la mort* et enfin de *L'Amour fou,* pièce inaugurale de la Madeleine et qui fut jouée plus d'une saison.

Était-ce trop encore que ces trois succès ? Je ne sentis jamais une telle hargne envers moi qu'au moment des représentations de la pièce suivante qui fut *La Mamma.* Il semblait d'ailleurs que, dès le début, cette pièce devait soulever des problèmes. Et d'abord ce n'était pas une pièce — c'était un roman ; il ne s'appelait pas *La Mamma,* mais *Le Bel Antonio.* L'auteur en était Vitaliano Brancati, Sicilien de talent, mort depuis peu de temps. Ami du poète argentin Ganzo, celui-ci tenait de la main de Brancati une lettre lui conférant l'autorisation d'écrire une œuvre théâtrale d'après son roman. Ganzo avait pondu une pseudo-pièce qu'il avait remise à Léo Lapara. Celui-ci me proposa de lire ce manuscrit, à son avis injouable, mais perfectible, si je voulais m'y intéresser. Une idée lui était venue : il y avait dans le roman un magnifique personnage pour Raimu mais, celui-ci étant mort, ne pourrais-je envisager de récrire le rôle pour Elvire Popesco ? Je demandai à lire le roman d'abord. Il en existait une excellente traduction d'Armand Pierhal. Je trouvai le roman passionnant. Il était écrit sur deux plans : un fond politique de résistance au fascisme et une intrigue concernant un coq de village, le bel Antonio, dont on découvre le drame au cours du récit ; cet apparent Don Juan est en fait un malheureux frappé d'impuissance. On sait la honte et la malédiction que cela représente pour un Sicilien. Le père d'Antonio, imbu de virilité familiale, apprenant la disgrâce qui le frappait en la personne de son fils, puis faisant face à ce malheur, se révélait en effet un personnage haut en couleur dont Raimu eût été le prodigieux interprète, mais qui pouvait fort bien devenir une femme, qu'Elvire Popesco interpréterait elle aussi prodigieusement.

De nombreuses scènes du roman étaient excellemment dialoguées par Brancati en usant parfois d'expressions siciliennes assez osées mais d'une cocasserie certaine.

Après cette lecture je regardai le texte de la pièce proposée par Ganzo. Je restai confondu. Ganzo était un authentique poète de grand talent et je connaissais de lui de très beaux poèmes, mais il n'avait aucune idée de ce que pouvait être une pièce. Il s'était contenté de recopier les scènes dialoguées de Brancati et de les situer à peu près chacune par rapport aux autres. Le tout aurait d'ailleurs constitué un spectacle ne dépassant pas quarante minutes.

Je fis savoir à Léo Lapara ma position :

1) j'aimais le roman et voyais la pièce à écrire en remplaçant le Père par la Mère ;

2) je ne me servirais que du roman pour mon travail. L'apport personnel de Ganzo étant inexistant dans son manuscrit, je lui rendais celui-ci.

Restait donc à obtenir du poète la rétrocession du droit qu'il détenait mais je refusais toute pseudo-collaboration puisque, en fait, il n'y en aurait aucune entre lui et moi. J'entendais collaborer avec Brancati et nullement avec Ganzo. Ou je transformerais à mon gré le roman sans aucune opposition possible, ou je ne m'occupais plus de rien et laissais à Ganzo son texte injouable.

J'appris lors des tractations qui suivirent que l'on peut être grand poète et grande gueule en même temps, en ce qui concerne les misérables questions d'argent. Tout faillit rompre plusieurs fois entre les héritiers de Brancati, Ganzo et moi, Ganzo mettant toujours en avant son manuscrit — et son rôle d'auteur — les deux étant à mes yeux inexistants. Je lui rachetais le droit d'écrire une pièce (puisqu'il le détenait) mais pas sa prétendue pièce. Il était par ailleurs furieux de toucher moins que les héritiers Brancati, ce qui était pourtant assez normal. On se demandait jusqu'où il irait dans ses prétentions. Il alla assez loin mais son intérêt lui commandait tout de même de ne pas franchir une certaine limite. Il le comprit et accepta enfin ce qui lui était proposé, déjà abusif à mon point de vue.

Libre de tout frein, je me mis enfin au travail. Passer

de Raimu à Elvire Popesco m'amusa beaucoup et cela ne changeait pas grand-chose car la honte d'avoir engendré un fils impuissant pouvait atteindre une mère aussi bien qu'un père. Si bien que je pus suivre à la scène le déroulement de l'action imaginée par Brancati et conserver le ton général extrêmement comique autour du drame d'Antonio. Ma seule obligation fut d'inventer un dernier acte qui n'avait plus de rapport avec la fin du roman. Celui-ci se terminait pendant la guerre et sous un bombardement où le père d'Antonio trouvait la mort d'une façon tragi-comique. Tout un aspect grivois paillard du roman disparaissait dans un mélo qu'il fallait à tout prix éviter à la scène. J'eus beaucoup de mal à trouver ce dernier tableau en lui conservant le ton d'un conte de Boccace et à terminer en comédie farce ce qui était une farce tragique.

Après les démêlés avec Ganzo quant à la pièce, ce fut le tour des démêlés avec Popesco quant au personnage que je lui offrais. Ils furent nombreux et variés, on s'en doute, et d'une certaine façon ils aidaient Elvire dans son travail. Il suffisait de la mécontenter en un point quelconque et elle entrait aussitôt dans une colère qui appartenait à son personnage. C'était au curé de sa paroisse qu'elle s'en prenait le plus violemment dans la pièce. Lorsque, dans nos discussions, je me sentais un peu trop directement l'objet de son humeur, je lui disais : « Ne me prenez quand même pas pour le curé. » Elle éclatait de rire et sa colère passait aussi vite qu'elle était venue. Chacune des quatre pièces que j'ai écrites pour Elvire Popesco a remporté un énorme succès mais chaque fois la presse a tenu à souligner que le succès n'était dû qu'à ma prodigieuse interprète. Je n'ai jamais nié que c'était chaque fois elle qui attirait le public, bien plus que la pièce. C'est évident. Le public va vers qui il aime. Or il aime Popesco depuis cinquante ans et il ne pouvait pas aimer chaque pièce nouvelle puisqu'il ne la connaissait pas. Si Raimu avait vécu et que la pièce eût été écrite pour lui et jouée par lui, le succès aurait été dû à Raimu de la même façon. On ne manqua donc pas de bien me faire entendre que je n'étais pour rien — entre Brancati et Popesco — dans la réussite de *La Mamma*. A ce genre de précision j'étais habitué et j'en souriais sans en être blessé mais la mauvaise foi et l'acharnement dont on usa contre moi cette fois-ci me surprirent.

Huit jours avant la générale un des responsables d'un grand journal de l'époque demanda à un rédacteur d'écrire un mauvais article sur moi. Le rédacteur en question me connaissant un peu et ne voyant pas la raison de cette attaque refusa. Un autre accepta et un article me malmenant en effet passa en bonne place, sans signature et même sans initiales. Un anonymat absolu. Pourquoi m'en voulait-on dans ce journal ? A qui avais-je fait quoi ? Je ne sus jamais rien, sinon que « l'auteur de l'article était une larve » et que le supérieur qui le lui avait commandé « ne pouvait pas supporter le succès des autres ».

Comme il s'agissait de la libre adaptation d'un roman à la scène je m'attendais à quelque attaque, m'accusant naturellement d'avoir trahi Brancati.

Elle ne se fit pas attendre. Par bonheur Armand Pierhal familier du roman puisqu'il en était le traducteur avait vu ma pièce et l'avait aimée, comprenant parfaitement le sens de mes modifications mais jugeant que je n'avais justement pas trahi l'esprit de Brancati. Il répondit donc au journal qui attaquait la pièce en donnant son point de vue. Le journal ne put refuser son article. Celui-ci fut publié mais ainsi titré en grosses lettres : Armand Pierhal a vu pour vous *La Mamma.* André Roussin a trahi *Le Bel Antonio,* mais... (suivaient en sous-titre quelques phrases de Pierhal disant pourquoi il aimait la pièce). Telles sont — de Paris — les coutumes...

Les protagonistes de *La Mamma* sont des Siciliens de Catane, d'origine paysanne, assez proches des personnages de Pagnol. Mme Rosaria-Popesco avait — je l'ai dit — des scènes violentes avec le curé de sa paroisse. A la fin de l'une d'elles, le curé excédé employait une expression sicilienne assez triviale que Brancati avait voulue et écrite et que j'avais moi-même conservée. C'était la fin d'un acte ; je faisais donc tomber le rideau en ajoutant cette exclamation de Mme Rosaria, scandalisée par le langage du curé : « Merde alors ! Je n'ai jamais entendu quelqu'un d'aussi grossier ! » Popesco lançant ce juron célèbre ne pouvait enchaîner la phrase suivante dans le même souffle, tant les rires du public l'empêchaient d'être entendue. Ce mot, devenu si banal, elle était la seule à le dire dans toute la pièce et elle ne le proférait que cette fois-là. Mais M. J.-P. D. écrivait : « *Tous* les personnages de la pièce disent merde ! *plusieurs* fois ; *y compris* un curé ! » Trois mensonges en deux lignes, c'est beaucoup. Et pourquoi ? — Je n'ai jamais compris comment certains journalistes peuvent écrire sciemment le contraire de ce qu'ils savent être la vérité. Curieusement, *La Mamma* fut la pièce qui me valut le plus d'articles venimeux ou insultants. Mes « grossièretés et vulgarités » m'étaient jetées au visage à croire que ces messieurs jusqu'à moi n'avaient jamais entendu un mot plus haut que l'autre. Celui de Cambronne, on l'a vu, produisait à l'un deux un effet tel que ce grand délicat l'ayant entendu *une* fois avait cru le réentendre, dit en écho par *tous* les personnages de la pièce.

Un autre de ces critiques à sensibilité de jeune fille 1900 avouait qu'il était parti à l'entracte, tant ses oreilles avaient souffert ! Ce pauvre chéri n'avait sans doute jamais entendu dans *Macbeth* la scène du portier ivre et il ne devait pas avoir vu en entier beaucoup de pièces de Shakespeare ou de ses confrères élisabéthains.

La critique radiophonique ne me ménagea pas davantage. Je fus à proprement parler étripé et je n'ai jamais compris pourquoi *La Mamma* me valut ce traitement si particulier. Le public y riait presque de bout en bout, les personnages et les péripéties étaient tout le temps drôles autour d'un sujet qui ne l'était pas et une grande actrice trouvait là un rôle qui lui permettait de donner toute la mesure de son exceptionnelle personnalité. Qu'avais-je tant à me reprocher ? En outre, cette pièce n'était que la version théâtrale d'un roman reconnu comme le chef-d'œuvre d'un écrivain étranger. Je n'étais pas ici véritablement le créateur mais l'artisan qui amenait au vaste public du théâtre un auteur encore ignoré de lui. Pourtant c'était moi qui prenais les coups. Dans ce métier-là il faut savoir encaisser de temps en temps sans se poser trop de questions. Après dix ou quinze expériences, on devrait le savoir. En fait, on le sait, mais cela surprend quand même chaque fois.

Après *L'Amour fou* et *La Mamma,* la troisième pièce que je fis jouer à la Madeleine fut *Les Glorieuses* et celle-ci a toute une histoire.

Pierre Dux avait été mon interprète malheureux dans *La Main de César* et triomphant dans *Hélène* où il campait un irrésistible Ménélas. Nous étions naturellement en excellents termes et il ne me surprit pas à moitié le jour où parlant de nos projets, il me dit soudain : « Ça vous tenterait de récrire *Le Misanthrope* ? » Il éclata de rire devant mes yeux ronds. Et il s'expliqua. Ayant beaucoup joué le rôle d'Alceste il avait été chaque fois frappé par la simplicité de ton et la modernité du style dans les grands moments de cette comédie. A côté de cela un certain nombre d'expressions ou de tournures appartenant typiquement au XVIIe siècle rendaient l'œuvre quasi incompréhensible à un certain public ; dans vingt-cinq ans on ne la comprendrait plus du tout. Si donc il était possible de donner au texte de Molière quelques coups de gomme et remplacer tels ou tels mots périmés par d'autres de notre temps, ce chef-d'œuvre pourrait laisser l'impression d'avoir été écrit aujourd'hui et n'en serait que plus émouvant. Dans l'esprit de Dux nous réunirions la presse avant la générale et expliquerions le but louable de notre entreprise : sauver Molière de ce qui dans le style de son temps risquait d'ici peu de rendre son théâtre injouable. Pierre Dux m'assurait qu'il n'y avait pas plus de cinquante vers à transformer. L'exposé de ce projet me laissa rêveur, venant surtout d'un sociétaire honoraire de la Comédie-Française, respectueux de la tradition et du répertoire et n'ayant jamais joué à l'iconoclaste.

Je pris donc une brochure du *Misanthrope.* En relisant plusieurs fois et mot à mot la seule première scène entre Alceste et Philinte je m'aperçus que c'était presque à chaque vers qu'il faudrait intervenir : il n'était tout de même pas possible de changer les mots que Molière avait mis dans la bouche de ses personnages et que ceux-ci disaient depuis trois siècles. Imaginait-on aussi les indignations que nous allions provoquer ? Pour moi, personnellement, non content de me prendre pour Molière et d'avoir raté une pièce sur lui, voilà que je m'employais maintenant à récrire les siennes ! Personne n'avait donc pu m'empêcher de me rendre à ce point ridicule de prétention ? Je décidai naturellement de ne pas donner suite et je n'eus d'ailleurs aucun mal à persuader Pierre Dux de la catastrophe à laquelle nous courrions dans cette entreprise folle. Mais en approuvant mon point de vue, il me dit, comme allant de soi : « Abandonnons Molière, d'accord. Alors, pourquoi ne pas écrire une comédie comme une des vôtres — à Paris, de nos jours, en veston — en vers alexandrins ? En alexandrins alternés : deux rimes masculines, deux féminines — parce qu'on a adopté cette convention du XVIIe — mais avec des mots d'aujourd'hui et en refusant toute inversion, toute tournure de style d'époque ? »

Pierre Dux avait joué beaucoup de pièces en vers du répertoire, il était persuadé que la percussion de l'alexandrin serait la même dans une action moderne, avec une syntaxe et un vocabulaire actuels. « Il ne s'agit pas de poétiser, insistait Dux. Surtout pas ! Les vers plats des *Femmes savantes,* rien de plus. » La proposition précédente, mettant Molière en cause, m'avait paru impossible, mais cette comédie moderne, que Dux m'invitait à écrire en vers alexandrins, me séduisit aussitôt. Il y avait là une expérience jamais tentée à notre époque, un pari à gagner. Prouver qu'au XXe comme au XVIIe siècle le vers restait un langage de théâtre et qu'un dialogue en alexandrins ferait rire aujourd'hui comme hier. Je répondis donc à Pierre Dux que, cette fois, son idée me plaisait et que j'allais y penser. Rien ne pressait de toute façon ; le Théâtre de la Madeleine tenait un long succès avec *La Mamma* et le triomphe de *Patate* risquait de retenir Dux au Théâtre Saint-Georges pendant encore plus de temps.

Nous étions en 1957. Depuis dix ans, avec une cure presque chaque été, mes rhumatismes m'avaient laissé vivre, malgré l'impossibilité où je me trouvais toujours de marcher longtemps, de courir et d'exercer le moindre sport, sinon la natation. Cette année-là, n'ayant pas à me soigner mais seulement à me reposer dans quelque coin calme, j'avais choisi Divonne et l'idée me vint de me remettre à jouer au tennis, de voir tout au moins si c'était possible. J'expliquai mon cas à un professeur. Peut-être qu'une tentative très progressive serait envisageable. Hélas le premier jour et après dix minutes d'échange de balles, mes chevilles étaient énormes et douloureuses et mon coude droit également enflé. Il n'était plus question de tennis. Je rentrai alors clopin-clopant à mon hôtel, assez abattu par ce que je venais de constater ; je pouvais travailler, voyager, circuler, diriger des répétitions, mais je devais me faire à cette idée : rien de ce qui exigeait course ou effort violent ne m'était plus possible. Ne me trouvais-je pas dans un état bien pire dix ans plus tôt, lorsque j'avais commencé à écrire *La Petite Hutte* pour combattre mon cafard ? Je décidai donc d'utiliser mon séjour dans la calme station de Divonne pour tenter d'écrire cette comédie en vers dont Dux m'avait parlé. Je repensais à cette phrase de Sainte-Beuve aux Goncourt : « La comédie en vers me semble finie : ou vous faites des vers qui ne sont pas de comédie ou vous faites de la prose. » Je ne comprenais pas sa position. Pourquoi les vers « ne sont-ils pas de comédie » ? Toute la question était là. Pourquoi cette pétition de principe ? J'entendais bien, justement, écrire des vers de comédie. Mais de quelle comédie ? Sur quel sujet ? Avec quels personnages ? En dix minutes je venais d'être amené de mes projets de tennis à l'obligation de me mettre au travail puisque j'étais à peu près immobilisé dans une chambre d'hôtel. Et d'abord, serais-je encore capable d'écrire des vers acceptables ? Pour répondre à cette question j'imaginai un simple dialogue auquel je pouvais toujours m'essayer, entre un auteur qui projette d'écrire une pièce en vers et un ami qui cherche à l'en dissuader. Ce n'était pas un sujet mais un thème à exercice, un moyen de me tester moi-même en me mettant dans la peau de mon personnage. Pour prendre le rythme je me récitai cette tirade de Clitandre dans *Les Femmes savantes* :

Vous en voulez beaucoup à cette pauvre Cour
Et son malheur est grand de voir que chaque jour
Vous autres beaux esprits, vous déclamiez contre elle,
Que de tous vos chagrins vous lui fassiez querelle...

Je gardais depuis longtemps ces vers en mémoire comme exemple d'une langue coulante et simple où chaque mot est naturellement à sa place, sans contorsion syntaxique, une sorte de prose rythmée et rimée, celle même que je visais dans la pièce que, sans le savoir, j'écrivais déjà. Car, très vite, je m'aperçus que je m'exprimais assez facilement en alexandrins une fois le rythme en tête et je m'aperçus aussi, après une centaine de vers, que mon exercice était devenu en réalité, la première scène de ma pièce. J'avais pris pour protagoniste un auteur dramatique qui faisait de sa femme un portrait peu flatteur mais coloré. Ce personnage de « femme d'auteur » insupportable par l'importance qu'elle se donne dans tout ce qui touche à l'œuvre de son mari, allait devenir le sujet même de ma comédie. Cette femme serait la « Glorieuse », c'est-à-dire celle qui n'existe que par la gloire de son grand homme de conjoint.

Nullement limité aux seules femmes d'écrivains, ce caractère féminin si répandu me parut un bon sujet de comédie. Quelle heureuse idée avait eue Pierre Dux de me suggérer cette expérience ! Je n'aurais sans doute jamais pensé à une pièce en alexandrins et de jour en jour, je m'amusais davantage à écrire *Les Glorieuses.* Je trouvais dans ce travail un extraordinaire rajeunissement ; non seulement écrire des vers me ramenait à l'âge où je pastichais Rostand et Molière mais, mieux encore, il me semblait être moi-même remonté à la source de notre langage théâtral. Au XVIIe siècle toute œuvre de quelque tenue, tragédie ou comédie, ne pouvait être écrite qu'en vers. Si certaines des œuvres de Molière avaient manqué à la règle, c'était que l'emploi du temps de ce forçat du théâtre ne lui avait pas permis de s'y conformer.

Fort heureusement j'avais quant à moi tout mon temps et mon travail m'était un merveilleux divertissement. De quelle intelligence du théâtre les classiques avaient fait preuve en adoptant sur la scène le langage versifié ! Comme la phrase prend plus de force à être rythmée, comme la rime apporte (par le fait qu'on la devine ou au contraire qu'elle surprenne) un élément d'humour particulier que rien ne peut remplacer ! Je m'amusais énormément avec les sons, avec les mots, avec les rythmes et si, de temps à autre je me trouvais face à une contorsion obligatoire de la phrase pour éviter un hiatus, ou une rime faible je préférais l'hiatus et la rime médiocre pour garder à la phrase sa fluidité et son naturel. Je n'hésitais pas non plus à faire rimer deux mots au son identique, si même la rime était fausse visuellement. Il s'agissait d'un texte qui devait d'abord être entendu. Ces licences je devais m'en expliquer dans le programme du théâtre et en préface à l'édition de la pièce, appuyant mes arguments sur un texte célèbre de Louis Aragon quant au respect inutile de certaines règles absurdes en matière de versification. Le parrainage de l'illustre poète ne m'empêchera pas d'être sérieusement pris à partie par certains puristes, parlant naturellement de mes vers de « mirliton ». Mirliton ou pas je me réjouissais constamment à fignoler les meilleurs vers possibles et à faire claironner par mon héros quelques vérités sur ces épouses accablantes qui deviennent un jour les redoutables veuves qu'Anatole de Monzie a baptisées à jamais d'« abusives ». Comme *Les Œufs de l'autruche* cette comédie n'avait qu'une intrigue assez mince qui ne permettait pas d'envisager trois actes. Je m'en tins donc encore une fois à la mesure de deux actes et à une durée totale d'une heure et demie. Ce sont les grands drames romantiques qui ont considérablement augmenté le temps des spectacles. Mais les comédies du théâtre classique si elles comprenaient parfois trois, quatre ou cinq actes dépassaient rarement néanmoins la durée d'une heure et demie. Chaque acte n'excédait pas les vingt minutes au-delà desquelles il fallait moucher les chandelles. En me limitant à ces quatre-vingt-dix minutes de spectacle je retrouvais en fait la durée de *L'École des femmes* (une heure trente-deux) ou des *Femmes savantes* (une heure quarante). Je remarquai alors que le cinéma avait assez rapidement trouvé lui aussi la durée normale d'un film et que celle-ci avoisinait les quatre-vingt-dix minutes du théâtre classique. En somme, écrire cette pièce en vers alexandrins m'avait mis en face d'exigences fondamentales, forcé à une rigueur nouvelle acceptée au départ et conduit aussi à une économie qui, au théâtre, est souvent salutaire. En outre je m'étais, je l'ai dit, beaucoup amusé. A la fin des vacances, la pièce était terminée et j'avais écrit aussi une comédie en un acte qui serait jouée en lever de rideau : *Une femme qui dit la vérité.* Cette pièce ne comportait que deux hommes et je prévoyais que, Pierre Dux et moi, nous en serions les interprètes. Nous le fûmes en effet, mais deux ans plus tard car Pierre Dux ne put se dégager plus tôt du Théâtre Saint-Georges où il jouait *Patate,* le succès triomphal de Marcel Achard.

Avoir écrit dans une sorte de fièvre joyeuse une pièce dont on espère beaucoup et attendre deux saisons pour la voir représenter est une épreuve pénible mais je devais *Les Glorieuses* à l'initiative de Pierre Dux, je n'envisageais naturellement pas de la faire jouer par un autre comédien. En outre il était amusant (et bénéfique) d'avoir pour interprète principal d'une comédie de boulevard en vers, un grand sociétaire de la Comédie-Française. Une autre fit partie de la distribution : Béatrice Bretty, elle aussi rompue au répertoire en vers du Théâtre-Français.

La saison 1960-1961 commença par le succès des *Glorieuses.* Il fut des plus vifs. Le sujet excita naturellement la presse qui alla jusqu'à consacrer une page entière (avec photos) aux douze « Glorieuses » de Paris, c'est-à-dire aux femmes de célébrités, célèbres elles-mêmes par leur façon éclatante d'être d'abord « Mme Untel ». Le soir où cette page parut je me trouvais en fin de spectacle, dans la loge de Claude Gensac, la glorieuse de ma comédie. La page était étalée sur un canapé. On frappa à la porte. C'était deux des plus illustres glorieuses de Paris, toutes deux femmes d'auteurs dramatiques. Leurs félicitations furent naturellement celles — chaleureuses — de personnes qui ne se sentaient nullement concernées et qui trouvaient la pièce « très drôle ». Toutes les deux avaient leurs photos sous les yeux dans *France-Soir.* Elles firent celles qui ne voyaient pas le journal.

Il était évident qu'une comédie de boulevard en vers constituait un certain événement car on put assister à ceci d'assez particulier : deux sur trois des critiques écrivirent leur article en vers alexandrins, trouvant sans doute là l'occasion de satisfaire un penchant étouffé depuis longtemps et me faisant savoir en outre qu'eux aussi étaient capables d'écrire de mauvais alexandrins. Comme à l'accoutumée, la presse salua et dénigra ma pièce. Les détracteurs n'empêchèrent pas le public de prouver chaque soir que les rires éclataient aussi bien avec une comédie en vers qu'en prose. Le pari était donc gagné. Je fus quand même surpris de lire sous la plume d'un critique (d'ailleurs ami) que décidément je serais toujours un petit malin et que je ne reculais devant aucune « rouerie » pour avoir du succès : cette fois, j'avais écrit ma pièce en vers alexandrins car je savais bien que c'était là un langage de théâtre plus efficace que la prose ou « le versiculet irrégulier ». Une rouerie supplémentaire était que, pour me jouer, j'avais fait appel à d'anciens acteurs de la Comédie-Française qui disaient fort bien les vers. Cet aimable critique me reprochait également d'avoir demandé à Wakhévitch le décor qui convenait exactement à ma pièce. Encore une rouerie. C'est ce que j'appelle la critique désarmante. Comment y répondre et à quoi bon ? Que fallait-il pour ne pas être un « roué » ? De mauvais vers ? Des acteurs ne sachant pas les dire ? Un décor de forêt en flammes en place d'une bibliothèque ? Mystère de la critique. Si la presse dans son ensemble ne m'avait pas été souvent favorable je n'aurais pas eu cette majorité de succès. En ce qui concerne *Les Glorieuses* tant d'articles portèrent la pièce aux nues que je serais bien ingrat de ne pas le reconnaître. Mais il est vrai que les succès répétés indisposent et qu'une partie des critiques devient franchement hostile à qui les remporte. Je crois que cela est assez propre au théâtre et spécialement à la comédie. L'explication me paraît être dans l'apparente facilité que représente une comédie. S'il voit représenter *La Reine morte* ou *Port-Royal,* le critique quelque peu auteur lui-même s'avoue sans trop de douleur qu'il n'a évidemment pas le style de Montherlant. C'est là un don (inexplicable mais évident) auquel il ne peut s'en prendre. Impossible pour lui de viser si haut. Il peut donc envier la gloire de Montherlant mais il la lui pardonne comme il aurait pardonné la sienne à Chateaubriand. Mais s'il se trouve en face d'une comédie « de... boulevard », ce qui signifie dans son esprit « de... rien du tout », il se dit alors : « Pourquoi pas moi ? » Et il énumère toutes les « facilités » qu'il trouve dans cette comédie : son sujet, ses personnages types, ses conventions, son dialogue... Tout y passe, pour prouver que n'importe qui peut en faire autant et surtout faire mieux. Et pourtant lui — qui n'est certes pas n'importe qui ! — ne fait ni pareil ni mieux. Pourquoi ? J'ai, je crois, une bonne réponse à fournir à ce monsieur, c'est qu'il n'est pas si facile d'user de ce qu'il appelle des facilités et que, finalement, rien n'est facile dans ce domaine, même d'écrire une mauvaise pièce. Au cours d'un déjeuner chez Maurice Chevalier où on parlait de Picasso, André Malraux disait drôlement : « Ce qui épate le concierge, ce n'est pas ce que fait Picasso, c'est que ce qu'il fait se vende très cher. Parce qu'il est entendu que " tout le monde peut en faire autant ". Or si lui, concierge, fait comme Picasso (un pied à la place d'un œil, etc.) ce qu'il fait non seulement ne se vend pas cher, mais ne se vend pas du tout. D'où la considération pour Picasso. »

Il y a un peu du concierge de Malraux chez tous ceux qui face à une œuvre quelconque trouvent toujours qu'ils sont capables d'en faire autant (puisque c'est si mauvais) et qui finalement ne le font pas. Ce qui prouve que — selon la formule célèbre — le pire n'est pas toujours sûr.

Je ne continuerai pas à rapporter dans le détail la création des pièces écrites et jouées de 1961 à 1981. Elles eurent toutes au minimum une saison de représentations dans divers théâtres puisqu'en 1965 nous décidâmes Benoît-Léon Deutsch et moi de vendre à notre tour, celui de la Madeleine, après dix ans d'exploitation. Non que nos « affaires » n'y aient pas été bonnes, mais pour ma part, je ne supportais plus cette chaîne. Venir au théâtre tous les soirs pour jouer la comédie est une chose ; y venir tous les après-midi « à son bureau » pour régler les questions que pose constamment la bonne marche d'un spectacle, en est une autre et celle-ci me pesait.

La Voyante fut encore créée chez nous et de toutes les pièces de cette époque c'est elle qui se détache évidemment du lot, avec la comique et bouleversante interprétation d'Elvire Popesco. J'ai raconté dans *Le Rideau rouge* les péripéties des répétitions et parfois les accrochages que j'eus avec mon monstre sacré. Ce qui m'intéresse ici, ce sont certaines réactions provoquées par cette pièce. Elles furent aussi nombreuses que variées. La première fut celle d'un savant et philosophe de grande réputation, Jean Rostand. Il est vrai de dire que les philosophes le considéraient comme un savant et les savants comme un philosophe. Son autorité n'en restait pas moins grande et sa tête était aussi bien d'un savant que d'un philosophe. Ayant posé ma candidature à l'Académie française en 1964, je me rendis à Ville-d'Avray un dimanche après-midi, pour ma visite protocolaire. Jean Rostand ne me recevait pas seul à seul, comme cela se fait en général. Tous les dimanches des amis venaient passer un moment chez M. et Mme Rostand où un buffet les attendait et j'avais été invité à me joindre à eux. Je le fis donc et ce dimanche précédait d'un jour ou deux la générale de *La Voyante*. Je pensais bien que chez Jean Rostand il valait mieux parler de grenouilles que de voyantes, mais je ne pus guère éviter le sujet, mon hôte ayant sans doute su par un journal le titre de la nouvelle et très prochaine pièce.

— Vous ne défendez pas ces folles ? me demanda-t-il.

J'expliquai qu'une pièce était moins faite à mon avis pour répondre à des questions que pour les poser. L'existence des voyantes était un fait. Devait-on refuser les phénomènes de voyance sous prétexte que, dans cette branche d'activité, il se comptait beaucoup d'imposteurs des deux sexes ? Ma pièce voulait précisément placer ce qu'on appelle les sciences occultes en face de la science. La fin tragique de mon histoire témoignait en tout cas des limites et de l'échec de la voyance. Jean Rostand était un homme passionné et qui défendait avec chaleur et force ses idées. Il attaqua les phénomènes dits extra-sensibles et tout ce qui s'y rattache. La transmission de pensée elle-même ne trouvait pas grâce à ses yeux. Et j'entendis alors une argumentation qui me laissa rêveur : « Je vais vous dire pourquoi la transmission de pensée *n'existe pas.* Parce que rien n'est jamais passé d'un être à un autre. Si quelque chose passait, cela se saurait parce que cela serait mesurable. Or rien dans ce domaine n'a jamais pu être mesuré. »

Je n'allais pas discuter et surtout contredire l'éminent académicien dont je venais en outre solliciter la voix. Je partis convaincu que, de toute façon, je n'aurais pas cette voix, mais impressionné surtout par cette déclaration d'un savant : si une chose n'avait jamais pu être mesurée, cela prouvait qu'elle n'existait pas. La réponse me paraissait trop évidente : « Et si demain se trouve le moyen inconnu aujourd'hui, de la mesurer ? » A une époque comme la nôtre riche en découvertes de procédés d'investigation, comment affirmer que ce qui n'a pas été perçu ou mesuré jusqu'ici ne le sera pas un jour ?

Au fond, la conversation que je venais d'avoir avec un biologiste réputé était un peu celle que, dans ma pièce, la voyante avait avec son fils, éminent chirurgien. Lui était moins catégorique que Jean Rostand ; il reconnaissait même à sa mère une extraordinaire faculté de « vues prémonitoires » mais il la prenait pourtant en flagrant délit d'erreur dans un diagnostic d'ordre médical. Morale : prudence. A chacun son métier, grave responsabilité à ne pas prendre dans ce domaine.

Je savais qu'un Français sur trois consulte les astrologues, voyants et voyantes. Le sujet me paraissait donc susceptible d'intéresser et peut-être de provoquer des débats passionnés. Mais cette pièce était surtout pour moi une action dramatique où le destin entrait en jeu comme chez les tragiques grecs. J'espérais qu'on me saurait gré de m'être risqué sur ce terrain peu « boulevardier ». Non. Ce fut une volée de bois vert comme on m'a fait quelquefois l'honneur de m'en réserver. A l'exception de Gabriel Marcel, je l'ai dit, je n'eus guère droit qu'au constat désolé d'un ennuyeux mélo dont finalement on ne savait trop ce qu'il signifiait. Mais sur quel ton étais-je renvoyé à mes « ménages à trois » et à mes fourneaux habituels. Entre *Les Glorieuses* et *La Voyante* j'avais fait jouer *Un amour qui ne finit pas.* C'était une comédie sur l'amour absolu et sa faillite. Une comédie n'est pas toujours hilarante. Éclate-t-on de rire en écoutant Marivaux ? La presse parut très surprise. Je devenais mélancolique ! Et même « triste » ! Avec *La Voyante* cela s'aggravait : je « tombais dans le mélo » ! Que m'arrivait-il ? Et j'étais obligé de constater ceci : quand j'écrivais une comédie où l'on riait beaucoup on me reprochait mes « mots », mes « facilités », mes « roueries » et la qualité du rire que je provoquais, et lorsque la pièce ne permettait pas de rire autant, voilà qu'on ne trouvait plus mes « saillies », ma « verve », mon « esprit primesautier ». Je comprenais aussi que je ne devais surtout pas essayer d'aborder un genre plus sérieux que celui où j'avais l'habitude de nageoter. Comment m'y retrouver ? En lisant après une générale les articles consacrés à l'une de mes pièces, je pouvais croire que cette pièce était bonne ou très mauvaise. Faut-il, une fois de plus, mettre ici la critique en cause ? A qui reprocher quoi ? A ceux qui n'aiment pas, de ne pas aimer ? Et de le dire ? — Mais ceux qui aiment, le disent aussi, alors ceci compense cela. Et pour moi, le problème de la critique s'arrête là, c'est-à-dire qu'il n'y en a pas. La vérité en cette matière est que tout ce qui n'est pas approbation ou louange de son œuvre blesse un auteur. Toute réserve lui déplaît, toute critique sévère le révolte, toute méchanceté le bouleverse. Certains jouent les indifférents et prétendent ne pas s'intéresser à ce qui est écrit sur leur compte. Je n'en crois rien. Et s'ils ont vraiment cette attitude c'est sans doute qu'ils se savent les plus vulnérables et que la blessure chez eux serait des plus douloureuses. Il faut apprendre à encaisser l'injustice des uns, la méchanceté des autres, la mauvaise foi, la jalousie et certains coups bas. Pour moi, qui me sens plus enclin à aimer les gens qu'à les haïr et qui n'ai certainement jamais cherché à nuire à quelqu'un, j'ai eu souvent l'occasion de me demander pourquoi j'étais à ce point détesté par des individus que je ne connaissais pas. « Mais qu'est-ce que je leur ai fait ? » me disais-je. Je me répondais : « Ils n'aiment pas mes pièces. Bon. Mais ce n'est pas une raison pour m'en vouloir et presque m'insulter ? Pourquoi cette hargne ? » Et j'étais obligé de conclure : « Parce qu'ils voient que d'autres très nombreux les aiment. » Cela m'amenait à penser que certaines personnes détestent quelqu'un à cause de la bonne opinion que d'autres ont de lui, ce qui est tout de même très curieux.

Je me suis quelquefois dit en évoquant les années de ma jeunesse où je rêvais de notoriété théâtrale : « Avais-je pensé à ça ? L'idée m'était-elle venue que je serais ainsi mis au plus bas et parfois traité en indigent de l'esprit et du théâtre ? » Je crois bien que non. Je n'envisageais pas que me faire connaître et applaudir me ferait aussi détester. L'ayant su, je ne suis pas certain que cela m'eût fait choisir d'entrer à la S.N.C.F. pour jouir de l'obscur et admirable destin des aiguilleurs.

***

J'ai dit qu'en 1964, ma visite à Jean Rostand était de candidature. On a l'habitude d'expliquer dans ce cas-là, que plusieurs amis « vous ont convaincu » de vous présenter à la succession de... En ce qui me concerne, c'est strictement exact. Contrairement à Jean Dutourd qui dit avoir rêvé à l'Académie française dès l'âge de dix ans, je puis affirmer qu'à dix ans j'avais en tête bien d'autres jeux que l'Académie, et je me demande si je connaissais même son existence. Plus tard, devenu acteur, je n'avais aucune raison de l'envisager davantage. Auteur, je n'y pensais pas non plus parce que je jouais encore la comédie. Ce fut donc effectivement « parce que plusieurs amis », etc. Ces amis étaient Marcel Pagnol, Marcel Achard, René Clair ou Maurice Garçon que je connaissais de longue date, mais aussi Pasteur Vallery-Radot, André Maurois, Jérôme Carcopino, Maurice Genevoix, Pierre Gaxotte ou Daniel-Rops que je connaissais peu ou pas, mais qui aimaient mes pièces, me le faisaient savoir et « finirent par me convaincre de me présenter à la succession d'Henry Bordeaux ».

Le premier qui me parla sérieusement de ma candidature possible fut le professeur Pasteur Vallery-Radot. Il adorait le théâtre et voyait toutes les pièces. Je lui opposai que je voulais éventuellement pouvoir jouer encore et que l'Académie l'avait refusé à Sacha Guitry.

— Aucun article de nos statuts n'interdit de monter sur la scène, me répondit-il. D'ailleurs au XVIIIe siècle, Destouches était comme vous auteur acteur, e il fut académicien. Je crois d'ailleurs qu'il a été le seul. Alors ce serait très drôle que vous le soyez après lui car il a écrit *Le Glorieux* et vous *Les Glorieuses.*

C'était drôle en effet. Et plus ma candidature avait l'air d'être envisagée sérieusement plus je trouvais cela drôle. Je m'imaginais élu et je trouvais impayable de devenir ce jour-là brusquement, moi caporal, confrère d'un maréchal de France (Juin), moi nul en latin, confrère de Jérôme Carcopino, moi inexistant en sciences, confrère de l'inventeur de la mécanique ondulatoire (le duc de Broglie), enfin, digne de coiffer le fameux bicorne, ayant si souvent porté le serre-tête de mon ami Scapin. Une aventure tout à fait imprévue s'insérait soudain dans mon aventure théâtrale. Et qui pouvait dire si un de ceux qui m'avait si joyeusement étripé dans ses articles sur mes pièces, ne deviendrait pas un très aimable confrère le jour où il serait atteint de la fièvre verte. Tout cela m'amusait follement et je calculais que pour mettre un comble à tant de joyeusetés, j'aurais cinquante-deux ans lors de cette élection, ce qui ferait de moi le benjamin de la célèbre compagnie. Je pensais à mon fameux grand-père et à la tête qui eût été la sienne, si on lui avait dit que. Il en eût été plus que fier et j'imaginais que ma mère partagerait cette fierté. Ma mère était la meilleure femme qui fût et son souci majeur à mon égard était ma santé. La seule chose importante à ses yeux était que dans mes différentes activités je ne me fatiguasse pas. La « fatigue », pour elle qui avait une belle santé, était une sorte de mal sournois à combattre chaque jour. Je savais que c'était chez elle une hantise et j'évitais de mon mieux les fortifiants qu'elle cherchait toujours à me faire ingurgiter ; je ne fus pas peu surpris cependant de sa réaction quant à ma candidature. Comme je lui demandais si elle serait heureuse de mon élection à l'Académie elle me répondit : « Mais à quoi bon mon pauvre petit ? Tu vas te fatiguer horriblement ! » Le moins qu'on puisse dire est que ma chère mère n'était nullement snobée par l'Académie. Au cours de certaines de nos calmes séances d'une heure, le jeudi après-midi, il m'arrive de penser en souriant aux horribles fatigues que ma mère redoutait pour son fils académicien.

Malgré son peu d'enthousiasme pour mon projet je pris donc gaiement le départ de cette course où il s'agit d'arriver dans un fauteuil. Selon le conseil qui me fut donné, j'adressai ma lettre de candidature au secrétaire perpétuel, le lendemain même du jour où fut déclarée la vacance dudit fauteuil. Quelle ne fut pas ma surprise (et ma stupeur) de lire dans la presse, dès le jour suivant, que Thierry Maulnier s'y portait également candidat. Nul ne m'en avait soufflé mot. Or Thierry Maulnier, outre son grand talent d'essayiste et d'auteur dramatique, était un fameux éditorialiste du *Figaro* et l'Académie comptait un nombre important de collaborateurs de ce journal. Il était évident que leurs voix iraient à leur confrère, et certaines en une autre circonstance me seraient peut-être échues. J'envisageai aussitôt de retirer ma candidature. Mais cela ne convenait pas à mes partisans.

Ils m'enjoignirent de n'en rien faire et je compris à leur insistance que je m'aliénais leur sympathie si je passais outre. Je compris aussi qu'une sorte de jeu venait de s'instaurer dont Maulnier et moi, nous étions les pions. Les joueurs, eux, s'amusaient à marquer les points. Certains jours ces points durent être assez proches et mettre en péril son éditorialiste, pour qu'officieusement Pierre Brisson, directeur du *Figaro*, me fît demander mon désistement. Je ne pouvais lui donner satisfaction et j'entrepris mes visites. Je ne sais pourquoi certains candidats redoutent cette tradition ou s'y soumettent comme à une corvée. Pour moi, j'en conserve un souvenir délicieux. J'étais aimablement reçu par des personnages éminents dont je connaissais la gloire mais peu les œuvres, dans bien des cas. J'avais cette chance à laquelle je ne pensais pas au début, c'était que ces écrivains ou savants ou philosophes — allaient en général au théâtre comme tout le monde et que la plupart avaient vu une ou deux de mes pièces. Le candidat essaie toujours de laisser entendre à son interlocuteur qu'il a particulièrement apprécié tel ou tel de ses ouvrages. Très vite, la situation était inversée et celui dont je venais pêcher la voix me parlait des *Œufs de l'autruche*, de *La Petite Hutte* ou d'une autre de mes comédies et m'interrogeait surtout sur mes grands interprètes, Elvire Popesco et Gaby Morlay en tête. Je passai ainsi avec le pasteur Boegner une heure où cet homme de haute pensée ne me parla que théâtre, me prouvant qu'il le connaissait fort bien, y compris *Lorsque l'enfant paraît* dont le sujet (l'avortement) ne lui avait pas échappé. Je passai aussi un temps des plus gais avec Jérôme Carcopino que je voyais également pour la première fois et nous sympathisâmes tellement que plusieurs fois, entre ma visite et sa mort, nous échangeâmes des quatrains, les miens quelquefois en latin de cuisine qui l'amusait beaucoup. La plus succulente de mes visites fut celle que je rendis au duc de Broglie dans son bureau du Collège de France. Elle fut évidemment la plus courte. Que pouvais-je dire à ce savant de génie qui fût susceptible de l'intéresser ? Je trouvai une phrase possible d'entrée de jeu pour lui faire comprendre que j'étais bien loin de la science, de la physique en général et de la théorie des quanta en particulier, sur quoi il m'interrompit d'un geste léger des mains et me dit dans un sourire d'une exquise gentillesse : « Moi je ne vais jamais au théâtre. Jamais. Je ne connais absolument pas le théâtre. »

Je me dis que cette fois nous étions à égalité, mais que le sujet de conversation allait être dur à trouver. Je pensai qu'il serait quand même un peu court d'en rester là, lorsque le duc vint avec infiniment d'esprit à mon secours : « Vous vous présentez pour la première fois me semble-t-il ? Je vous souhaite un succès naturellement mais vous savez, les élections académiques sont pleines de surprises. Je vais vous raconter. Quand j'avais vingt-cinq ans je me suis présenté à l'Académie des sciences, ayant à cette époque trouvé quelques petites choses qui me laissaient croire que j'étais digne d'y être admis. J'ai eu cinq voix. Je me suis présenté à nouveau quelques années plus tard et j'ai été élu à l'unanimité cette fois. Mais entre mon échec et mon élection je n'avais rien trouvé du tout. »

Je crois bien, à vingt ans de distance, citer mot pour mot cette charmante anecdote où ce grand homme me laissait entendre avec beaucoup d'humour que les échecs dans ce domaine doivent se prendre avec une douce philosophie. Je me demandai en quittant le duc de Broglie si, contrairement à Jean Rostand, ce savant-là n'était pas un peu voyant... M'avait-il glissé en douce un diagnostic ?

J'étais très curieux de ce que donnerait ma visite à Montherlant. Je ne l'avais rencontré qu'une fois au Théâtre des Ambassadeurs, pour la dernière d'une de ses pièces. Je m'étais présenté à lui et nous avions causé quelques instants. Soudain il m'avait dit à brûle-pourpoint :

— J'ai lu à la Bibliothèque nationale *La Petite Hutte* et *Les Œufs de l'autruche.* Point.

— Vraiment ? avais-je répondu génialement, pris de court à la fois par cette déclaration abrupte, par le silence qui la suivait et par l'image stupéfiante de Montherlant lisant ces deux pièces « à la Bibliothèque nationale ».

Je pensai que *Les Œufs de l'autruche* étant donné son sujet et le goût de Montherlant pour les très jeunes gens, devait susciter quelque mot de commentaire. Comme ce mot n'était toujours pas venu, je lui avais dit mon regret qu'il n'eût pas vu Fresnay jouant *Les Œufs,* où il était irrésistible. Je ne sais plus aujourd'hui comment s'était terminé notre entretien. Je me rappelle cependant avoir souvent pensé à cette rencontre. D'abord à cause de cette image cocasse qui ne me quittait plus, de Montherlant, sérieux comme un pape, lisant *La Petite Hutte* à la Nationale ! Ensuite en me questionnant sur le besoin qu'il avait eu de me le faire aimablement savoir mais sans ajouter un mot, ce qui était d'une parfaite muflerie. Peut-être avait-il estimé que m'avoir lu « à la Nationale » et me le dire, était me faire suffisamment d'honneur — « parce qu'il était lui et que j'étais moi » — et qu'un mot de plus eût été de trop. Je me rappelais in petto une histoire très drôle que m'avait racontée Henri Jeanson.

Un grand magazine artistique de l'époque publia sur deux colonnes et en première page un article que j'avais signé. Au-dessous, se trouvait un article de Montherlant et celui-ci indigné avait décroché son téléphone et appelé le directeur, trouvant de très mauvais goût que dans la mise en page, sa prose fût placée après la mienne, celle « de ce M. Ronssin, auteur de fariboles » ! Jeanson se trouvait dans le bureau du directeur au moment de ce coup de téléphone et me rapportait en hurlant de rire les propos furieux du maître.

On comprend donc avec quelle curiosité et quel amusement intime l'auteur de *La Petite Hutte* et des *Œufs de l'autruche* se dirigea un matin vers le Quai Voltaire pour rendre sa visite protocolaire à l'auteur de *La Reine morte* et du *Maître de Santiago*. Contrairement à d'autres, l'œuvre de Montherlant m'était familière car j'ai toujours été grand admirateur de ce maître écrivain, poète, romancier, essayiste et auteur dramatique. Son côté professeur de gymnastique littéraire m'agaçait cependant beaucoup ; il faisait du muscle avec ostentation pour enfoncer des portes souvent ouvertes ; combien je lui préférais Cocteau dont le style tout en nerfs décochait avec élégance et désinvolture des flèches qui ne manquaient jamais leur but, et allumaient une petite étoile. Néanmoins Montherlant était Montherlant et je connaissais bien ses ouvrages divers. Je savais donc pour l'avoir lu probablement dans *Les Jeunes Filles*, que rien ne l'irritait comme l'inexactitude et que c'était lui manquer gravement que le faire attendre. Il m'avait fixé un rendez-vous à 11 heures. Je m'arrangeai pour être sans erreur possible, à 11 heures moins cinq devant la porte de son immeuble. Là, je fis les cent pas, pensant à ce bal où le comte de Monte-Cristo doit faire une entrée spectaculaire après le dernier coup d'une certaine heure (11 heures ou minuit, je ne sais plus), entrée que Dumas s'amuse à faire attendre en comptant chaque tintement d'une pendule pour qu'au dernier, un majordome annonce solennellement : « M. le comte de Monte-Cristo ! » J'espérais qu'une même pendule égrenait chez Montherlant ses onze coups, que ma sonnette à moi serait le douzième et qu'une voix lancerait aux oreilles de mon hôte : « Monsieur André Ronssin, auteur de fariboles, candidat à l'Académie française ! » Je sonnais donc vigoureusement à 11 heures précises. Une femme me reçut et m'introduisit dans une pièce peuplée de marbres et de moulages antiques plus que de sièges et dont les fenêtres avaient vue sur la Seine. Très vite entra le maître des lieux, qui m'accueillit aimablement. Il avança pour moi un fauteuil en le plaçant face à une fenêtre, me pria d'y prendre place et alla s'asseoir lui, dos à la lumière, si bien qu'il pouvait m'examiner à loisir tandis que je ne le voyais qu'à contre-jour, c'est-à-dire en ombre chinoise. J'eus l'impression d'un suspect qui va subir un interrogatoire de police, mais j'ai la vue bonne et mes yeux s'habituèrent vite au clair-obscur où baignait son visage. Je m'étais dit en venant : « J'espère qu'il ne va pas me reparler de la Bibliothèque nationale ! » Très sujet au fou rire, je craignais d'en être victime dans ce cas-là. Je ne sais plus sur quoi débuta notre entretien. Je suppose que le théâtre dut être notre tremplin car assez vite j'eus l'occasion de lui parler de *Fils de personne*, une pièce de lui que j'admirais plus que ses drames historiques et dans laquelle je voyais une réplique moderne du *Misanthrope* et même la seule, par le drame qui s'y jouait : la lucidité sur le manque de qualité d'un être que l'on aime cependant. Alceste est épris de Célimène et ne peut s'empêcher de la voir telle qu'elle est, frivole et coquette ; le père de la pièce de Montherlant aime son fils mais souffre de déceler en lui une nature médiocre. Ce n'était pas par flagornerie que j'établissais ce rapprochement entre les deux pièces mais parce que je le pensais sincèrement et le pense toujours. Je ne pouvais pas envisager ce que je n'ai appris que récemment par Louis Pauwels : Montherlant détestait Molière. J'imagine donc à retardement que mon petit compliment ne dut lui être nullement agréable. De là, je tins à lui dire aussi — parce que c'était vrai — que je riais aux larmes en lisant certaines pages du *Démon du bien* dans la série des *Jeunes Filles* et qu'il avait des dons de drôlerie auxquels j'étais très sensible.

— Pourquoi n'avez-vous pas écrit aussi des pièces comiques ?

— Mais... j'ai écrit *Brocéliande* ! me répondit-il, surpris de cette lacune dans ma connaissance de son œuvre.

Manque de pot : j'avais oublié *Brocéliande*, pour la simple raison que je n'avais pas vu cette pièce à la Comédie-Française où elle n'avait pas eu de succès. Si au moins j'étais allé à la Nationale ! Et ce fut là que le drame faillit avoir lieu. Il changea par courtoisie sans doute, la conversation et j'entendis : « J'ai lu *Les Glorieuses* à la Bibliothèque nationale. » Je faillis éclater. Je me mordis les joues au sang comme au temps d'*Am-Stram-Gram* et de mes fous rires en scène. Je m'en sortis en plongeant de la tête, comme sous l'effet de ma confusion et de ma gratitude. Mais cette fois il ne s'en tint pas à cette information flatteuse ; il ajouta :

— C'est un bon sujet. Vous en avez connues beaucoup ?

— De Glorieuses ? Nous en connaissons tous, je crois.

— Moi, j'en ai connues beaucoup chez les éditeurs. J'en ai connues de terrifiantes. Vous n'avez pas tout à fait exploité assez ce sujet-là. Il pouvait être développé davantage.

Je fis valoir que l'alexandrin m'avait forcé à une économie de péripéties en faveur du discours, mais apparemment sans le convaincre.

La misogynie de Montherlant avait trouvé là un bon terrain. Il se complut sans nommer ses victimes, à me raconter quelques histoires touchant ces femmes « terrifiantes ». Des femmes d'auteurs, il dut, je suppose, passer aux auteurs eux-mêmes car je garde en mémoire cette anecdote :

— Quand j'étais jeune, me dit-il, je connaissais François de Curel qui jouait les écrivains gentilhommes. Il m'avait invité à passer un week-end dans son château, quelque part dans les Ardennes, et le soir avant d'aller se coucher il me remit à lire un manuscrit de pièce, soucieux d'avoir mon avis. Je le lus, trouvai la pièce exécrable et le lendemain j'eus la force, bien que son invité, de lui remettre son texte sans un mot.

Montherlant sourit et ajouta :

— J'étais dur dans ce temps-là.

Je gardais cette anecdote en tête après l'avoir quitté et me rappelant notre rencontre aux Ambassadeurs et son silence quant à mes pièces, je me disais qu'il ne s'était pas tellement amolli, les années passant. A l'issue de ma visite, j'emportai la conviction que je ne devais pas compter beaucoup sur la voix d'Henry de Montherlant.

Les autres allaient et venaient au fil des jours. J'apprenais officieusement qu'un tel ou un tel m'était favorable. Deux jours plus tard je recevais une information contraire. Marcel Achard me téléphona un matin : « Une bonne nouvelle : Mauriac fait campagne pour toi ! » Bonne nouvelle en effet si cela avait été vrai. Mais comment penser que François Mauriac avec la place qu'il avait au *Figaro* ne voterait pas pour Thierry Maulnier ? J'appris plus tard en effet, que le jour de l'élection ingénument questionné par le même Achard sur ses intentions à mon égard, Mauriac lui avait répondu en toute franchise : « Mais je me fous de Roussin ! » Beaucoup de ces messieurs m'avaient dit au cours de mes visites : « L'ennui c'est que nous vous voudrions tous les deux ! Quel dommage de vous présenter au même fauteuil. » J'en concluais qu'il n'y avait que deux issues à cette élection : Maulnier serait élu, sinon élection blanche. En aucun cas je ne me voyais l'emporter sur mon concurrent. La veille du grand jour j'allai passer la soirée chez René Clair avec qui j'étais en des termes d'amitié et de loyauté parfaites. Nous fîmes un pointage rigoureux qui m'assura dix voix. Donc en effet, pour moi, aucune élection possible. Mais les jeux étaient faits. On verrait.

Je n'ai raconté tout ce qui précéda cette élection que pour en arriver à elle car elle constitue un exemple, digne de devenir classique dans les annales de l'Académie et montre à quoi peut tenir d'être Immortel ou pas. Je comptais donc sur dix voix. Il y eut trois tours de scrutin. Il fallait seize voix pour être élu. Aux deux premiers tours, Maulnier eut quinze voix et moi onze ; au troisième tour Maulnier ne totalisa plus que quatorze voix et je gardai mes onze fidèles. Élection blanche par conséquent. Il n'avait manqué qu'une voix à Thierry Maulnier pour être élu au premier tour. La voix qui lui avait manqué était très probablement ma onzième inattendue. Quel était ce fantaisiste ? Certainement pas un Figariste. — Eh bien, oui. Justement. Et dans des circonstances très cocasses que j'appris le soir même par Vallery-Radot et Maurice Garçon. Arrivant tous deux à l'Académie, ils virent dans l'entrée Georges Duhamel qui semblait un peu perdu. En 1964 Georges

Duhamel était déjà dans un certain état de faiblesse et de confusion mentale.

— Où sommes-nous ? demanda-t-il à ses deux confrères, voulant leur faire préciser dans quelle académie car il appartenait à plusieurs.

— A la Française ! répondit Maurice Garçon, car c'est ainsi qu'entre membres de l'Institut, on désigne l'académie fondée par Richelieu.

— Ah, reprit Duhamel, et qu'y fait-on ?

— Il y a élection.

— Aujourd'hui ? Et qui élisons-nous ?

Le professeur et l'avocat qui étaient de mes meilleurs supporters échangèrent un regard et dirent ensemble :

— Roussin.

Je précise que Georges Duhamel était le seul académicien à qui je n'avais pas rendu visite car il n'avait pas répondu à la lettre où je sollicitais l'honneur d'un rendez-vous.

— Roussin ? reprit-il. Très bien. Rappelez-le-moi.

Mes deux amis échangèrent un autre regard, encadrèrent le cher homme, ne le lâchèrent plus, jusqu'à l'entrée en séance où il l'invitèrent à s'asseoir entre eux. Duhamel, grand collaborateur du *Figaro*, oubliant de voter pour Maulnier, c'était une chance à ne pas perdre ! A chaque tour de scrutin les deux compères se penchèrent sur leur confrère et lui soufflèrent « Roussin », ce qui fut aussitôt écrit sur le bulletin de vote. Voilà comment la seizième voix de Thierry Maulnier devint ma onzième et empêcha l'élection.

Le bouquet de cette histoire parfaitement authentique c'est que le cher Duhamel avait dans une poche un carton où Pierre Brisson lui-même croyant tout prévoir, avait écrit en lettres majuscules : THIERRY MAULNIER. Brisson avait une prédilection pour Beaumarchais. Il ne se doutait pas que, ce jour-là, il participait lui-même à son insu, à un sketch qui eût enchanté l'auteur du *Barbier de Séville* : « Duhamel ou la précaution inutile. »

Thierry Maulnier maintint sa candidature au fauteuil d'Henry Bordeaux et fut brillamment élu peu de temps plus tard. Le fauteuil de Jean-Louis Vaudoyer allait être déclaré vacant ; il me fut dit que, m'y présentant, je ne pouvais qu'être élu après l'élection de Thierry Maulnier. Mais quelque peu désenchanté par ce coup d'essai pipé au départ, je n'eus pas envie de recommencer le petit jeu. Après tout, rien ne pressait. Dans le cas où l'on repenserait à moi dans la Maison, on me le ferait bien savoir. J'attendis neuf ans. Quand dans cette période, un académicien me demandait : « Quand venez-vous ? », je répondais immanquablement : « Quand vous voudrez. » On le voulut en 1973. Trois fauteuils étaient à pourvoir, laissés vacants par la mort de Montherlant, Cocteau et Pierre-Henri Simon. J'appris que les deux premiers avaient déjà des candidats importants auxquels il était sage de ne pas me frotter et que j'aurais des chances de succéder à Pierre-Henri Simon. Je fus en effet élu à son fauteuil au troisième tour de scrutin, mais de justesse et sans doute par la crainte de me voir encore victime d'une élection blanche. Les deux premiers tours la laissaient prévoir. Un votant incertain au départ m'accorda la voix qui me fit franchir la barre de la majorité. Je lui dois un coup de bicorne.

Lorsque selon la tradition je fus présenté à Georges Pompidou, président de la République, nous évoquâmes d'abord des souvenirs de Marseille où il avait été jeune professeur au lycée Saint-Charles ; il avait bien connu le Rideau gris et *Les Cahiers du Sud*; puis il me demanda :

— Quel effet cela vous fait-il d'être académicien ?

Je lui répondis :

— Ça m'étonne. Je n'aurais jamais pensé que le Rideau gris me mènerait à l'habit vert.

Je ne peux m'empêcher de raconter ici comment, assez vite, j'eus l'occasion de jauger ma gloire nouvelle. Quelques jours après mon élection je décidai d'aller selon la formule consacrée, me « remettre de mes émotions » dans quelque endroit détendant. Ma femme et moi nous portâmes notre choix sur Quiberon, attendant grand bien de l'air atlantique et de la thalassothérapie. Nous y passâmes dix jours, principalement occupé pour ma part, à répondre aux félicitations à raison de trente lettres par jour environ. Ce fut donc une cure très particulière et point trop joyeuse. Notre retour à Paris se fit par train et nous arrivâmes, surchargés de bagages — mais sans porteur, gare Montparnasse. Une longue file de voyageurs moins encombrés que nous attendait déjà l'arrivée des taxis qui n'était pas rapide. Nous prîmes notre tour. Cependant j'aperçus un groupe de quelques personnes qui présentaient une carte à un sergent de ville préposé à l'occupation des taxis et ces personnes montaient aussitôt dans la première voiture qui se présentait. Je me dis que l'Académie me procurerait peut-être un avantage équivalant aux cartes de prioritaires. Je vins donc trouver le responsable, lui exposai mon cas, lui montrai notre nombre imposant de bagages et faisant valoir mon titre d'académicien, je lui demandai en d'autres termes si cette dignité pouvait justifier la faveur d'une priorité. L'homme me toisa d'assez haut, réfléchit peu de temps et laissa tomber cette sentence destinée à ne me laisser aucun espoir : « Oh non, monsieur. Ici, *même un agent de police* n'aurait pas de priorité ! » Pour mon premier contact d'académicien avec la force publique, je compris que chez elle il devait falloir au moins porter l'épée pour mériter quelque considération. Je rentrai dans le rang, jurant, mais un peu tard, qu'on ne m'y prendrait plus, mais décidé cependant à ne pas mettre mon habit vert chaque fois qu'à l'arrivée d'un train, j'aurais besoin d'un taxi. Je venais de comprendre que ma modeste personne n'imposait nullement mon personnage glorieux et qu'en somme, j'étais peu fait pour la gloire. J'en eus confirmation plus tard, un certain 14 juillet. A l'Académie on élit chaque trimestre un directeur et un chancelier qui, adjoints au secrétaire perpétuel, constituent pour trois mois le bureau de l'Académie. C'est lui qui préside aux séances du jeudi et assure s'il est nécessaire, la représentation de l'Académie à des cérémonies officielles. J'étais donc cette année-là chancelier pour le trimestre juillet-août-septembre et à ce titre, invité à la réception que le président de la République donne à l'Élysée après la revue du 14 juillet. Bien que déjà en vacances à Saint-Tropez j'avais cru de mon devoir de faire un aller-retour pour répondre à cette invitation. Le président Giscard d'Estaing se tenait au centre du salon de réception et derrière lui tous les membres du gouvernement, alors présidé par Jacques Chirac. Chaque invité dit à l'oreille de l'huissier chargé de l'annoncer son nom et sa qualité. Je venais d'entendre hurler ceux d'un certain nombre d'excellences ; la dernière, contre qui je m'écrasais le nez, était un géant noir au fort parfum de mouton, ambassadeur de quelque État africain. Mon tour venu, je soufflai à l'huissier mon nom et ma qualité de chancelier de l'Académie française et en écho, j'entendis sur une note perchée de ténor wagnérien : « Monsieur André Roussin, chansonnier de l'Académie française ! » J'eus le privilège de voir un chef d'État et tous ses ministres exploser du même rire. Je fis donc une entrée de comique et compris qu'entre la gloire et moi quelque chose ne tournait pas rond.

Pour en revenir à mon élection, ce fut pour moi évidemment un grand bonheur, mais ce qui m'émut sans doute le plus, fut d'apprendre que ce soir-là, Pierre Fresnay jouant *La Claque* à la Michodière, fit une annonce au public pour lui apprendre la nouvelle et que celle-ci fut acclamée. Ce m'était une preuve de la haute idée que le public, quoi qu'on en dise, se fait de l'Académie et qu'il me jugeait digne de lui appartenir. Depuis trente ans que ce public et moi nous jouions ensemble un peu dans tous les théâtres de Paris, il me sembla que mon épée m'avait été ce soir-là remise par lui. Qu'importent les doutes, les erreurs, les échecs, quand de temps en temps une circonstance vous permet de croire que ce que l'on a espéré communiquer aux autres a été bien reçu, surtout si c'est de la joie. Je n'ai jamais eu d'autre ambition et j'en ai bien peu de mérite, car ma chance a voulu qu'avant d'amuser mes spectateurs, je me sois le premier fait rire. La grande angoisse que j'ai eue toute ma vie de ne pas arriver à la gagner, s'est à chacune de mes pièces évaporée dans mon travail, si l'on peut employer ce mot pour ce qui vous est une source de bonheur. Lorsque arrivé à l'âge des bilans (et des livres de souvenirs) j'essaie de faire le mien, je pense que l'orgueil est un bien bon défaut. Je ne me lançais jamais dans une pièce nouvelle sans la conviction puérile — mais profonde — que j'allais accoucher d'une petite merveille et que nul ne ferait ça mieux que moi. Ensuite, c'était les montagnes russes, mais quand je réussissais à aller jusqu'au bout, je terminais toujours en hauteur, propulsé par mon enthousiasme. D'où mes cuisantes désillusions quand je me faisais maltraiter ou que je constatais l'échec de ce que j'avais cru réussir. Mais l'important n'est-il pas seulement de l'avoir cru ? Que serait une œuvre à laquelle son auteur ne croirait pas ? J'aime mieux le risque de me tromper.

Si l'aventure académique marqua une étape importante de ma vie professionnelle, ce fut cependant une aventure tout extérieure. A part l'honneur que j'en ressentis et la petite gloriole qui en est le corollaire, je ne me sentis pas — la surprise passée — modifié pour autant. Ce que l'Académie m'apporta aussitôt ce fut une perception nouvelle des pensées secrètes de certains. Cocteau disait drôlement qu'un académicien est un monsieur qui, lorsqu'il meurt, se transforme en fauteuil. Il est aussi juste de dire qu'un nouvel élu se transforme en électeur. D'où du jour au lendemain, l'amabilité particulière de certains écrivains à son égard. Au degré de cette amabilité soudaine il est donc possible de déceler ceux qui ont derrière la tête l'idée de solliciter un jour votre voix. Et c'est très réjouissant. Si l'aventure académique ne m'apporta donc rien de notable intérieurement, presque à la même époque, une autre aventure que je ne soupçonnais guère, allait elle, me bouleverser en profondeur : je découvris la peinture.

Nos amis Peignot nous avaient invités à dîner, ma femme et moi, avec quelques amis, un soir précédant de peu les fêtes de Noël. Un sapin éclairé attendait les convives à la fin du repas et, à son pied, de gentils cadeaux disposés pour chacun.

Charles Peignot les offrait à tour de rôle avec un mot amusant. « Nous sommes à l'époque de la reconversion, dit-il à Chapelain-Midy, ceci est donc pour vous et cela pour Roussin » et il offrit au peintre une plume d'oie, tandis qu'il me remettait une petite boîte d'aquarelle d'enfant. N'ayant de ma vie touché à un pinceau, je promis néanmoins à mes hôtes de leur adresser sous peu ma première aquarelle. Je devais partir le lendemain pour Saint-Tropez. J'y arrivai pour trouver la neige, ce qui est assez rare en ce pays, même au temps de Noël. D'une fenêtre, je m'employai aussitôt à reproduire sur un petit bloc de papier à dessin, le paysage quasi japonais que j'avais sous les yeux, avec les rangées de ceps de vigne noirs émergeant de la neige. Je m'y repris à plusieurs fois, consterné par mes essais successifs. Le dernier ne me persuada pas que j'avais la main de Segonzac. Je courus chez mon ami Alfred Vachon, peintre aquarelliste de grand talent et lui dis mon désarroi devant mes barbouillages dignes d'un enfant de huit ans peu doué pour la peinture. Il m'expliqua que j'avais tort de commencer par le plus difficile, à savoir l'aquarelle, celle-ci ne pouvant se reprendre une fois la touche posée. Il me conseilla d'acheter d'abord de grandes feuilles de dessin et de peindre à la gouache en larges applications, sans recherche du détail. Pendant plusieurs jours je suivis donc ses conseils, m'exerçant aussi au dessin que je n'avais jamais pratiqué. A passer ainsi des journées à m'essayer dans cette discipline toute nouvelle pour moi, je me sentis happé par une véritable passion, laquelle me posséda encore davantage lorsqu'un autre de mes amis peintres, Claude Lepape, me fit passer de la gouache à la peinture à l'huile. Dès lors, je ne quittai plus mon chevalet, tout m'étant prétexte à peindre. Le résultat ne comptait guère. L'important était ces journées entières — me levant avec le jour — passées avec le jeu des perspectives et des couleurs. Je ne lisais plus un journal, ni un livre ; j'étais totalement mobilisé par la peinture.

Je retrouvais soudain à cinquante-sept ans, pour la peinture, la passion que j'éprouvais à vingt pour le théâtre. Je n'avais plus le sentiment que celui-ci m'apporterait encore beaucoup de surprises. Jamais je ne dépasserais les succès que j'avais connus. Tout au plus, pouvais-je espérer écrire encore quelques comédies valables si un sujet me tentait. Ce que je voyais d'autre part, parmi les créations théâtrales me semblait tellement loin de ce que j'aimais, un tel changement s'opérait en faveur d'un type de pièce socialo-philosophique dont j'avais horreur que chaque spectacle m'éloignait davantage de cet art que j'avais tant aimé. Il me semblait soudain que j'appartenais à un temps révolu et me trouvai au bord d'un autre où presque tout me révulsait. Et c'était à ce moment de désenchantement pour ce qui m'avait rendu la vie passionnante, que je découvrais une activité inconnue pour moi, où j'avais le bonheur de ne rien savoir et dont j'ignorais par conséquent les problèmes. Quel rajeunissement ! Quelle chance m'était soudain accordée de tout revoir sous un autre angle et surtout d'un œil blasé par rien. C'était un pays neuf qui s'ouvrait devant moi, et non ce désert que le succès m'avait parfois fait redouter. Un de mes amis ayant habité quelque temps une chambre attenante à un atelier de Picasso me disait que, certaines nuits, il l'entendait hurler de rage au milieu de son travail. Michel-Ange en faisait peut-être autant couché sur son échafaudage de la Chapelle Sixtine. Eh oui, parce que Michel-Ange et Picasso étaient deux génies qui connaissaient les problèmes de la peinture et qui — si grands fussent-ils — s'y heurtaient parfois. Moi, j'avais la chance de n'être ni l'un ni l'autre et de ne pas soupçonner ces problèmes, si bien que je ne peignais pas dans la douleur mais dans la seule joie de peindre en ne suivant que mon instinct. En outre, quel bonheur de travailler quatorze heures par jour pour mon seul plaisir, sans avoir à me faire juger par qui que ce fût et sans jamais la tentation, ou la prétention, de me prendre pour un peintre. J'étais un peintre du dimanche qui peignait sept jours par semaine. Mon bonheur était la visite annuelle de Segonzac, mon voisin à Saint-Tropez, qui venait voir mes toiles et m'en parler en connaisseur. Comme je lui disais, lors d'une de ces visites, que je m'inquiétais d'aller dans tous les sens et que je ne voyais pas d'unité dans l'ensemble de mes peintures, il me dit : « Mais pas du tout ! Moi je la vois. Et si ça vous amuse je vous la montrerai. » Sur quoi il me demanda de le laisser seul dans mon atelier ; il y choisit une douzaine de toiles, les mit dans sa voiture et partit les accrocher lui-même dans la galerie de Georges Barry laquelle était libre entre deux expositions. Puis il me téléphona de venir voir. En arrivant je regardai « mon exposition » et j'eus l'impression de voir celle d'un peintre que je ne connaissais pas et dont la palette m'apparut alors effectivement. De quoi avais-je besoin de plus que de cette amicale et bienveillante attention d'un homme tel que Dunoyer de Segonzac ? Et quand je lui disais :

— Apprenez-moi quelque chose.

— Vous apprendre quoi ? répondait-il. En peinture, on s'apprend tout, tout seul. Continuez à peindre, c'est tout. Une seule chose compte : votre émotion. Et ce n'est pas moi qui vous la donnerai. Ne tenez compte que de l'émotion que provoque en vous ce que vous regardez. Et soyez-en heureux.

Je retrouvais chez ce maître, me conseillant sur l'art qui était le sien, ce qui avait toujours été ma seule règle en écrivant : être heureux. Je retrouvais aussi ma vocation profonde d'amateur. L'amateur de théâtre que j'étais à vingt ans avait fait de moi un acteur puis un auteur professionnels. En peinture, j'avais en tout cas cette certitude : je ne serais jamais qu'un amateur.

Les exigences du fisc et la chance de bons sujets m'amenèrent encore à écrire quatre autres pièces. Quand je m'y consacrais, je m'isolais totalement dans ces créations nouvelles mais je n'ai jamais écrit de pièces plus vite qu'*On ne sait jamais* ou *La Claque*, tant j'avais hâte de retrouver mon chevalet. Marcel Pagnol disait : « Je suis auteur dramatique ; si j'étais peintre je n'aurais fait que des portraits. » Le goût pour les personnages doit en effet conduire au visage et au portrait. Auteur dramatique, je constate aujourd'hui, après tant de paysages, natures mortes ou compositions imaginaires, que seul le portrait désormais me passionne avec sa recherche d'un regard et d'une âme.

La dernière comédie que j'ai fait représenter s'appelle *La vie est trop courte.* Si au moment de mourir j'avais un pinceau en main et le temps de dire une phrase, je crois bien que je dirais cette phrase-là.

*
**

« Mémoire ! Que de tonneaux à déplacer pour emprunter tes escaliers ! Et toi, poésie, monnaie interhumaine, frappée à l'enclume des sens, rien une fois les empires dissous, les panthéons rasés, rien ne subsiste de ton rose trésor de pieds. »

Me rappelant ce texte d'Audiberti, bien dans son style baroque, je souris en pensant aux deux questions qui m'ont été souvent posées par des enquêteurs professionnels : « Pensez-vous que vos pièces ont des chances de survivre ? Et quelle place vous donnez-vous dans le théâtre de votre époque ? » Quelles drôles de questions ! De survivre à qui ? Et à combien de temps estimerait-on cette « survie » ? — Dix ans ? Vingt ? Cinquante ? Feydeau survit, mais, pendant vingt-cinq ans après sa mort, il fut totalement oublié. Ce fut Cocteau qui l'exhuma en conseillant à Marcel Herrand de jouer une de ses pièces. Elle remporta le même succès qu'à sa création. Alors tous les directeurs se jetèrent sur le répertoire de Feydeau. Lui, sans connaître le temps de son purgatoire, semble avoir prévu qu'il ne serait pas long.

Un ami lui faisant remarquer qu'il était constamment plagié et lui reprochant de ne pas attaquer ceux qui le pillaient, il répondait : « J'aurai ma revanche quand je ne serai plus là ! » Preuve chez lui d'une tranquille et parfaite conscience de son génie propre.

Je ne suis pas Feydeau. Le lecteur de ces souvenirs a pu voir que j'ai toujours cru passionnément à ce que j'écrivais dans le temps que je m'y donnais de tout cœur. Ce qui comptait, c'était le plaisir que je prenais à mon travail, puis la sanction de la représentation. Elle fut donc en grande majorité heureuse. Mais j'ai toujours eu présente à l'esprit la fragilité du théâtre et sans penser aux « panthéons rasés » d'Audiberti, à ce qu'il a de saisonnier et de périssable. Quand je songe aux milliers de pièces jouées depuis le début de ce siècle seulement — et écrites par des auteurs de talent — et que je considère ce qu'il en reste, je me demande comment je pourrais sérieusement envisager la survie des miennes. Mon beau titre d'Immortel ne va pas jusqu'à me conforter dans la douce illusion de passer à la postérité. Je ne joue pas ici au modeste que je ne suis pas. Je suis simplement lucide et si je me donne une chance, la voici : la plupart de mes comédies comportent de très beaux rôles et d'autre part un certain nombre d'elles demandent peu de frais, n'ayant qu'un décor et de trois à cinq personnages seulement. Lorsqu'un acteur ou une actrice en renom aura l'envie de jouer un de ces rôles en or (car ils le sont) et lorsqu'un directeur aura celle de gagner de l'argent (il leur arrive d'avoir cette envie-là), une de ces pièces économiques aura donc la chance d'être choisie. Mais, jusqu'à quand ? Jusqu'au jour sans doute où, absolument oublié depuis assez longtemps, mon nom ne viendra même plus à l'esprit ni d'un directeur ni d'un comédien. Qui aujourd'hui penserait à lire une comédie d'un certain Gondinet qui écrivit plus de pièces que Labiche et qui remporta plus de succès que lui ? Et qui pourrait assurer que je n'aurai pas son sort ? En tout cas, pas moi.

J'ai toujours cru et je crois encore que le principe de la comédie est de divertir en dirigeant un projecteur sur tel ou tel phénomène social et en faisant rire le peuple des travers ou des tares d'une société. La comédie n'est pas un prêche. Elle n'est pas faite, je l'ai dit, pour répondre aux questions mais pour les poser et inviter le spectateur à y réfléchir. C'est à lui qu'appartiennent les réponses et à lui de se faire une opinion sur ce que l'auteur a mis en lumière. En ce sens la comédie est obligatoirement « sociale » — puisque c'est là une balançoire de notre époque — ce que beaucoup d'intellectuels contestent. Il semble qu'en France rien ne puisse mériter d'être « social », si un sourire se mêle à ce que l'on écrit. Les trois hommes qui ont pourtant le plus agi sur les problèmes sociaux de leur époque sont les trois sourires les plus célèbres de chez nous ; ils se nomment Voltaire, Diderot et Beaumarchais. Ceux-là n'ont jamais pensé que rire et faire rire interdisait une incidence sociale à leurs écrits. Il faut croire que le XVIIIe siècle avait plus d'esprit que le nôtre où une gravité sinistre est si bien vue sitôt qu'il est question de société. Si vous avez quelque chose à dire, de grâce, dites-le gravement. Et tâchez d'être ennuyeux. Plus on ennuie, plus on est pris au sérieux au pays de Molière, de Courteline et de ceux que j'ai déjà nommés. Le malheureux auteur comique se trouve donc pris entre deux feux : s'il prétend exprimer quelques idées sur ladite société on le rappelle à l'ordre aussitôt : « Vous êtes un amuseur, restez-le et ne vous prenez surtout pas pour quelqu'un qui pense » ; si par contre, il s'en tient au seul divertissement on lui lance alors : « Vous n'avez vraiment rien de mieux à dire ? Et le Bengladesh, ça n'existe pas ? Et la misère à Calcutta ? Et les famines ? Et les tortures ? Rien de tout cela ne compte donc pour vous ? »

Entre ces deux écueils j'ai essayé de mener ma barque, restant fidèle à la tradition de la comédie qui est ce théâtre de société dont elle est la championne. Mes pièces sont-elles bonnes ou mauvaises ? ce n'est pas à moi d'en trancher. Je serais tenté de faciliter le discours de mon successeur à l'Académie en disant tout le bien que je pense d'elles mais je risquerais d'en trop dire. J'y renonce donc mais je le regrette. L'idée d'écrire mon propre éloge me séduisait assez. Je la dois à l'un de mes illustres confrères. Lors de ma visite de candidature, je lui disais comme il se doit, mon admiration pour son œuvre multiple de romancier, de philosophe, de sociologue, et d'auteur dramatique. Il leva son index droit et ajouta : « Et de poète ! » Un sourire qui se voulait indulgent me pardonnait cependant ma fâcheuse omission dans l'énoncé de ses mérites. N'ai-je donc pas raison de penser que chacun écrirait mieux que quiconque l'éloge de son œuvre ? Aucun point ne resterait dans l'ombre, on peut en être certain. Si par exemple, mon successeur allait jusqu'à dire que *malgré le rire* qu'elles provoquaient, mes comédies voulaient parfois dire quelque chose sur notre société, il me rendrait le plus grand service. Je risquerais alors — moi auteur de boulevard — d'être joué quinze fois dans une Maison de la culture. Pour moi, ce serait la gloire. Et la fortune pour mes descendants.

Je terminerai par la « place » que je m'attribue dans le théâtre d'aujourd'hui, puisque la question m'est posée. Ma réponse est simple. J'estime qu'en fait de place, l'Académie française m'en a offert une très belle. Il m'arrive parfois d'en être confus car on la proposa en son temps, à Georges Feydeau, qui répondit simplement : « A quel titre ? »

⁂

Du temps que j'ai évoqué au début de ces souvenirs, jusqu'à aujourd'hui, cinquante et quelques années ont passé. Je n'arrive pas à y croire. Me voilà donc à l'âge qui était autrefois celui des vieillards. Mes artères le savent sans doute — moi pas. Je pense toujours à leur sujet, au conseil que François Mauriac donnait à l'amiral Lacaze, rouge de colère : « Amiral, attention à vos vaisseaux ! » Les miens ont déjà subi quelques avaries mais je ne me mets guère en colère qu'en écrivant une pièce, si mon personnage est dans cet état. Maintenant que j'arrive au terme de ce livre, je vais peut-être en écrire une. J'espère pour mes vaisseaux qu'on ne s'y disputera pas trop violemment.

TABLE

ŒUVRES D'ANDRÉ ROUSSIN

Chez Albin Michel

La Boîte à couleurs, 1974.
Le Rideau rouge, Portraits et souvenirs, 1982.
Rideau gris et habit vert, 1983.

Chez Calmann-Lévy

Am Stram Gram, Théâtre de l'Athénée, 1944.
Une grande fille toute simple, Théâtre des Ambassadeurs, 1945.
Jean-Baptiste le mal-aimé, Théâtre du Vieux-Colombier, 1945.
La Sainte Famille, Théâtre Saint-Georges, 1945.
La Petite Hutte, Théâtre des Nouveautés, 1947.
Les Œufs de l'autruche, Théâtre de la Michodière, 1948.
Nina, Bouffes-Parisiens, 1948.
Bobosse, Théâtre de la Michodière, 1950.
Lorsque l'enfant paraît, Théâtre des Nouveautés, 1951.
La Main de César, Théâtre de Paris, 1951.
Hélène ou La Joie de vivre, Théâtre de la Madeleine, 1952.
Le Mari, la Femme et la Mort, Théâtre des Ambassadeurs, 1954.
L'Amour fou ou La Première Surprise, Théâtre de la Madeleine, 1955.
La Mamma, Théâtre de la Madeleine, 1957.
Les Glorieuses, Théâtre de la Madeleine, 1960.
La Coquine, Théâtre du Palais Royal, 1962.
Un amour qui ne finit pas, Théâtre de la Madeleine, 1963.
La Voyante, Théâtre de la Madeleine, 1963.
La Locomotive, Théâtre Marigny, 1966.
On ne sait jamais, Théâtre de la Michodière, 1969.
La Claque, Théâtre de la Michodière, 1973.
La Vie est trop courte, Théâtre Daunou, 1981.

Pièces en un acte

Le Tombeau d'Achille, Théâtre du Vieux-Colombier, 1944.
L'École des dupes, Théâtre de la Michodière, 1948.
L'Étranger au théâtre, La Rose rouge, 1948.
Les Barbes nobles, Grand-Guignol, 1952.
Une femme qui dit la vérité, Théâtre de la Madeleine, 1960.
Rupture, 1960.
L'École des autres, Théâtre de l'Œuvre.

Adaptations

Joyeux Chagrins (Noël Coward).
Un monsieur qui attend (Emlyn Williams).
Pieds nus dans le Parc, Théâtre de la Madeleine, 1965.
Le Pape kidnappé (Joao Bethencourt), Théâtre Édouard-VII, 1975.

Chez d'autres éditeurs

Patience et impatiences, Éditions La Palatine, 1953.
Un contentement raisonnable, Grasset, 1965.
Trois Discours académiques, Perrin-Gallimard.

La composition
et l'impression de ce livre ont été effectuées
par l'Imprimerie Aubin à Ligugé
pour les Éditions Albin Michel

AM

Achevé d'imprimer en juillet 1983
N° d'édition, 7951. N° d'impression, L 15504
Dépôt légal, septembre 1983

Imprimé en France